TIMOTHY J. GEDDERT

VERANTWORTLICH LEBEN

WENN CHRISTEN SICH ENTSCHEIDEN MÜSSEN

All den Gruppen,
mit denen ich erleben durfte:
Wo zwei oder drei
in seinem Namen versammelt sind,
da ist Jesus mitten unter ihnen

Die Deutsche Bibliothek verzeichnet diese Publikation in der Deutschen Nationalbibliografie; detaillierte bibliografische Daten sind im Internet über http://dnb.ddb.de abrufbar

1. Auflage 2004

Umschlaggestaltung und Satz:
David Neufeld, Regensburg

Herstellung:
Fuldaer Verlagsagentur, Fulda

ISBN 3-937896-10-4
Bestell-Nummer: 588 610

www.neufeld-verlag.de

INHALT

7 *Vorwort von Peter Strauch*

11 *Einführung*

Grundlegendes

15 1. Gott spricht durch die Bibel: Warum hören wir so unterschiedlich?

37 2. Versöhnung und Verbindlichkeit: Matthäus 18

53 3. Was macht eine biblische Ethik aus?

63 4. Die Bergpredigt: Matthäus 5–7

87 5. „Liebe deine Feinde“: Matthäus 5,38–48

103 **Beispielhaftes**

105 6. Sexualität

127 7. Ehescheidung und erneute Heirat

145 8. Homosexualität

169 9. Geld und Besitz

Einstellungen

185 10. Der Heilige Geist und wir: Apostelgeschichte 15

201 11. Zwei Söhne und ein Vater, der rennt: Lukas 15,11–32

213 12. „Geh unter der Gnade“: Johannes 8,2–11

223 *Zum Autor*

VORWORT

Es ist ein überraschendes und vermutlich für Sie ungewohntes Buch, das Sie gerade aufgeschlagen haben. Angenommen, Sie lesen jetzt weiter, wird es Sie vielleicht geradezu irritieren. Viele Themen begegnen Ihnen auf den folgenden Seiten, und nicht nur das. Auch die Art, wie Tim Geddert Ihnen zu Leibe rückt, ist ungewöhnlich. Mal gibt er Prinzipien weiter, dann legt er ganz unterschiedliche Bibeltexte aus, und dann wiederum lässt er Sie in seine ganz persönliche Art hineinsehen, mit schwierigen Fragen umzugehen und sie zu beantworten.

Aber sollten Sie trotz allem weiter lesen, ergeht es Ihnen wahrscheinlich wie mir. Sie lernen einen Autor kennen, der mit Ihnen das Gespräch beginnt und dabei Schritt für Schritt Themen durchdenkt, denen verantwortungsbewusste Christen nicht ausweichen sollten: Sexualität, Ehe und Ehescheidung, Homosexualität, Umgang mit Geld und Besitz. Das alles sind Bereiche, die uns herausfordern und auf die wir Antworten zu finden haben, nicht angelernte und vorgefertigte Sätze, sondern persönliche Antworten, durchdacht und vor allem biblisch begründet. Und genau das geschieht hier.

Um es auf den Punkt zu bringen: Ich halte dieses Buch für wichtig und will Ihnen gerne mitteilen, weshalb.

Viele Jahre habe ich vorwiegend mit jungen Leuten gearbeitet. Eine Reihe von ihnen kamen aus christlichen Elternhäusern, kannten die Bibel von klein auf und hatten doch nicht gelernt, mit ihr zu leben. Vor allem hatten sie die gute Nachricht Gottes vom Leben nicht wirklich als Befreiung erfahren. Ihr frommer Erfahrungshintergrund bestand aus einer Vielzahl von Regeln, die oft negativ formuliert wurden: „Du sollst nicht!" und „Du darfst nicht!" Das hatte sie tief geprägt und führte bei manchen dazu, dass sie sich nie wirklich über ihren Glauben an Jesus Christus freuen konnten. Selbst bei schönen und angenehmen Lebenserfahrungen wurden sie das Gefühl nicht los, dass da irgendwo ein Haken sein müsse, dass es ihnen eigentlich zu gut ginge und dass sie mindestens in der Gefahr stünden, die Ernsthaftigkeit eines Lebens mit Gott zu verlieren. Christsein bedeutete für sie vor allem Verzicht. Hatten sie bei Weggabelungen nach dem Willen Gottes zu fragen, so stand für sie von vorneherein fest, dass nur der schwerere Weg seiner Führung entsprechen könne. Nicht alle, die ich kennen lernte, hielten diese Frömmigkeit auf Dauer durch. Manche tauchten weg in eine innere Emigration, formal waren sie noch dabei, aber privat lebten sie ihr eigenes Leben. Andere machten ganz offenkundig Schluss mit dem Glauben. Mehr oder weniger demonstrativ brachen sie mit ihrer frommen Vergangenheit und versuchten alles, was sie bisher entbehrt hatten, nachzuholen.

Und auch eine andere Art Christen habe ich kennen gelernt: Sie leben eine liberale Frömmigkeit, bei der die Gnade Gottes billig wird. Was immer man tut, die Gnade wird's richten. Bei diesen Leuten wird Gott zu einem liebenswürdigen Herrn, der in der Regel beide Augen zudrückt und der niemandem wirklich böse sein kann. Für solche Leute gehören die biblischen Gebote zu einem zeitgebundenen Moralsystem, das für uns heute praktisch keine Bedeutung mehr hat. Nur die Liebe zählt, und was aus Liebe geschieht, kann nicht böse sein. Auf diese Weise lässt sich jeder Ehebruch begründen und für fast jede moralische Entgleisung Verständnis aufbringen.

Wie gesagt, mit beiden Positionen hatte ich zu tun und nicht nur bei jungen Leuten. Die Erwachsenen waren kaum anders, wenigstens was ihr Denken betraf. Sie zeigten es nur nicht so offen wie die Jungen, nahmen mehr Rücksicht auf ihr Umfeld, wagten oft nicht den offensichtlichen Ausbruch aus einem System, in dem sie aufgewachsen und zu Hause waren.

Und was mir dabei besonders auffiel, war die Tatsache, dass sowohl die gesetzliche wie auch die liberale Frömmigkeit dieselbe Wurzel hatte: Ein übernommenes Regelsystem, das von einem in der Freiheit an Jesus gebundenen Vertrauen meilenweit entfernt ist. Nicht dass biblische Begriffe wie Freiheit und Freude nicht vorgekommen wären. Aber es war wie in der früheren DDR. Auch dort wurde viel von Freiheit geredet, obwohl man sie nicht kannte. Es ist ja tatsächlich so: Was wir am wenigsten haben, davon reden wir am meisten.

Nein, mit Schlagworten lässt sich ein erstarrtes Christentum nicht aufbrechen, und wer einer liberalen Frömmigkeit mit verstärkten Gesetzen zu Leibe rücken will, erntet geradezu das Gegenteil. Es hilft ja nicht, wenn Eltern, Gemeindeälteste und Pastoren immer wieder sagen: „Das gehört sich nicht!" Was wir brauchen, ist ein begründeter Glaube, der die aktuellen Fragen und Auseinandersetzungen nicht ausblendet, sondern sie einbezieht und gerade angesichts solcher Herausforderungen aufzeigt, was der reformatorische Grundsatz *sola scriptura,* „allein die Schrift", bedeutet.

Und genau das geschieht in diesem Buch. Tim Geddert verschweigt dabei nicht, dass selbst der Satz: „allein die Schrift" nicht so eindeutig ist, wie er klingt. Gibt es in der Bibel nicht tatsächlich auch zeitgebundene Aussagen? Können wir denn wirklich alles 1:1 übernehmen? Und was kann uns helfen, nicht willkürlich das eine vom anderen zu unterscheiden? Sorgfältig geht der Autor diesen Fragen nach. Er nimmt uns mit hinein in diese Problematik und führt uns zu begründeten Antworten. Und nicht nur das. Was mich an dem Buch besonders fasziniert, ist der Weg, den Tim Geddert dabei mit uns gemeinsam geht. Er leitet zur Eigenarbeit an. Sein Vorgehen ist exemplarisch, wir sollen daran lernen, selbst die erforderlichen Wege zu gehen und begründete Antworten zu finden.

Und noch etwas fällt mir in diesem Buch auf: Wir leben heute in einem ganz und gar individualistischen Zeitalter. Diese Einstellung macht auch nicht vor unserem Christsein halt. Mein Gott und ich, andere haben da gefälligst nicht hineinzureden. Tim Geddert sieht das anders, weil es die Bibel anders sieht. Nach seiner

Überzeugung gehört zu einem Leben als Christ die Gemeinschaft mit Schwestern und Brüdern. Was heißt das? Wie wirkt sich das auf die Frage nach dem Willen Gottes aus? Und was bedeutet Gemeinschaft, wenn jemand schuldig wird? Wie gehen wir gemeinsam damit um? Das alles sind wichtige Fragen, unausweichlich für Menschen, die sich nach echtem Glauben sehnen. Und auch darum geht es in diesem Buch.

Nein, so einfach konsumieren lässt es sich nicht. Es fordert zur Mitarbeit heraus. Zeitweise gewinnt man den Eindruck, mit dem Autor zusammen zu sitzen und mit ihm gemeinsam den Fragen nach einem echten und erfüllenden Christsein nachzuspüren. Die Gesprächs- und Denkanstöße helfen, sich dem zu stellen – persönlich und gemeinsam mit anderen. Und ich bin sicher, wer sich auf diesen Prozess einlässt, kommt weiter in seinem Leben mit Jesus. Werden Sie sich darauf einlassen?

Vor vielen Jahren unterhielt ich mich zu Beginn eines Gottesdienstes mit einem jungen Mann an der Eingangstür zur Kirche. Enttäuscht erzählte er mir, in seiner Gemeinde sei niemand, der in ihm den Wunsch wecke: „So wie der ist, möchtest du auch sein." Zwar zeigte sich in dem weiteren Gespräch, dass er zu schwarz gesehen hatte, trotzdem bin ich überzeugt, dass wir gerade solche Leute brauchen: Christen, die echt sind, die in ihrer Lebensausrichtung nicht einfach einem traditionellen Gesetz folgen oder es missachten, sondern die begründet mit Jesus leben, auf sein Wort hören und seinen Willen tun. Der folgende Text wird Ihnen helfen, ein solcher Mensch zu sein.

Peter Strauch
Witten, Ostern 2004

EINFÜHRUNG

Dieses Buch will konkrete Hilfe anbieten, wie wir als Gemeinden aktuelle ethische Fragen besprechen und wo wir gegebenenfalls Richtlinien finden können. Dabei geht es um den Mittelweg zwischen einer *Regelorientierung,* in der alles gesetzlich und objektiv betrachtet wird, und einer *Unverantwortlichkeit,* in der alles erlaubt ist und niemand etwas zu sagen hat. Wie genau die Bibel uns dabei helfen kann, das ist bei all diesen Themen eine wichtige Überlegung. Nicht in jedem Kapitel verfolge ich das Ziel, meine persönlichen Überzeugungen stichhaltig zu untermauern. Ich möchte den Leserinnen und Lesern eher helfen, in ihren eigenen christlichen Gemeinschaften biblische Richtlinien zu suchen und gemeinsame Wege einzuschlagen.

Worum geht es in diesem Buch?

Grundlegendes

- Im ersten Kapitel will ich darstellen, wie ich selbst mit der Bibel umgehe. Nicht alle Meinungen über die Bibel, die fromm klingen, sind hilfreich, um aus der Bibel Wegweisungen zu gewinnen. Aber welche Haltungen in Bezug auf das Wesen der Bibel helfen? Was für ein Buch ist die Bibel überhaupt? Welche Ziele, welche Haltungen, welche Schritte können uns voranbringen? → *Seite 15*

- Anschließend werfe ich einen Blick auf einen Vortrag Jesu darüber, wie verbindliche Gemeinschaft aussieht, wenn er selbst die Mitte ist und wenn Versöhnung und Verantwortlichkeit unser gemeinsames Leben prägen (Matthäus 18). → *Seite 37*

- In Kapitel drei schlage ich zwölf Schwerpunkte einer biblischen Ethik vor. → *Seite 53*

- Dann geht es um die berühmteste Predigt aller Zeiten: Die Bergpredigt (Matthäus 5–7) ist ein zentraler Vortrag Jesu zum Thema „Nachfolge“ und „Ethik“. Dieses Kapitel will daraus Richtlinien gewinnen und einige praktische Auswirkungen aufzeigen. → *Seite 63*

- Im fünften Kapitel greife ich die Frage von Gewaltlosigkeit und Feindesliebe auf. Konkret: Können Nachfolger Jesu Teil einer militärischen Armee sein? → *Seite 87*

Beispielhaftes

- Das Geschenk der Sexualität und Gottes „Gebrauchsanweisungen“ beschäftigen uns im sechsten Kapitel. In der heutigen Gesellschaft meinen viele, eine aktive sexuelle Beziehung bei (noch) nicht verheirateten Paaren sei ganz normal und akzeptabel. Doch was sagt die Bibel dazu? Und was meint die Gemeinde Jesu? → *Seite 105*

- Scheidung und eine erneute Eheschließung sind nicht nur Themen, sie sind für viele Menschen Realität, auch in christlichen Gemeinden. Welche Hilfestellungen finden wir in der Bibel angesichts offener Fragen, Verletzungen, schwieriger Beziehungen usw.? Darum geht es im siebten Kapitel. → *Seite 127*

- Im folgenden Abschnitt nehmen wir das Thema „Homosexualität“ unter die Lupe, ein Thema, bei dem viele unsicher geworden sind. Wie eindeutig ist die Bibel in Bezug auf dieses Thema? Wie gehen wir, auch angesichts der derzeitigen gesellschaftlichen und juristischen Veränderungen, damit um? Und was heißt das für unseren Umgang mit betroffenen Menschen? → *Seite 145*

- Als Christen behaupten wir, dass alles Gott gehört. Das schließt auch uns selbst und unseren Besitz ein. Geld, Einfluss, Macht ... Wie können wir lernen, Gott und nicht dem „Mammon“ zu dienen? Darauf richten wir den Blick im neunten Kapitel.
→ *Seite 169*

Einstellungen

- Kapitel zehn vermittelt uns Einblicke in die Urgemeinde, als sie mit schwierigen Fragen konfrontiert wurde. Wie gelang es den Christen damals, Einheit zu bewahren und am Ende zu sagen: „Der Heilige Geist und wir haben beschlossen“ (Apostelgeschichte 15,28)?
→ *Seite 185*

Jesus zog das Risiko der Gnade der Klarheit der Gesetzlichkeit vor

- In der Geschichte von den zwei Söhnen und dem Vater („Der Verlorene Sohn“, Lukas 15,11–32) zeigt Jesus uns, was bei Gott wirklich zählt: Beziehungen. Zugleich sehen wir, wie weit Gott ging, um die Beziehung zu uns wiederherzustellen. Dieses beeindruckende Gleichnis betrachten wir im elften Kapitel.
→ *Seite 201*

- Zuguterletzt beschäftigen wir uns mit der Begegnung Jesu mit einer Ehebrecherin und ihren scheinheiligen Richtern (Johannes 8,2–11). Als Gemeinden können wir von Jesus lernen, das Risiko der Gnade der Klarheit der Gesetzlichkeit vorzuziehen.
→ *Seite 213*

Das Ziel des Ganzen ist, dass wir als Gemeinden lernen, biblisch zu denken und verantwortlich zu handeln, wenn wir mit wichtigen ethischen Fragen konfrontiert werden. Was hätte Jesus getan? Was lehrt die Bibel? Wie gewinnen wir biblische Richtlinien? Wie können wir noch stärker eine verbindliche, eine bindende und lösende Gemeinschaft sein (s. Seite 47 f.)? Wie sieht ein Leben aus, das Gott gefällt? Wie können wir den besten Weg mit Normen und Freiheit entdecken?

Ich wünsche allen Leserinnen und Lesern viel Freude beim Lesen und Durcharbeiten dieses Buches, und ich wünsche jeder Gemeinde Erfolgserlebnisse, wenn sie die hier enthaltenen Vorschläge abwägt, sich zu eigen macht oder verbessert!

Tim Geddert
Fresno, Kalifornien/USA, im Frühjahr 2004

1. GOTT SPRICHT DURCH DIE BIBEL: WARUM HÖREN WIR SO UNTERSCHIEDLICH?

Im ersten Kapitel will ich darstellen, wie ich selbst mit der Bibel umgehe. Nicht alle Meinungen über die Bibel, die fromm klingen, sind hilfreich, um aus der Bibel Wegweisungen zu gewinnen. Aber welche Haltungen in Bezug auf das Wesen der Bibel helfen? Was für ein Buch ist die Bibel überhaupt? Welche Ziele, welche Haltungen, welche Schritte können uns voranbringen?

Der Mittelweg

Es gibt Gemeinden, die die christlichen Traditionen der Vergangenheit relativ unkritisch über den Haufen werfen. Dabei passen sie sich all zu schnell der heutigen Kultur an. Die Bibel wird zwar zitiert, wenn sie heutige Einstellungen und Trends zu unterstützen scheint, aber stillschweigend zur Seite gelegt, wenn das nicht der Fall ist. Richtschnur für Glauben und Leben ist sie damit nicht.

Es gibt aber auch Gemeinden, die der Gefahr auf der anderen Seite erliegen. Sie halten die Traditionen ihrer kirchlichen Vergangenheit relativ unkritisch aufrecht, manchmal auf Kosten von Relevanz und Konsequenz. Manches wird als unumstößliche biblische Wahrheit und Wegweisung angesehen, was eigentlich Tradition ist oder früher einmal in einer bestimmten Situation eine angemessene Anwendung der biblischen Lehre war. Wenn wir Traditionen aufrechterhalten, ohne die Bibel heute zu befragen, dann ist sie auch nicht unsere Richtschnur.

Es geht also darum, den Mittelweg zu finden. Paulus empfiehlt: „Prüft alles, und behaltet das Gute!“ (1. Thessalonicher 5,21). Und das ist tatsächlich der bessere Weg. Weder die heutige Kultur noch die Traditionen der Vergangenheit dürfen zum Maßstab werden. Maßstab ist die Bibel, und wenn wir sie angemessen betrachten, vermittelt sie uns Wegweisungen fürs Leben.

„Sola Scriptura": Allein die Schrift

Gerade dieser Mittelweg ist manchmal aber ein schwerer Weg. Denn er bedeutet, mit der Bibel in der Hand sowohl die heutige Kultur als auch die kirchlichen Traditionen der Vergangenheit kritisch zu hinterfragen. Das ist gar nicht so einfach, denn von alleine beantwortet die Bibel unsere Fragen nicht. Der reformatorische Grundsatz Martin Luthers *Sola Scriptura* (allein die Schrift) bedeutet nicht, dass die Bibel automatisch alles von selbst erledigt.

Wir müssen unsere Richtlinien in der Bibel suchen und finden. Und dafür brauchen wir nicht nur Wissen über die Bibel, nicht nur eine gute Konkordanz oder die Bereitschaft, biblische Aussagen anzunehmen, sondern wir brauchen auch die richtige Einstellung zur Bibel. Wir benötigen eine gute Herangehensweise an die Bibel, brauchen die Bereitschaft, miteinander und voneinander zu lernen, wie sie richtig ausgelegt und angewendet werden soll – und das alles, obwohl wir die Bibel manchmal sehr unterschiedlich verstehen. Unterschiedlich vor allem deswegen, weil wir uns nicht einig sind, wem eine Bibelstelle gilt und wie sie heute in die Praxis umgesetzt werden soll.

Die Bibel ist nämlich nicht völlig „zeitlos" und situationsunabhängig zu verstehen. Gott ist ein Gott der Geschichte, der in konkrete Situationen hinein geredet hat und immer wieder redet. Die Aussagen der Bibel sind also nicht immer direkt und in allen Situationen gleichermaßen anwendbar, schon gar nicht ohne Auslegung.

Die Verheißungen zum Beispiel wurden häufig in konkrete Situationen hinein gesprochen. Es wäre ein großer Fehler, alle Verheißungen der Bibel so zu verstehen, als wäre immer *ich selbst* gemeint. Als Gott zu Abraham und Sarah oder auch zu Zacharias und Elisabeth sagte: „Ihr werdet in eurem hohen Alter einen Sohn bekommen“, meinte er damit nicht, dass auch ich und meine Frau diese Verheißung in Anspruch nehmen sollten, oder? Sie galt *nicht uns,* sondern bestimmten Menschen damals.

Als Jesus sagte: „Macht euch nicht im Voraus Sorgen, was ihr sagen sollt; sondern was euch in jener Stunde eingegeben wird, das sagt!“ (Markus 13,11), meinte er damit nicht, dass sich Prediger nicht für ihren Dienst vorbereiten sollten. Es war ein Wort für die verfolgten Apostel, die vor Gericht gezerrt würden und sich gar nicht darauf vorbereiten *können* würden. Das ist uns zwar klar, aber viele Menschen meinen trotzdem: Wer der Bibel treu sein will, der muss glauben, dass ihr gesamter Inhalt direkt angewendet werden kann und muss – auf alle Menschen, in allen Situationen. So mancher meint, dass die Aussagen der Bibel nie und nimmer anlassbezogen oder situationsbedingt sind. Es ist aber so, zumindest in vielen Fällen. Dazu später mehr.

In vielen Fällen sind die Aussagen der Bibel sehr wohl anlassbezogen oder situationsbedingt

Was für Verheißungen in der Bibel gilt, das gilt auch für Aufforderungen und Befehle. Als Jesus zu den Aposteln sagte: „Nehmt nichts mit auf den Weg, keinen Wanderstab und keine Vorratstasche, kein Brot, kein Geld und kein zweites Hemd“ (Lukas 9,3), meinte er ganz konkret diese Apostel auf der ihnen bevorstehenden Missionsreise – und nicht alle Menschen in allen Zeiten, die irgendwelche Reisen unternehmen!

Natürlich gibt es ebenso auch *zeitlose* und *situationsübergreifende* Verheißungen und Aufforderungen, die die Schrift uns direkt vermittelt. Wir sollten zum Beispiel nicht behaupten, wir seien nicht gemeint, wenn Jesus zu seinen Jüngern sagt: „Wenn ihr beten wollt und ihr habt einem anderen etwas vorzuwerfen, dann vergebt ihm, damit auch euer Vater im Himmel euch eure Verfehlungen vergibt“ (Markus 11,25). Wir sollten nicht behaupten, wir seien nicht gemeint, wenn Paulus einer Gemeinde sagt: „Ahmt Gott nach als seine geliebten Kinder, und liebt einander, weil auch

Christus uns geliebt und sich für uns hingegeben hat" (Epheser 5,1/2). Und was Verheißungen angeht, so dürfen wir zwar die Verheißung für uns in Anspruch nehmen, als Gott zu Josua spricht: „Ich lasse dich nicht fallen und verlasse dich nicht. Sei mutig und stark!" (Josua 1,5/6 a). Doch was Gott im Anschluss daran sagt, ist *nicht* für uns gemeint: „Denn du sollst diesem Volk das Land zum Besitz geben" (Josua 1,6 b). Damit hat Gott nicht uns gemeint. Da geht es um das *damalige* Israel und das *damals* ihm verheißene Land.

Woher wissen wir, wann die Bibel uns direkt ansprechen will?

Und genau das ist nun der Punkt, an dem wir in Schwierigkeiten kommen. Woher wissen wir, wann die Bibel uns direkt ansprechen will und wann wir nicht gemeint sind? Wie können wir herausfinden, ob wir die großen Verheißungen von damals ganz persönlich für uns in Anspruch nehmen dürfen oder ob sie nur für eine bestimmte Situation gemeint waren? Sagt Gott auch uns, wir sollen alles verkaufen und den Armen geben, oder hat Jesus das nur dem „reichen Jüngling" gesagt (Markus 10,21)? Ist das Gebet in unbekannten Sprachen eine Gabe für uns heute oder galt es nur den ersten Christen? Sollen Frauen bei uns Kopftücher tragen, oder hat Paulus das nur in die damalige kulturelle Situation hinein gesagt? Gelten die Einschränkungen für den Dienst von Frauen in der Gemeinde heute noch genauso?

Der Ansatz: Alles ist wortwörtlich zu nehmen, wir sollten alle Verheißungen auch für uns in Anspruch nehmen, alle Gebote und Verbote so verstehen, als seien immer auch wir gemeint, und zwar unter allen Umständen – so gut er klingt und so gut wir es damit auch meinen, er hilft uns weniger, als wir uns wünschten. Denn dieser Ansatz kann einfach nicht konsequent durchgehalten werden und sobald wir ihn *inkonsequent* praktizieren, verschwindet auch der ersehnte Konsens in der Gemeinde (siehe auch Kapitel zehn). Viele Menschen behaupten, die Bibel sei grundsätzlich wörtlich zu nehmen. Ich kenne aber niemanden, der dieses Prinzip auch nur annähernd konsequent in die Praxis umsetzt. Jeder ist spätestens an dem Punkt inkonsequent, wo das Prinzip zu unmöglichen Schlussfolgerungen führen würde. Und das ist auch gut so, denn dieses Prinzip reicht nicht aus, um die Bibel richtig zu verstehen.

Einfache Wege sind zwar verlockend, aber zum einen funktionieren sie letzten Endes doch nicht und vor allem ignorieren sie das Wesen der Bibel selbst – das Wesen der Bücher und Briefe, die in ganz konkrete Situationen hinein geschrieben wurden und dann auch an uns als Wegweisung fürs Leben weitergegeben wurden. Letztendlich *scheinen* die „einfacheren" Wege nur einfacher zu sein. Wenn wir in der Gemeinde einen Konsens suchen wollen, dann kommen wir nicht sehr weit, wenn jeder ziemlich willkürlich entscheidet, was er wörtlich nimmt. Ich will daher einige Überlegungen anbieten, die uns helfen könnten, die Bibel etwas differenzierter zu betrachten.

Ein Volk des Buches – vier Aspekte

Wir Christen nennen uns manchmal ein „Volk des Buches". Das kann nicht bedeuten, dass wir immer genau das täten, was im Text steht. Aber was heißt es dann, ein Volk des Buches zu sein?

1. Wir setzen unser Vertrauen in Gottes Wort. Wenn kritische Wissenschaftler behaupten, besser als die biblischen Autoren zu wissen, was alles in der Geschichte geschah, dann sagen wir: „Nein." Wissenschaftler ändern immer wieder ihre Theorien; das Wort Gottes bleibt bestehen.

2. Wir suchen in der Bibel „den Weg, die Wahrheit und das Leben." Und wir finden ihn darin tatsächlich, denn es ist Jesus selbst. Jesus sagte zu den Juden, die ihn ablehnten: „Ihr erforscht die Schriften, weil ihr meint, in ihnen das ewige Leben zu haben; gerade sie legen Zeugnis über mich ab. Und doch wollt ihr nicht zu mir kommen, um das Leben zu haben" (Johannes 5,39/40). Wir sind ein Volk des Buches, wenn wir nicht nur die Bibel selbst zu unserem Mittelpunkt machen, sondern den, den sie verkündigt:

Jesus Christus. Wenn uns dieses Buch wichtiger wird als Jesus, sind wir nicht wirklich ein Volk des Buches, weil wir dann andere Prioritäten setzen als die Bibel selbst.

3. Wir prüfen alle Behauptungen anhand der Bibel. Behauptet jemand, eine neue Erkenntnis zu haben, dann suchen wir in den Schriften, ob sie diese Erkenntnis unterstützen. Will jemand Traditionen in Frage stellen, dann sehen wir in die Bibel. Meint jemand, Gottes Reden gehört zu haben – beim Bibellesen, im Gebet oder durch ein prophetisches Wort –, dann nehmen wir die Bibel zur Hand und sehen nach, ob das Gehörte dem entspricht, was sie lehrt. Aber natürlich prüfen wir nicht nur die Behauptungen *anderer* anhand der Bibel, sondern auch *unsere eigenen!* Letztendlich sind wir am allerwenigsten ein Volk des Buches, wenn jeder in der Bibel nur Beweise für seine Überzeugungen sucht. Wenn die Bibel meine eigenen Meinungen nicht mehr in Frage stellen darf, dann habe ich sie bereits außer Kraft gesetzt.

Wenn die Bibel meine Meinung nicht in Frage stellen darf, habe ich sie außer Kraft gesetzt

4. Wichtig ist, was der Bibel wichtig ist. Wir streiten uns schnell über Kleinigkeiten und ignorieren dabei oft die wichtigsten Dinge. Immer wieder kritisierte Jesus diejenigen, die zu gewissenhaft detaillierte Regeln befolgten, aber dann ignorierten, was Gott am wichtigsten war. Zur Zeit Jesu hieß das, zwar den Zehnten von Minze, Dill und Kümmel zu bezahlen, aber das Wichtigste im Gesetz außer acht zu lassen – nämlich Gerechtigkeit, Barmherzigkeit und Treue (Matthäus 23,23). In unserer Zeit heißt es unter anderem, dass wir uns daran stören, wenn jemand eine Bibelstelle anders auslegt als wir, und dabei vergessen, dass die Einheit der Gemeinde viel wichtiger ist als die Durchsetzung von Standpunkten.

Mit der Bibel umgehen – vier Ziele

Wir wollen der Bibel Richtlinien fürs Leben entnehmen, das ist klar. Wie genau das funktioniert, ist leider weniger klar. Hier einige meiner eigenen Prioritäten für den Umgang mit der Bibel.

1. Ich will Texte sprechen lassen, und sie nicht nur benutzen, um Gesamttheorien zu konstruieren. Ich bin davon überzeugt, dass Gottes Geist uns formt, wenn wir die Bibel auf uns wirken lassen. Wir hören zu, wir begreifen, was ein Text vermitteln will, wir lassen uns ansprechen. Wir suchen nicht eine „versteckte Botschaft", die den Text selbst womöglich überflüssig macht. Das Ziel ist eher, die Herausforderungen und Einladungen des Textes zu verinnerlichen, uns vom Wort Gottes durchdringen zu lassen, damit es in uns weiterleben und uns in konkreten Situationen leiten kann. Vor allem die letzten beiden Beiträge dieses Buches verfolgen dieses Ziel. Der Bibelausleger Walter Brueggemann redet davon, dass die biblischen Texte die Grundlage unseres Vorstellungsvermögens bilden. Das ist das Ziel. Wir suchen nicht ein Gesamtbild, nicht die „einzig richtige Position", die durch das Harmonisieren aller aus dem Text entwickelten Prinzipien formuliert würde.

2. Ich will biblische Vorgehensweisen, nicht einfach nur Antworten suchen. Jeder will Antworten haben. Ist Scheidung erlaubt? Ist vorehelicher Geschlechtsverkehr Sünde? Wäre es richtig oder falsch, mein Geld da und dort zu investieren? Viel mehr als einfache Antworten finden wir in der Bibel Hilfestellungen, verantwortlich mit unseren Fragen umzugehen. Wir finden Anweisungen, welche Haltungen notwendig sind, um einen Konsens zu finden. Wir werden ermutigt, auf Gottes Geist, auf sein Wort und aufeinander zu hören, um Antworten zu finden, die Gottes Zustimmung erhalten. Klare Antworten finden wir zwar auch – aber nur manchmal.

3. Ich will bei ethischen Themen Gottes Absichten und nicht nur geltende Vorschriften entdecken. „Was hat euch Mose vorgeschrieben?" fragte Jesus einmal. Als die Pharisäer anfingen, eine Bibelstelle zu zitieren, unterbrach er sie: „Falsche Stelle!“ Gottes ursprüngliche Absicht war eine andere als die in ihrem bevorzugten Text zitierte (siehe Markus 10,2–9). Wenn wir die Antworten auf konkrete Fragen an den „falschen“ biblischen Stellen suchen, dann ist das *nicht* biblisch, selbst wenn wir Kapitel und Vers nennen. Mancher würde am Ende seines Bibelstudiums gerne „die geltenden Vorschriften“ aufstellen, damit alles ein für allemal geregelt ist. Doch wenn wir uns auf Gottes Absichten und nicht auf Regeln konzentrieren, finden wir ein gutes Gleichgewicht von Normen und Freiheit.

4. Ich will die Vielfalt der Bibel und die des Lebens wahrnehmen. Die Bibel ist deswegen vielfältig, weil das Leben vielfältig ist. Gott bleibt in allen Situationen gnädig, liebevoll und treu. Oft handelt er aber in unterschiedlichen Situationen unterschiedlich. Und auch darin ist er ein Vorbild für uns. Wir sind keine „Fälle“, wir sind Menschen. Die Bibel lässt uns Themen häufig aus verschiedenen Gesichtspunkten betrachten. Und das hilft uns, Gottes Wege zu finden, wenn wir versuchen, Menschen in ihren jeweiligen Situationen zu begleiten – wenn wir ihnen helfen, Jesus zu begegnen, Nachfolge neu zu entdecken, verantwortlich zu handeln. Wir lassen die Vielfalt der Bibel stehen und vertrauen darauf, dass Gottes Geist und die christliche Gemeinschaft uns helfen, in konkreten Situationen zu beurteilen, welche biblischen Bilder und Botschaften unser Handeln bestimmen sollen. Ohne Richtlinien kommen wir nicht aus. Aber Menschen ohne Rücksicht auf ihre aktuelle Lebenssituation in vorgefertigte Formen zu pressen, das ist nicht der biblische Weg, ist nicht im Sinne Jesu.

Die Rollen der Bibel – vier Bilder

Um die Bibel zu verstehen, ist es außerdem hilfreich, zu fragen, wie sie eigentlich „funktioniert“. Sie funktioniert nämlich vielschichtig und nicht an allen Stellen gleich.

1. Ein Fenster: Die Bibel offenbart, was Gott in der Geschichte tat. Die Texte der Bibel zeigen uns, was Gott alles zustande brachte und wie er sein Volk durch die Jahrhunderte begleitete und führte. Wenn wir *durch die Bibeltexte hindurch* sehen, dann entdecken wir dahinter Geschichte. Wir beobachten, wie Menschen lebten, wie Gott mit ihnen umging, wie Jesus war. Wir sehen, wie der Heilige Geist die Urgemeinde führte, wie Paulus Gemeinden lehrte. Manches, was sie damals taten, ist auch eine Verpflichtung für uns. Wir können von ihnen lernen. So wird die Bibel zu einem Fenster: Durch dieses Fenster wird sichtbar, was dahinter liegt. Und so kann die biblische Geschichte auch unsere Geschichte werden.

2. Eine Ahnengalerie: Die Bibel zeigt uns positive und negative Vorbilder. Die Menschen in der Bibel sind nicht nur geschichtliche Persönlichkeiten, sondern auch literarische Charaktere. Wir sehen also auch *in die Bibel hinein,* nicht nur durch sie hindurch, um die von den Autoren gezeichneten Porträts zu entdecken. Da kommen viele Bilder zum Vorschein, gute und schlechte. Welche davon sind nachahmenswert? Was ist das Vorbildliche dabei, und was ist zum Beispiel auf die jeweilige Kultur bezogen? So betrachtet, wird die Bibel auch zu einer Ahnengalerie. Wir begegnen vielen verschiedenen Charakteren, von denen wir eine Menge lernen können – übrigens genauso wie von den Autoren, die diese Figuren so lebendig gestalteten.

3. Ein Spiegel: Die Bibel zeigt mir, wie ich bin! Manchmal offenbart mir der Text nicht nur Geschichte oder Typen, sondern mich selbst. Ich erkenne mich darin wieder. Ja, genau so bin ich. Gerade das brauche ich. Diese Frage habe ich auch. Und so wird die Bibel *zu einem Spiegel.* Wenn ich einem Bibeltext erlaube, mir die inneren Bedürfnisse und Einstellungen meines Lebens zu zeigen, dann spricht er mir Gottes Hilfe und Führung zu.

4. Eine Brille: Die Bibel hilft mir, schärfer zu sehen. Manchmal hilft mir ein Text nicht, indem er mir etwas zeigt, sondern indem er *meine Sehfähigkeit verbessert.* Er stattet mich mit einer

Brille aus, damit ich die Welt so sehen kann, wie Gott sie sieht. Mit Hilfe dieser Brille kann ich mein Leben und das anderer mit Gottes Augen sehen. Manchmal genügt das schon, um zu erkennen, wie ich mich verhalten soll.

Von den Texten zu unserem Handeln – vier Schritte

Richard Hays schlägt in seinem sehr hilfreichen Buch *The Moral Vision of the New Testament* vier Schritte vor, die uns helfen, bei der Suche nach ethischen Entscheidungen und Richtlinien biblisch zu denken.

1. Zuerst die *Beschreibung:* Was sagen die Texte der Bibel? Wie legen wir sie richtig aus? Welche Vielfalt entdecken wir in ihnen? Welche Gemeinsamkeiten sind vorhanden?

2. Dann die *Synthese:* Wie passen die verschiedenen Beiträge der Bibel zum Zeugnis der ganzen Bibel? Wie helfen uns dabei die wichtigsten „Linsen", die theologischen Gesichtspunkte der Bibel (für Hays sind das „Gemeinschaft", „Kreuz" und „Neuschöpfung")?

3. Schließlich die *Hermeneutik* (Verstehenslehre): Was erhalten wir zum jeweiligen Thema aus der Bibel: Gesetze? Prinzipien? Paradigmen (Denkmuster, ein Weltbild)? Wie bauen wir die Brücke zu unserer Welt und unserer Situation? Wie helfen uns dabei menschliche Vernunft, Erfahrungen, Traditionen?

4. Und zuletzt das *Handeln:* Wie lebt Jesu Kontrastgesellschaft mitten in einer Welt, die nach anderen Maßstäben lebt? Wie wird die biblische Ethik sichtbar und konkret in den Herausforderungen unseres Lebens (Richard Hays behandelt anschließend ausführlich fünf konkrete ethische Themen)?

Wir müssen natürlich nicht immer genau diese vier Schritte gehen, die Hays beschreibt, um Einsichten zu gewinnen. Dennoch sind die dahinter liegenden Überlegungen sehr wertvoll, wenn wir biblische Hilfe suchen.

So weit ich weiß, wurde bis jetzt nur ein Kapitel seines Buches ins Deutsche übersetzt, und zwar das über Homosexualität. Es ist lesenswert, nicht nur wegen seiner Ausführungen zu diesem Thema, sondern auch, um zu sehen, wie die Bibel uns bei aktuellen ethischen Fragen helfen kann.

Auslegung und Hermeneutik

Die Bibel ist unfehlbar, nicht unsere Auslegung

Manche Bibelausleger (zum Beispiel Gordon Fee und Douglas Stuart in „Effektives Bibelstudium“) unterscheiden zwischen „Auslegung“ (vor allem die ersten beiden Schritte von Hays) und „Hermeneutik“ (vor allem die beiden letzten Schritte). Wenn wir die Bibel lesen, verstehen und in die Praxis umsetzen wollen, dann brauchen wir diese zwei, teilweise gar nicht voneinander zu trennenden, Schritte: „verstehen, was die Bibel sagt“ (Auslegung) und „anwenden, was die Bibel lehrt“ (Hermeneutik).

Für die Auslegung brauchen wir gute Übersetzungen, die uns schon einen Teil der Arbeit abnehmen. Ein gewisses Wissen über die Umstände des Geschriebenen, über die kulturelle Situation, in der etwas geschrieben wurde, und ein allgemeines Wissen über die Bibel und ihre Botschaft helfen, dass wir einzelne Stellen so hören, wie die Autoren sie meinten. Wir sollten uns allerdings vor der Annahme hüten, das gelänge uns unfehlbar. Wenn wir versuchen, die Bibel zu verstehen, hilft Gott uns, steht uns der Heilige Geist zur Seite – und trotzdem ist unser Wissen Stückwerk. Die Bibel ist unfehlbar, nicht unsere Auslegung. Wir hören aufeinander, wir lernen von Bibelauslegern, wir benutzen Kommentare, und so versuchen wir, die Bibel richtig zu hören. Und dann dürfen wir sagen: Meines Erachtens sagt die Bibel folgendes ... Aber die Ergebnisse unserer Auslegung sagen uns noch nicht automatisch, wie das, was wir verstanden haben, angewendet werden sollte. Dazu brauchen wir den zweiten Schritt.

Wir legen zum Beispiel 1. Korinther 11 aus, und versuchen festzustellen, was Paulus den Korinthern in diesem Kapitel sagen wollte. Die meisten Ausleger sind sich hier einig: Paulus lehrte, dass die Frauen mit langem Haar und einer Kopfbedeckung, die Männer dagegen mit kurzem Haar und ohne Kopfbedeckung in der Öffentlichkeit beten und prophezeien sollten. Dann überprüfen wir, ob diese Schlussfolgerung wirklich stimmt. Haben wir Paulus richtig verstanden? Diesen ersten Schritt nennen wir „Auslegung".

Aber das ist noch nicht alles. Nur wer behauptet, der gesamte Inhalt der Bibel müsse auf alle Situationen wortwörtlich angewendet werden, meint, die Auslegung genüge. Aber ein zweiter Schritt ist notwendig. Paulus sagte dies zwar den Korinthern, aber die Frage ist: Was sagt *Gott* durch diesen Text zu *uns,* die wir in einer ganz anderen Situation leben? Das ist die Frage der Anwendung.

Wie spricht uns der Text an? – Vier Ansätze

Ohne es kompliziert machen zu wollen, will ich vier Ansätze beschreiben, wie gläubige Menschen mit der Frage der Anwendung umgehen können.

1. Die direkte Anwendung: Wir sollen direkt anwenden, was im Text gelehrt wird – also tun, was befohlen wird, vermeiden, was verboten wird, in Anspruch nehmen, was verheißen wird usw.

2. Das Prinzip neu anwenden: Wir sollen das im Text angewendete Prinzip erkennen und neu in die Praxis umsetzen.

3. Uns in den Text hineindenken: Wir sollen uns und unsere Situation in den Text „hinein denken" und uns vom Text leiten lassen.

4. Hinhören, was der Geist sagt: Wir sollen hinhören, damit der Geist Gottes durch diesen Text auch uns ansprechen kann.

Ich möchte diese vier Verstehens- und Anwendungsweisen ausführlicher beschreiben. Inwiefern können sie uns helfen, Gottes

Wort richtig zu verstehen und uns dabei auch als Gemeinde einig zu werden?

1. Die direkte Anwendung

Diesen Ansatz habe ich bereits kurz angesprochen. In der Theorie klingt er irgendwie biblischer, zuverlässiger und einfacher als die anderen: „Immer, oder zumindest im Zweifelsfall, einfach tun, was im Text steht! Das ist bibeltreu." Das klingt gut. Es funktioniert aber schlecht. Wenn wir diesen Ansatz ernsthaft und konsequent verfolgen wollten, dann müssten wir allerdings sehr viel vom Alten Testament beiseite schieben und Gottes Wegweisungen hauptsächlich im Neuen Testament suchen. (Und, wie wir später noch sehen werden, geraten wir auch im Neuen Testament manchmal in Schwierigkeiten.) Denn wenn wir das Alte Testament wörtlich nehmen und direkt anwenden, dann wäre es uns erlaubt, unsere Töchter in die Sklaverei zu verkaufen und Sabbatbrecher zu steinigen. Es wäre uns verboten, unseren Bart zu rasieren. Wir dürften keine Kleidung anziehen, die aus mehr als einem Material hergestellt wurde, zum Beispiel Baumwolle und Polyester usw.

Manchmal entdecken wir im Neuen Testament, dass einiges aus dem Alten Testament aufgehoben wird (Essensvorschriften, Tieropfervorschriften usw.). Aber es gibt auch viele Beispiele dafür, dass im Neuen Testament nicht aufgehoben wird, was im Alten Testament gelehrt wurde. Also geraten wir in Schwierigkeiten. Wenn wir tatsächlich alles direkt anwenden wollen, dann müssen wir vieles in Frage stellen, was wir tun, oder aber vieles im Alten Testament (eigentlich auch im Neuen!) ausklammern – oder, und das sollten wir meiner Meinung nach auch tun, wir suchen uns zusätzliche Hilfen, wenn die direkte Anwendung entweder unmöglich oder wahrscheinlich gar nicht von Gott gewollt ist.

2. Das Prinzip neu anwenden

Die direkte Anwendung eines Bibeltextes ist oft nicht möglich, und häufig wäre sie auch gar nicht richtig. Dann suchen wir nach allgemeinen Prinzipien, die der Text lehrt, und überlegen, wie solch ein Prinzip in unserer Situation angewendet werden sollte. Ein Beispiel:

Soll ich einen Flug nach Kairo buchen?

Wenn wir darauf bestehen, dass jede Aufforderung der Bibel für alle verbindlich ist, dann haben wir natürlich ein Problem, wenn wir den folgenden Vers lesen: „Steh auf, nimm das Kind und seine Mutter, und flieh nach Ägypten; dort bleibe, bis ich dir etwas anderes auftrage" (Matthäus 2,13). Soll ich mich wirklich damit angesprochen fühlen? Soll ich einen Flug nach Kairo buchen? Welches meiner Kinder soll ich mitnehmen? Was ist mit Leuten, die weder Frau noch Kind haben? Solche Menschen *können* diesem Text doch gar nicht gehorchen. Aber das müssen sie auch nicht: Hier spricht ein Engel im Traum zu Josef, und nicht Gott direkt zu mir oder zu Ihnen. Gibt es aber vielleicht Prinzipien, die wir aus diesem Text gewinnen können? Sicher! Zum Beispiel:

a) Es lohnt sich, auf Gottes Wort zu hören, denn dadurch werden wir manchmal vor Gefahren gewarnt und beschützt; oder auch:
b) Gott ist zuverlässig und führt seine Pläne durch; menschliche Versuche, Gottes Pläne zu verhindern, sind vergeblich!

Ein anderes Beispiel: Sehr viel, was Paulus seinem jungen Mitarbeiter im 2. Timotheusbrief schreibt, gilt auch für mich. „Halte dich an die gesunde Lehre ... Bleibe beim Glauben und bei der Liebe (1,13). Bewahre das dir anvertraute kostbare Gut durch die Kraft des Heiligen Geistes, der in uns wohnt (1,14). Sei stark in der Gnade, die dir in Christus Jesus geschenkt ist" (2,1). Der Apostel spricht auch mich an! Aber ich fühle mich weniger angesprochen, wenn er Timotheus schreibt: „Wenn du kommst, bringe den Mantel mit, den ich in Troas bei Karpus gelassen habe, auch die Bücher, vor allem die Pergamente" (4,13). Auch wenn ich eine Wallfahrt nach Troas unternehmen könnte, wären Paulus' Mantel und Bücher sehr wahrscheinlich nicht mehr dort. (Und er braucht sie inzwischen sowieso nicht mehr ...) Ist der Text damit also unwichtig, nur weil wir nicht direkt in die Praxis umsetzen können, was dort steht? Keineswegs. Aus diesem Text können wir lernen:

a) Es ist eine christliche Tugend, uns gegenseitig zu helfen, und es ist auch völlig in Ordnung, um Hilfe zu bitten; oder auch:
b) Gott kümmert sich nicht nur um „geistliche" Angelegenheiten; auch unser leibliches Wohl sowie unsere geistige Nahrung sind ihm wichtig.

Dass wir keine Reise nach Ägypten und Troas machen müssen, um bibeltreu zu sein, ist natürlich allen sonnenklar. Dennoch sagen manche, sobald es um andere Themen geht: „Die geschichtliche Situation eines biblischen Textes ist irrelevant – befiehlt oder verbietet die Bibel etwas, dann gilt das zu jeder Zeit für alle Menschen." Warum sind dann aber so wenige von ihnen unterwegs nach Ägypten oder Troas?

Fast alle Texte sind *anlassbezogen,* und wenn wir dies in Betracht ziehen, betreiben wir keine „Situationsethik", sondern wir entdecken zuverlässiger, was ein Text uns sagen will. Das heißt nicht, dass wir den Text immer *anders* anwenden als in der ursprünglichen Situation. Manchmal wenden wir ihn genauso an, wie es damals erwartet wurde. Aber manchmal auch nicht. Es muss also die Frage gestellt werden: Was steckt hinter einer biblischen Aussage, wodurch ist sie motiviert? Und was hat dieser Text in unserer Situation zu sagen? Auch wenn es nicht immer leicht ist, die angemessenen Prinzipien von Bibelstellen zu formulieren, so ist es doch unerlässlich, danach zu suchen. Das führt uns oft zum Ziel eines Textes. Und so ist dieser zweite Ansatz in vielen Fällen ausreichend, um einen Text angemessen anzuwenden. Den Text verstehen, das Prinzip erkennen, fragen, was das für uns bedeutet – und wir haben die Bibel gehört und können ihr gehorchen! Dazu allerdings drei leise Warnungen:

a) Eine Gefahr besteht darin, dass wir Prinzipien entdecken und den Text anschließend beiseite legen. Prinzipien helfen uns, einen Text angemessen anzuwenden. Sie sollen ihn aber nicht ersetzen. Gott hat uns die *Texte* gegeben. Sie bleiben bestehen – die Prinzipien sollen immer wieder neu anhand der Bibel überprüft werden, und in neuen Situationen werden wir weitere Prinzipien entdecken.

b) Eine zweite Gefahr ist, dass wir nicht erkennen, wie subjektiv unsere Suche nach Prinzipien eigentlich sein kann. In der Tat finden wir oft genau die Prinzipien, die wir brauchen, damit der Text nicht unsere vorgefertigten Meinungen in Frage stellt, damit wir unsere Traditionen verteidigen können oder ganz einfach damit wir nicht gegen den Strom unserer Kultur schwimmen müssen. Der Text soll unsere Überzeugungen immer in Frage stellen können, sonst ist die Bibel für uns nicht mehr Maßstab, auch wenn wir das behaupten.

c) Die Suche nach Prinzipien ist wichtig, aber sie garantiert noch keinen Konsens. Wenn wir Texte unterschiedlich interpretieren, dann häufig nicht, weil unsere Auslegungen sich unterscheiden, sondern weil wir verschiedene Prinzipien entdecken. Wenn Paulus über Götzenopferfleisch redet (zum Beispiel in Römer 14,13–23), dann ist das Prinzip nicht all zu schwer zu entdecken: Paulus wollte, dass wir Rücksicht aufeinander nehmen, damit unsere Freiheit nicht zum Problem für andere wird. Dieses Prinzip können wir in vielen Situationen anwenden. Aber was ist das Prinzip hinter seinen Anweisungen in 1. Korinther 11 (dem Text über die Kopfbedeckung der Frau)? Hier ein paar denkbare Alternativen:

- „Unsere Bekleidung soll kulturell angemessen sein, damit wir nicht deswegen auffallen."
- „Im Gottesdienst sollen Unterschiede zwischen Männer- und

Frauenkleidung sichtbar sein, um zu zeigen, dass der Mann das Haupt der Frau ist."

- „Im Gottesdienst sollen Frauen sich so verhalten und so erscheinen, dass die Engel nicht in Versuchung kommen" (siehe 1. Korinther 11,10).
- „Frauen haben das Recht, im Gottesdienst dieselben Geistesgaben wie Männer zu praktizieren, solange sie nicht versuchen, durch ihre Kleidung ihre Weiblichkeit zu verleugnen."

Die Bibel ist nicht lediglich die Vorstufe unserer Theologiebücher

Wenn die Prinzipien, die *wir* meinen, entdeckt zu haben, nicht dieselben sind, wie die, die *andere* dort entdecken, dann ist dieser Ansatz nicht gerade ein Geheimrezept für die Konsensbildung in einer Gemeinde. Er hilft uns. Er garantiert aber nicht, dass er alle Probleme in Bezug auf die Anwendung der Bibel löst.

3. Sich in den Text hineindenken

Hier will ich versuchen, den zweiten Punkt („Das Prinzip neu anwenden") etwas anders zu formulieren. Manche lesen die Bibel, als sei sie ein Buch voller versteckter Prinzipien, theologischer und ethischer Aussagen. Unsere Aufgabe sei es dann, diese versteckten Lektionen zu finden und thematisch zu sortieren. Das Ergebnis sind dann unsere Theologie, unsere Ethik, unsere Glaubensbekenntnisse usw. Und wenn wir ehrlich sind, spielen sie oft eine größere Rolle in unserem Leben als die Bibel selbst.

Aber die Bibel ist nicht lediglich eine Vorstufe unserer schlauen Theologiebücher. Die Bibel ist in erster Linie nicht einmal ein Theologiebuch. Die Bibel ist eine Geschichte. Sie ist die Geschichte Gottes mit den Menschen (unter anderem). Wir sind Teil dieser Geschichte. Natürlich gibt es viele Lehraussagen, Gebote, Verheißungen usw., aber sie sind in einer Geschichte enthalten.

Wir wollen ja nicht nur Prinzipien aus den Texten herauskitzeln, wir wollen schließlich auch der Einladung folgen und an der allumfassenden Geschichte Gottes mit den Menschen teilhaben. Wenn wir in dieser Geschichte leben, dann erkennen wir mit den anderen Teilnehmern (mit den Propheten, den Israeliten, den Jüngern Jesu, mit Paulus oder den Korinthern), wie Gott ist, wie er mit Menschen umgeht, wie er uns leitet, worin der Ruf in die Nachfolge Jesu besteht.

Es gilt nach wie vor, eine Brücke zu bauen von der damaligen Situation zu unserer heute. Wir überqueren diese Brücke, wenn wir uns in die Geschichte hineinversetzen. Aber die Einsichten müssen immer noch in *unserer* Welt und nicht in *jener* Welt in die Praxis umgesetzt werden.

Die Prinzipien eines Textes müssen nach wie vor erkannt und in unserer Zeit neu angewendet werden. Aber wir versuchen, die Bibel als Geschichte und nicht nur als versteckte Theologie, versteckte ethische Prinzipien usw. zu betrachten. Das ist ein weiterer Schritt vorwärts – wenn er auch nicht automatisch die Umsetzung erleichtert.

4. Hinhören, was der Geist sagt

Dieser Ansatz klingt sehr geistlich. Wer kann schon etwas dagegen sagen! Deswegen will ich voranstellen: Ich glaube, der Heilige Geist führt uns tatsächlich. Manchmal zieht er uns sogar den Boden unter den Füßen weg, zeigt uns Dinge in der Bibel, die wir gar nicht gesucht haben, vielleicht gar nicht sehen wollten.

Aber natürlich stammt nicht alles, was uns beim Bibellesen „einfällt", vom Geist Gottes. Nicht einmal, wenn wir versuchen, auf Gottes Geist zu hören, ist alles, was uns dann einfällt, auch automatisch das, was Gott uns sagen möchte. Vor allem, wenn *andere* gar nicht erkennen können, dass diese oder jene Einsicht von Gott ist, sollten wir sehr zurückhaltend sein mit der Annahme: Gott hat mir gezeigt, was dieser Text zu sagen hat und wie er in die Praxis umzusetzen ist.

Ohne Frage können wir in unserer Stillen Zcit durch die Bibel eine Begegnung mit Gott erwarten. Aber Vorsicht bei dem Gedanken, dass wir als Einzelne beim persönlichen Warten auf Gottes Führung entscheidende Wegweisungen für die Theologie oder Ethik der ganzen Gemeinde gewinnen würden. Schon die Urgemeinde hat zwar behauptet: „Der Heilige Geist und wir haben beschlossen ...“ (Apostelgeschichte 15,28). Aber das war eben, nachdem sie gemeinsam als Versammlung einen Konsens erreicht hatten. Das ist etwas völlig anderes als die Behauptung eines Einzelnen: „Der Heilige Geist und ich ...“ (siehe auch Kapitel zehn).

Was wir „Gottes Führung“ oder die „Stimme des Heiligen Geistes“ nennen, ist manchmal in der Tat eine Mischung aus dem, was Gott sagt, und unserer Tradition, unserer Neigung, unseren Wünschen, den Einsichten, die wir meinen, aus dem Text gewonnen zu haben (die wir in Wirklichkeit aber in ihn hineingelesen haben). Ein zuverlässiger Führer sind meine persönlichen Meinungen daher kaum!

Das Bauchgefühl eines nach der Wahrheit suchenden Gläubigen ist manchmal zuverlässiger als das logische Denken mancher Theologen

Dennoch: Selbst wenn wir diese Meinungen anders nennen, wenn wir nicht von der „Stimme des Heiligen Geistes“ reden, sondern „mein Bauchgefühl“ oder „mein Eindruck“ sagen, spielen sie eine wichtige und manchmal hilfreiche Rolle bei unserem Versuch, der Bibel treu zu sein.

Jeder hat beim Umgang mit biblischen Texten irgendwelche „Bauchgefühle“. Nicht immer können wir genau erklären, warum wir zu bestimmten Überzeugungen gekommen sind, wie ein Text zu verstehen und anzuwenden ist. So durchwachsen diese Gefühle auch sein mögen, sie können uns durchaus vor Gefahren schützen. Das „Bauchgefühl“ eines ernsthaft nach der Wahrheit suchenden Gläubigen ist manchmal zuverlässiger als das logische Denken mancher Theologen.

Angenommen, wir hätten zwei Menschen vor uns: Der eine ein junger Mann, frisch von der Bibelschule, ausgerüstet mit sehr viel Bibelwissen und einer sorgfältig durchdachten systematischen Theologie. Er ist sehr klug, kann logisch denken und überzeugend reden. Der andere ist eine alte Schwester, die nie die Gelegenheit hatte, eine Bibelschule zu besuchen. Vielleicht besuchte sie nur die Grundschule. Sie versteht keine Theorie der Hermeneutik, hatte auch nie ein Fachbuch in der Hand – hat aber eine lebenslange tiefe Beziehung zu Jesus Christus und zu seiner Gemeinde, liebt die Bibel und liest sie regelmäßig.

Nun steht die Gemeinde vor einer schwierigen Entscheidung: Was lehrt die Bibel über diese Frage? Beide sind überzeugt. Der junge Mann kann seine Meinung mit kräftigen Argumenten vertreten. Die alte Schwester kann keine stichhaltigen logischen Argumente aufstellen. Aber ihr Bauch fühlt sich sehr unwohl mit der theologischen Richtung, die von ihrem jungen Bruder vorgeschlagen wird.

Auf wessen Meinung sollte die Gemeinde nun hören? Ich würde mindestens genau so viel Vertrauen in das „Bauchgefühl" der lieben alten Schwester wie in die Logik des jungen Bruders setzen. Natürlich brauchen sie einander und auch die Gemeinde braucht beide. Aber es wäre problematisch, wenn dieses unbegründete „Bauchgefühl" in solch einer Auseinandersetzung nicht zählen würde. Der Geist Gottes bringt solche Eindrücke mindestens so oft hervor wie schlaue theologische Argumentationen.

Welcher dieser vier Ansätze ist nun der richtige?

Gesprächs- und Denkanstöße:

1. Wie kann die Bibel am effektivsten in unser Leben hinein sprechen?
2. Welche in diesem Kapitel enthaltenen Behauptungen über die Bibel (oder über Wege, sie effektiver zu verstehen) haben mir geholfen? Welchen stehe ich eher skeptisch gegenüber?
3. Wie erlebe ich, wie erleben wir als Gemeinde, dass der Heilige Geist hilft, wenn wir aus der Bibel Wegweisung fürs Leben gewinnen wollen?

1. Die direkte Anwendung
2. Das Prinzip neu anwenden
3. Sich in den Text hineindenken
4. Hinhören, was der Geist sagt

Alle! Alle vier sind wichtig. Jeder Ansatz kann die Schwächen der anderen korrigieren. Jeder trifft in bestimmten Situationen, bei bestimmten Texten und bestimmten Themen. Wir sind besser dran, wenn wir alle vier Ansätze in Betracht ziehen, als wenn wir uns auf einen beschränken. Und auch wenn ein Konsens in der Gemeinschaft vielleicht schwerer zu erreichen ist, wenn der eine diesen Ansatz bevorzugt und eine andere jenen – ich meine: Die Entscheidungen, die aus solch einem Gespräch heraus entstehen, bleiben vermutlich eher innerhalb biblischer Grenzen, als wenn wir uns nur auf einen Ansatz beschränken würden.

Zum Weiterlesen:

- Gordon Fee und Douglas Stuart, Effektives Bibelstudium, International Correspondence Institute, Asslar 1990
- Richard B. Hays, Homosexualität: Die ethische Sicht des Neuen Testaments, in: Walter Gasser und Russell Hilliard (Herausgeber), Homosexualität verstehen, Teil 2. Medizinische, verhaltensgenetische und theologische Aspekte, VGB-Verlag, Zürich 1998
- Richard Hays, *The Moral Vision of the New Testament*, Harper, San Francisco/USA 1996
- Adolf Pohl, Staunen, dass Gott redet, Oncken, Wuppertal 1988

Das setzt freilich voraus, dass jeder bereit ist, auch die Meinungen anderer ernst zu nehmen; dass jeder bereit ist, seine eigene Meinung in Frage stellen zu lassen; und dass jeder bereit ist, sich einem breiten Konsens anzuschließen, *auch wenn er oder sie die vorgeschlagene Richtung für nicht richtig hält.* Wir müssen als Gemeinde fähig sein, Entscheidungen zu treffen, selbst wenn nicht alle sie für richtig halten. Unsere Entscheidungen sind ja keine endgültigen, unfehlbaren Wegweisungen von Gott. Sondern sie sind die beste Abmachung, die *wir* unter diesen Umständen erreichen können. Das gelingt uns durch intensives Betrachten der Bibel und ein genauso intensives und offenes Gespräch über die Praxis.

Gott gebe uns viel Geduld miteinander, viel Freude am Bibelstudium und eine extra Portion Bereitschaft, gemeinsame Wege zu suchen! Und wenn wir am Ende solcher Prozesse Entscheidungen treffen, dann sollten wir das auch gebührend feiern! In zehn Jahren können wir das Thema ja wieder aufgreifen und fragen: „Sehen wir es noch so wie damals? Oder gibt es neue Erkenntnisse, die in eine andere Richtung deuten? Hat sich unsere Situation inzwischen geändert, in der Gottes unfehlbares und gleichbleibendes Wort gelebt sein will?“

2. VERSÖHNUNG UND VERBINDLICHKEIT: MATTHÄUS 18

Hier werfe ich einen Blick auf einen Vortrag Jesu darüber, wie verbindliche Gemeinschaft aussieht, wenn er selbst die Mitte ist und wenn Versöhnung und Verantwortlichkeit unser gemeinsames Leben prägen (Matthäus 18).

Wir leben in einer pluralistischen Welt. Ethische Werte und Normen werden heute nicht mehr so von vielen geteilt, wie das früher einmal war. Wie reagieren wir auf diese Situation? Hier einige Beispiele:

Ich bin selbst dafür verantwortlich, ethische Richtlinien für mich zu suchen. Solange ich niemanden verletze, kann ich tun, was ich persönlich für richtig halte. (So redet der Geist unseres individualistischen Zeitalters.)

Ich habe die Bibel, ich habe ein Gewissen; ich kann selbst entscheiden, was richtig und falsch ist. (So redet der durchschnittliche Christ dieses Zeitalters.)

Ihr seid eine verbindliche Gemeinschaft; ich werde unter euch gegenwärtig sein und euch helfen, gemeinsam ethische Richtlinien zu suchen; ihr werdet in meinem Namen binden und lösen. (So redet Jesus zu uns.)

Der Reformator Martin Luther definierte die Kirche als den Ort, an dem Gottes Wort verkündigt und die Sakramente richtig verwaltet werden. Zu solch einem Verständnis von Gemeinde gehören Verbindlichkeit und gegenseitige Verantwortlichkeit oft eher weniger. Die Täuferbewegung, die zur Zeit der Reformation entstand, betonte allerdings etwas anderes: Gemeinde ist dort, wo

Menschen sich freiwillig verpflichten, Jesus Christus nachzufolgen, und wo sie sich freiwillig zum Miteinander verpflichten. Zu dieser Gemeindetheologie gehören Verbindlichkeit und gegenseitige Verantwortlichkeit in zentraler Weise.

Durch die Jahrhunderte hindurch gab es manche Erfolge, aber auch viele Fehltritte auf dem Weg, solch ein Gemeindeverständnis zu leben. Zwischen gesetzlicher, liebloser „Gemeindezucht" und der Einstellung: „Jeder ist für sich selbst verantwortlich!" gibt es viele Abstufungen, und auch täuferische Gemeinden haben fast alle davon bereits durchlebt.

Natürlich: Wir haben noch einen langen Weg zurückzulegen, bevor wahr wird, wie Jesus sich die christliche Gemeinschaft vorstellte. Wer aber wagt, Schritte in diese Richtung zu gehen, wird Gottes Hilfe dabei erfahren. In diesem Kapitel wollen wir sehen, welche Hilfestellung Matthäus 18 bietet, um eine versöhnte und verbindliche Gemeinschaft im Sinne Jesu zu sein. Wir finden im Neuen Testament keine vollständigere Rede Jesu über das Wesen der Gemeinde als die in Matthäus 18. Auch für die Täuferbewegung war dieses Kapitel daher von zentraler Bedeutung auf dem Weg, biblische Gemeinde zu sein. Machen wir uns also auf die Suche nach Grundhaltungen, Warnungen, Empfehlungen und Hilfestellungen!

Wer ist am größten? (1–5)

1 In jener Stunde kamen die Jünger zu Jesus und fragten: Wer ist im Himmelreich der Größte?

2 Da rief er ein Kind herbei, stellte es in ihre Mitte

3 und sagte: Amen, das sage ich euch: Wenn ihr nicht umkehrt und wie die Kinder werdet, könnt ihr nicht in das Himmelreich kommen.

4 Wer so klein sein kann wie dieses Kind, der ist im Himmelreich der Größte.

5 Und wer ein solches Kind um meinetwillen aufnimmt, der nimmt mich auf.

Wenn wir Gemeinde im Sinne Jesu sein wollen, dann hängt alles von unserer Haltung zum Reich Gottes, zur Gemeinde und zu unseren Beziehungen untereinander ab. Die Jünger Jesu stellten sich Gottes Reich so vor: Jesus würde zu einem machtvollen König in einem wiederhergestellten freien Israel werden. Und sie, seine Nachfolger, würden ihm dann zur Seite stehen, als Minister, die an seiner Ehre, seiner Macht und Herrschaft beteiligt sein würden. Nicht genug damit, dass sie nach ihrer Vorstellung alle groß und mächtig sein würden, wollten sie nun aber auch noch wissen, wer von ihnen die herausragendsten Positionen besetzen würde. Vor diesem Hintergrund kamen die Jünger eines Tages zu Jesus und fragten: „Wer ist im Himmelreich der Größte?" (Vers 1).

Seine Reaktion: „Vorsicht! Mit so einer Einstellung nimmt man gar nicht am Reich Gottes teil." (Das Matthäusevangelium verwendet gewöhnlich „Himmelreich" für den Ausdruck „Reich Gottes", meint aber damit das gleiche.) Jesus stellte fest: Es war wieder einmal an der Zeit, eine bildhafte Lektion zu erteilen. Er nahm also ein Kind zu sich – klein, hilflos, weder anmaßend noch großspurig, ohne Rechte und ohne Macht. Er stellte es in ihre Mitte und blickte seine Nachfolger an. Ohne Zweifel waren sie verblüfft über die drei wichtigen Aussagen, die Jesus dann machte:

- So müsstet ihr werden!
- So ein Kind ist im Reich Gottes am größten!
- Wollt ihr mich aufnehmen, dann nehmt solche um meinetwillen auf!

Wollen wir eine verbindliche und versöhnte Gemeinschaft sein, in der es tatsächlich möglich ist, Jesu Gegenwart zu erkennen? Dann fängt es bereits mit unserer Einstellung an: Wir versuchen erst gar nicht, Macht und Einfluss für uns zu suchen; wir versuchen erst gar nicht, nach den Maßstäben dieser Welt „groß" zu werden. Wir versuchen eher, in kindlichem Vertrauen auf Gott eine völlig andere Art des Groß-Seins geschenkt zu bekommen. Wir suchen nicht für uns selbst Rechte und Macht, sondern wir investieren unsere Kräfte und unseren Einfluss darin, denjenigen auf dem Weg zu helfen, die die Herausforderungen des Nachfolgeweges nicht alleine bewältigen können – und das sind wir alle! So wird Jesus in unserer Mitte aufgenommen und spürbar werden.

Achtet auf euch und auf euren Einfluss! (6–10)

6 Wer einen von diesen Kleinen, die an mich glauben, zum Bösen verführt, für den wäre es besser, wenn er mit einem Mühlstein um den Hals im tiefen Meer versenkt würde.
7 Wehe der Welt mit ihrer Verführung! Es muss zwar Verführung geben; doch wehe dem Menschen, der sie verschuldet.
8 Wenn dich deine Hand oder dein Fuß zum Bösen verführt, dann hau sie ab und wirf sie weg! Es ist besser für dich, verstümmelt oder lahm in das Leben zu gelangen, als mit zwei Händen und zwei Füßen in das ewige Feuer geworfen zu werden.
9 Und wenn dich dein Auge zum Bösen verführt, dann reiß es aus und wirf es weg! Es ist besser für dich, einäugig in das Leben zu gelangen, als mit zwei Augen in das Feuer der Hölle geworfen zu werden.
10 Hütet euch davor, einen von diesen Kleinen zu verachten! Denn ich sage euch: Ihre Engel im Himmel sehen stets das Angesicht meines himmlischen Vaters.

Gerade hat Jesus gesagt: Unsere Vorbilder sind Kleinkinder (Vers 3). Jetzt sagt er: Und wir sind Vorbilder für sie (6). Wir beobachten *sie* und imitieren manche ihrer kindlichen Haltungen. Sie beobachten *uns* und entdecken in unserem Handeln, was uns auf dem Nachfolgeweg wichtig ist. Was für eine Verantwortung! Wenn wir ein schlechtes Vorbild sind oder wenn wir missverstanden und dadurch zum Anlass werden, dass wir „einen von diesen Kleinen ... zum Bösen verführen“, dann hören wir die Warnung

Jesu hier neu: „Für den wäre es besser, wenn er mit einem Mühlstein um den Hals im tiefen Meer versenkt würde“ (6). Jesus spricht oft bildhaft, drastisch und übertreibend. Sein Ziel ist nicht in erster Linie, uns einen Schrecken einzujagen. Wir sollen auch nicht ständig verunsichert fragen, was wir vielleicht gerade falsch gemacht haben und wie Gott uns dafür bestrafen könnte. Jesu Ziel war eher, so laut und deutlich wie möglich zu sagen: *Das hier ist wichtig!*

Das ist ernst zu nehmen, nicht wortwörtlich!

Als christliche Gemeinschaft werden wir schwerlich vorwärts kommen auf dem Weg, zu werden, was Jesus aus uns machen möchte, wenn wir nicht auf die Konsequenzen unseres Handelns achten, wenn wir es nicht für wichtig halten, dass die Kleinen, die verwundbaren und anfechtbaren Anfänger auf dem Nachfolgeweg, unsere Hilfe und Unterstützung bekommen. Jesus redet von drastischen Maßnahmen, die wir ergreifen müssen: Hand oder Fuß abhauen, Auge ausreißen (8). Das ist ernst zu nehmen, aber nicht wortwörtlich! Durch diese einschneidenden Maßnahmen werden wir selbst Versuchungen entgehen und auch anderen keinen Anlass zur Sünde geben.

Jesus weiß, dass wir allzu schnell andere Menschen verachten, deren Nöte unsere Freiheit einschränken könnten. Daher sagt er: Verachtet sie nicht! (10). Im Gegenteil, schützt sie und helft ihnen, wie Gott das tut. Gott befiehlt sogar seinen Engeln, die Kleinen, die Schwachen, zu unterstützen. Auch wenn Vers 11 in den besten Manuskripten fehlt und deswegen in Klammern oder in Fußnoten abgedruckt wird, passt er recht gut hier her: „Denn der Menschensohn ist gekommen, um zu retten, was verloren ist.“ Wenn Gott selbst schon solche ernste Maßnahmen ergriff, um uns auf den richtigen Weg zu bringen, dann wollen auch wir unseren Beitrag leisten, damit wir anderen auf diesem Weg helfen können.

Suchen, finden, feiern (12–14)

Einmal erklärte Jesus mit Hilfe des Gleichnisses „Vom Verlorenen Schaf", warum er mit Zöllnern und Sündern am selben Tisch aß: Er suchte diese Menschen. Und wo er sie fand, da feierte er mit ihnen. So steht es in Lukas 15. In Matthäus 18 aber wird das Gleichnis anders verwendet.

Hier steht die Schafherde für *uns,* die Teilnehmenden der christlichen Gemeinschaft. Wir sind alle potentiell verlorengehende Schafe. All unsere Bemühungen, Versuchungen zu entfliehen (8/9), unsere Bemühungen, richtige Vorbilder und Helfer für andere zu sein (6/7, 10), werden keine vollkommene Gemeinschaft schaffen. Andere werden verloren gehen (hier: Entscheidungen treffen und Handlungen begehen, die sie von der Gemeinschaft entfernen), und wir werden es auch.

Das Leben in der Nachfolge besteht aus guten Vorsätzen und guten Anfängen, aus Erfolgen und Fortschritten, aber auch aus Fehltritten und Scheitern, aus der Notwendigkeit, neue Anfänge geschenkt zu bekommen und mutige Schritte vorwärts zu wagen. Dafür brauchen wir einander. So wie Gott das verlorene Schaf sucht, so suchen wir uns gegenseitig. Nicht immer wandert ein Schaf so weit weg, dass die ernsthaftesten Maßnahmen (siehe nächster Abschnitt) ergriffen werden müssen. Aber in Jesu Schafherde achten wir ständig aufeinander. Wir sehen, dass wir zusammenhalten.

Das ist keine Grenzkontrolle; wir sind hier nicht die Polizisten! Fehltritte werden weder mit Schimpfen noch mit Strafe quittiert. Sondern wir alle sind füreinander wichtig, wir achten aufeinander in Liebe, in Freiheit, mit Achtung und Respekt. Natürlich ist dies etwas anderes als ein Individualismus, bei dem jeder den Weg geht, den er für richtig hält, und man nebeneinander her lebt.

Jesu Gleichnis setzt voraus, dass wir *merken,* wenn ein Schaf verloren geht. Es setzt voraus, dass es uns *wichtig* ist, dieses Schaf wieder in unserer Herde zu haben, dass das Schaf *gerne* zurück wäre, wenn es nur den Weg finden könnte, und dass wir zu *feiern* verstehen, wenn Versöhnung und Vergebung und Neuanfänge stattfinden. An all diesen Punkten sind wir noch weit vom Ziel entfernt. Unsere Idealvorstellungen, Jesu Idealvorstellungen sind weitaus schöner als die Realität. Aber Gott, der Jesus sandte, um uns zurückzugewinnen, ist unser Vorbild. Wenn Gott schon feiert, dass einige gefunden werden, dann dürfen auch wir die kleinen Fortschritte feiern, die wir in diesem Bereich erleben!

Was geht es die Gemeinde an, wie ich lebe?

Wie ein Heide und ein Zöllner (15–17)

Schon die Überschrift erschreckt uns. Wer will schon so betrachtet werden? Was für eine Gemeinschaft maßt sich an, jemanden mit „Heiden und Zöllnern" zu vergleichen? Wer den Inhalt dieser drei Verse kennt, erschrickt zweimal: Wer hat überhaupt das Recht, Sünde zu definieren? Wer hat das Recht, andere diesbezüglich anzusprechen? Was geht es die Gemeinde an, wie ich lebe? Haben wir denn gar nichts aus der Gesetzlichkeit (und Scheinheiligkeit) der Vergangenheit gelernt?

Ich lese Matthäus 18,15–17 nicht als Fahrplan, um jemanden aus der Gemeinde auszuschließen. Anders herum: Hier ist das Ziel von Anfang an, den Bruder, die Schwester zu gewinnen. Sünde bedeutet in der Bibel Zielverfehlung. Wenn unser Verhalten oder unsere Beziehungen am Ziel vorbeigehen, dann geben wir uns alle Mühe, (miteinander!) wieder den richtigen Weg zu finden.

15 *Wenn dein Bruder sündigt [an dir?], dann geh zu ihm und weise ihn unter vier Augen zurecht. Hört er auf dich, so hast du deinen Bruder zurückgewonnen.*

Das Ziel ist, dass Fehltritte erkannt und ausgeräumt werden, ohne dass alle anderen in der Gemeinschaft etwas davon erfahren müssen. Vertraulichkeit wird gewahrt. Das Ziel ist immer Versöhnung, es geht nicht darum, den Sünder als schlechtes Beispiel hinzustellen. Nein, wir reden unter vier Augen miteinander.

Zwei kleine Wörter gehören möglicherweise zum Text, sind aber nicht in allen Manuskripten zu finden: „Sündigt dein Bruder *gegen dich,* dann geh ..." Vielleicht handelt es sich in erster Linie um einen Streit zwischen zweien, wo jeder den anderen für den Schuldigen hält. Gestörte zwischenmenschliche Beziehungen sollen nicht einfach hingenommen oder akzeptiert werden. Nein, Jesus fordert uns auf, dem Bruder, der Schwester nachzugehen und das Problem anzusprechen. Es muss geklärt werden, sonst bleiben wir unversöhnt und die Gemeinschaft leidet darunter.

Bin ich wirklich hilfreich, liebevoll, vergebungsbereit?

Selbst wenn diese zwei Wörter nicht dazugehören, kann es sein, dass die Sünde nur ein Missverständnis war oder vielleicht eine verurteilende Einstellung meinerseits. Die Sache wird unter vier Augen geklärt. Wir suchen gemeinsam den besten Weg. Natürlich kann es auch sein, dass jemand tatsächlich falsch liegt. Dann gebe ich mir alle Mühe, ihm zu helfen. Dabei sind all die Einstellungen meinerseits, die in diesem Kapitel schon erwähnt wurden, Voraussetzung, damit das Gespräch gelingen kann.

16 Hört er aber nicht auf dich, dann nimm einen oder zwei Männer mit, denn jede Sache muss durch die Aussage von zwei oder drei Zeugen entschieden werden.

Zeugen können unterschiedliche Rollen spielen. Falls es sich um deutliche Fehltritte handelt, dann sind sie möglicherweise Zeuge dessen, was getan wurde. Sie bekräftigen unseren Versuch, zurückzugewinnen. Falls es sich um ein Beziehungsproblem handelt, dann sind sie vor allem Zeuge dessen, wie *ich* mit der Situation umgehe. Will ich mich nur rechtfertigen? Bin ich dem anderen gegenüber fair? Bin ich wirklich hilfreich, liebevoll, vergebungsbereit? Die Zeugen könnten auch dem anderen gegenüber ein Beweis dafür sein, dass wir alle – und nicht nur ich – uns Sorgen machen und ihn zurückgewinnen wollen.

17 Hört er auch auf sie nicht, dann sag es der Gemeinde. Hört er aber auch auf die Gemeinde nicht, dann sei er für dich wie ein Heide oder ein Zöllner.

Nur im äußersten Fall, wo sonst gar nichts hilft, greift die Gemeinde ein. Welche Größenordnung ist hier mit „Gemeinde" gemeint? Vergessen wir nicht, zu wem Jesus redet: zu zwölf Jüngern. Matthäus schreibt seinen Bericht mit Blick auf eine oder mehrere Gemeinden mit vielleicht 30 bis 40 Teilnehmern (die durchschnittliche Hausgemeinde des ersten Jahrhunderts). In solchen verbindlichen Kreisen kann die Gemeinde auch effektiv handeln.

In einer viel größeren Gemeinde mit weit mehr Mitgliedern, vor allem wenn viele davon nicht verbindlich am Gemeindeleben teilnehmen, können schwierige Einzelfälle kaum in der großen Gemeinschaft behandelt werden. Also benötigen wir Hauskreise, Leitungsteams, vielleicht auch noch andere Strukturen, die uns helfen, als Gemeinde zu handeln, wie Jesus sich das vorstellte. Übrigens wäre es ein großer Fehltritt, wenn wir Matthäus 18,17 wortwörtlich in die Praxis umsetzten, *bevor* wir die anderen Anweisungen aus den Versen 1 bis 16 zu praktizieren lernten.

Die verbindliche Gemeinschaft soll alle Kräfte einsetzen, um abwandernde Teilnehmer zurückzugewinnen. Und wenn all diese Schritte nicht gelingen? Dürfen wir die Person dann doch ausschließen? *Nein!* All diese Bemühungen sind keine formalen Voraussetzungen, um das Recht zu erlangen, jemanden aus der Gemeinschaft auszuschließen. Im Gegenteil: Es sind Versuche, jemanden zu erhalten und zurückzugewinnen.

Gelingen alle Versuche nicht, dann kommt der radikalste Schritt: der sich Distanzierende sei dann Heide oder Zöllner – vielleicht nur *für dich* (so steht es im Text), vielleicht für die ganze christliche Gemeinschaft. Die Person wird jetzt als Heide oder Zöllner betrachtet. Aber was heißt das? Es bedeutet: Scheitern alle unsere Versuche, so versuchen wir es jetzt andersherum: Betrachten wir die abwandernde Person von nun an nicht mehr als einen verloren gehenden Bruder (oder eine Schwester ...), sondern als einen noch zu gewinnenden „Heiden“. Es bleibt ununterbrochen das Ziel unseres Bemühens, ihn für die christliche Gemeinschaft zu gewinnen. Seine Weigerung, auf die Gemeinde zu hören – nicht sein sündhaftes Verhalten –, entfernt ihn von uns. Wie Jesus nun mit Zöllnern umging, das ist unser Vorbild, wie wir jetzt mit ihm umgehen. Wir verachten ihn nicht, sondern wir laden ihn ein. Wir pflegen Freundschaft, wir strahlen Akzeptanz und Liebe aus, wir schrecken keineswegs vor der Tischgemeinschaft mit ihm zurück. Wir wollen diese Menschen als Brüder und Schwestern (zurück) haben! Dadurch, dass sie nicht auf die Gemeinde hörten, schlossen sie sich von uns aus. Und das gefällt uns gar nicht.

Nicht die Sünde, nicht die Zielverfehlung, nicht die Unversöhntheit schaffen die Trennung. Die Trennung geschieht durch die fehlende Bereitschaft, auf die verbindliche Gemeinschaft zu hören. Wir betrachten ihn jetzt als den, der er geworden ist: ein Mensch, der wieder für die Gemeinschaft gewonnen werden muss. Die Trennung kam nicht von seiten der Gemeinde; die Gemeinde versucht weiterhin, die Trennung zu überwinden.

Natürlich brauchen wir unter Umständen auch ganz konkrete Vorgehensweisen, wie wir Jesu Anweisungen und Prioritäten verwirklichen können, wie sie in unserer Zeit und in unseren Strukturen am besten funktionieren. Genauso wenig, wie wir buchstäblich daran gebunden sind, uns in bestimmten Fällen die Hand abzuhacken, so wenig sind wir an den genauen Wortlaut der hier beschriebenen Schritte gebunden. Sie zeigen uns, was Jesus wichtig ist:

- Versöhnte und wiederhergestellte Beziehungen;
- Bemühungen, uns gegenseitig auf dem Nachfolgeweg zu begleiten;
- die Bereitschaft, uns selbst korrigieren zu lassen;
- Vertraulichkeit und Ehrlichkeit, wenn wir Menschen zurückgewinnen wollen;

- die unaufhörliche Bereitschaft, Trennungen zu überwinden, um die Gemeinschaft zu heilen.

Dafür brauchen wir viel Hilfe! (18–20)

Hilfe! Wir sind doch nie und nimmer in der Lage, solch ein verbindliches Gemeinschaftsleben zu praktizieren! Das weiß Jesus auch. Aber wir sind eingeladen, mutige Schritte in die von Jesus gezeigte Richtung zu wagen. Jesus verspricht uns dabei seine Gegenwart und Hilfe. Die folgenden Verse enthalten großartige Verheißungen, die wir in Anspruch nehmen dürfen.

18 *Alles, was ihr auf Erden binden werdet, das wird auch im Himmel gebunden sein, und alles, was ihr auf Erden lösen werdet, das wird auch im Himmel gelöst sein.*

Wir fragen: Wie können wir die beschriebene Verbindlichkeit praktizieren, wenn ethische Normen nicht mehr als allgemeingültig anerkannt werden? Jesus antwortet: Ich werde euch helfen, Normen zu finden. Gemeinde ist nicht nur der Ort, wo das Wort gepredigt und die Sakramente ausgeteilt werden. Gemeinde ist auch der Ort, wo ethische Entscheidungen getroffen werden, wo wir gemeinsam darüber nachdenken und gemeinsam beschließen, was es heißt, als Nachfolger Jesu in dieser Welt zu leben.

Die beiden zentralen Begriffe in diesem Vers, „binden" und „lösen", waren damals Fachbegriffe der jüdischen Rechtsprechung. Die Rabbiner verwendeten sie in vier unterschiedlichen Zusammenhängen. Der erste Kontext hat damit zu tun, Satan zu binden und seine Opfer loszumachen, zu befreien. An anderen Stellen in den Evangelien finden wir „binden" und „lösen" in diesem Sinn (Matthäus 16,19; Markus 3,27). Diese Bedeutung scheint zu unserem Text allerdings nicht zu passen. Im Judentum kamen die Menschen zu den Schriftgelehrten oder Pharisäern und baten sie, sie zu binden oder zu lösen, und zwar in folgenden drei ethischen Bereichen:

- *Gelübde:* „Ich habe dieses Gelübde abgelegt – binde mich oder löse mich!" Das heißt, das Gelübde zu halten, erweist sich nun als problematisch: „Muss ich es dennoch halten oder könnte ich davon befreit werden?"

- *Entscheidungsfindung:* „Ich möchte dieses oder jenes tun; sage mir, ob das im Rahmen des Gesetzes ist – binde mich oder löse mich!" Das heißt: „Hilf mir, zu entscheiden, ob das richtig oder falsch ist."
- *Vergebung:* „Ich habe das und das getan – binde mich oder löse mich!" Das heißt: „Sage mir, ob ich gesündigt habe, und wenn ja, sprich mir Vergebung zu."

In unserer Übereinstimmung finden wir Gottes Zustimmung

Solche Verantwortung und solche Vollmacht überträgt Jesus der christlichen Gemeinschaft. Natürlich gelten nicht einfach unsere bevorzugten persönlichen Meinungen, wenn wir binden und lösen. Jesu Lehre und Richtlinien, die wir der Bibel entnehmen, bleiben maßgebend, so wie das alttestamentliche Gesetz für die Rabbiner maßgebend war. Wir sind aber dafür verantwortlich, die Richtlinien und Normen gemeinsam zu entdecken, zu verstehen und auf unsere Situation zu übertragen.

Wenn wir, die wir Jesu Vertreter auf der Erde sind, in Jesu Namen und im Einklang mit seiner Lehre einen Konsens darüber erreichen können, was es heißt, Jesus in unserer Zeit, in unserer Welt nachzufolgen, dann wird das auch im Himmel bestätigt werden, sagt Jesus. In unserer Übereinstimmung finden wir Gottes Zustimmung. Unfehlbarkeit ist dadurch keineswegs versprochen, aber mit Jesu Hilfe tun wir unser Bestes . Wenn wir bereit bleiben, vergangene Entscheidungen aufgrund neuer Erkenntnisse zu revidieren, dann dürfen wir unsere Entscheidungen in Freiheit und Freude als Gottes Willen für uns betrachten, bis wir neue Erkenntnisse gewinnen.

[19] *Weiter sage ich euch: Alles, was zwei von euch auf Erden gemeinsam erbitten, werden sie von meinem himmlischen Vater erhalten.*

Wenn wir tatsächlich so eine verbindliche Gemeinschaft werden, wie in diesem Kapitel beschrieben, dann wird unser Gebetsleben sicherlich intensiver! Es steht nämlich nicht in unserer eigenen Kraft, das zu werden. Und was erbitten hier zwei von euch gemeinsam? Das sind natürlich nicht irgendwelche Dinge, die wir gerne hätten, sondern das, was wir für die Anliegen dieses Kapitels brauchen: Demut, Ehrlichkeit, Versöhnungsbereitschaft, eine ausstrahlende Liebe auch für „Zöllner", Offenheit für die Einsichten anderer, wenn wir binden und lösen usw. Hier ist das Gemeinsame größer als die Summe der Einzelteile. Gemeinsam erbitten wir diese Einstellungen und Gottes Hilfe, und Gott wird unsere Gebete erhören.

[20] *Wo zwei oder drei in meinem Namen versammelt sind, da bin ich mitten unter ihnen.*

Es gibt kaum eine bessere Kurzdefinition der Gemeinde Jesu als diese: Wo zwei oder drei in Jesu Namen versammelt sind. Sie beschreibt keinen Gottesdienst (das heißt, die zentrale Veranstaltung der Woche), sondern unser Wesen als christliche Gemeinschaft. Die Menschen selbst sind die Versammelten. Gott hat sie durch ihre gemeinsame Beziehung zu Jesus zusammengefügt. In der verbindlichen Gemeinschaft erleben die Nachfolger Jesu ihren Herrn mitten unter sich. Dieses „mitten unter ihnen" erinnert uns an das Kind, das Jesus „in ihre Mitte" stellte (Vers 2; die griechischen Wörter sind genau dieselben). Jesus wird unter uns gegenwärtig sein, nicht als Herrscher, der uns zwingt, das Richtige zu tun, sondern wie ein Kind, ungeschützt und abhängig davon, ob wir es aufnehmen oder nicht. Wenn wir durch unser Annehmen der anderen Jesus annehmen (siehe Vers 5), dann wird unser Vorbild und Herr erkennbar und spürbar da sein – mitten unter uns.

Unermessliche Vergebungsbereitschaft

Dieses Kapitel nennt wichtige Haltungen einer christlichen Gemeinschaft. Eine davon, nämlich die Vergebungsbereitschaft, wurde bis jetzt nicht ausdrücklich erwähnt, auch wenn sie die ganze Zeit stillschweigend vorausgesetzt wird. Das erkennt auch Petrus, der plötzlich fragt: „Herr, wie oft muss ich meinem Bruder vergeben, wenn er sich gegen mich versündigt? Siebenmal?" (21). Er sah Vergebung als eine Pflicht, die er nicht gerade gerne erfüllte. Das Gleichnis über Vergebung, das Jesus dann erzählt, endet mit dem Aufruf, von ganzem Herzen zu vergeben. Wer von ganzem Herzen vergibt, zählt nicht, wie oft er schon vergeben hat.

Ironischerweise wissen wir nicht genau, was Jesus antwortete. In manchen Übersetzungen steht: „Nicht siebenmal, sondern siebzigmal siebenmal" (zum Beispiel Luther, Gute Nachricht, Elberfelder). Andere Übersetzungen, etwa die Einheitsübersetzung, lauten: „Nicht siebenmal, sondern siebenundsiebzigmal." Tja, sollen wir unseren Geschwistern nun 490 mal oder nur 77 mal vergeben? Es geht hier um ein Übersetzungsproblem aus dem Griechischen. Und es ist pure Ironie, dass wir nicht genau wissen, wie oft! Wem es wichtig ist, wie die korrekte Übersetzung lautet, der hat Jesu Antwort noch nicht begriffen: Es geht nämlich um grenzenlose Vergebung, und von daher ist es eigentlich egal, ob Jesus „77 mal", „490 mal", „753 mal" oder „14.269 mal" sagte.

Wer sich Gottes Vergebung und seines eigenen Scheiterns bewusst ist, wer angefangen hat, sich die Einstellungen dessen in unserer Mitte anzu-

Gesprächs- und Denkanstöße:

1. Wo erschwert der Individualismus in Gesellschaft und Gemeinde es uns, eine verbindliche Gemeinde zu werden?
2. Welche in diesem Kapitel enthaltenen Einstellungen und Vorgehensweisen könnten uns helfen, solch eine verbindliche Gemeinde zu sein?
3. Wo haben wir Jesu Gegenwart in unserer Mitte schon erlebt, als wir versuchten, zu „binden" und zu „lösen"?

eignen, der zählt nicht. Der schenkt anderen uneingeschränkt neue Anfänge und in der christlichen Gemeinschaft bekommt *er* sie auch geschenkt!

Wer schon etwas von dem erlebte, was Jesus in diesem Kapitel beschreibt, der weiß, dass es sich lohnt, alles einzusetzen, um so eine verbindliche, versöhnte Gemeinschaft zu werden, wo niemand Zuschauer oder Zuhörer bleibt, wo Teilnahme selbstverständlich ist, wo wir nicht für uns leben, wo wir unsere Schwächen und Versuchungen nicht geheim halten, wo wir unsere Augen nicht schließen, wenn unser Bruder oder unsere Schwester in Sünde gerät, wo wir feiern, wenn das „verlorene Schaf" gefunden wird, wo wir binden und lösen, wo wir ehrlich und offen miteinander und mit Gott reden, wo Jesus mitten unter uns ist.

Zum Weiterlesen:

- Bruce B. Birch und Larry Rasmussen, Bibel und Ethik im christlichen Leben, Chr. Kaiser/Gütersloher Verlagshaus, Gütersloh 1993
- Marlin Jeschke, *Discipling in the Church: Recovering a Ministry of the Gospel,* Herald Press, Scottdale/USA 1988
- Greg Lauris, Der Gott der zweiten Chance: Vergebung erleben, Schulte und Gerth, Asslar 1999
- Floyd McClung, Vater, mach uns eins, Jugend mit einer Mission, Hainichen 1989

3. WAS MACHT EINE BIBLISCHE ETHIK AUS?

In diesem Abschnitt schlage ich zwölf Schwerpunkte einer biblischen Ethik vor.

Für unser Leben brauchen wir Maßstäbe, ethische Richtlinien. Als Christen glauben wir, dass Gott gute Weisungen für unser Leben hat. Wir entnehmen sie der Bibel, in der wir Gottes Willen finden. Gottes Willen zu erkennen, ihn auf unser Leben zu übertragen, das ist ein wichtiger Bestandteil dessen, was es heißt, treue Nachfolger Jesu zu sein. Aber wie geschieht das?

Manche meinen: „Das klärt jeder für sich alleine. Jeder ist schließlich für sein eigenes Leben zuständig. Das geht keinen etwas an, am allerwenigsten die Gemeinde. Meine ethischen Überzeugungen, meine Lebensgestaltung, das ist meine Privatsache.“ Haben Sie so etwas schon einmal gehört (oder vielleicht sogar selbst gedacht)?

Als Mennoniten (das ist eine evangelische Freikirche, deren Wurzeln in der Täuferbewegung liegen und der ich angehöre) haben wir diesbezüglich ein buntes Erbe. Von Anfang an verstanden wir uns als eine verbindliche Gemeinschaft; es war klar: Es geht *doch* alle an, wie der Einzelne lebt. Bei der Taufe verpflichten wir uns, voneinander Rat anzunehmen und einander Rat zu geben. Wir nehmen uns vor, miteinander biblische Richtlinien zu suchen und dann auch voneinander zu erwarten, danach zu leben. Das ist die eine Seite. Andererseits gab es unter uns Gesetzlichkeit, vielleicht sogar lieblose Gemeindedisziplin. Dagegen sind wir allergisch geworden. Dazu sagen wir: „Nie wieder!“ Und so lassen wir nun die unterschiedlichsten Überzeugungen nebeneinander stehen; keinesfalls wollen wir uns anmaßen, zu äußern, was für den anderen richtig oder falsch wäre. Einen Konsens in ethischen Fragen zu suchen, der für alle gilt? Nein, danke!

Und doch ringen immer mehr mennonitische Gemeinden heute darum, ethische Richtlinien für die aktuellen Fragen unserer Zeit zu finden. Ich vermute, das Radikalste, was ich zu dem ganzen Thema „Verantwortlich leben" sagen kann, ist: *Es geht die anderen doch etwas an!* Unsere Sexualität, unser Umgang mit Geld, mit Macht, mit Menschen einschließlich unserer Ehepartner, die Richtlinien, nach denen wir leben (am Arbeitsplatz, in der Schule, in unserer Freizeit, bei unserer Steuererklärung u. v. m.) – darauf sollten wir ansprechbar sein. Und nicht nur das: Wir sollten lernen, wesentlich offener darüber zu reden, welche Schwierigkeiten wir in der Nachfolge haben. Ja, wir *dürfen* uns in das Leben unserer Glaubensgeschwister einmischen. Wir sind eine *verbindliche* Gemeinschaft!

Es geht die anderen doch etwas an!

Wenn wir davon überzeugt sind, dann sind wir wahrhaftig eine „Kontrastgesellschaft", denn dann schwimmen wir gegen den Strom eines wachsenden Individualismus. „Kontrast" nicht in erster Linie, weil unsere ethischen Überzeugungen immer deutlich von denen unserer Umgebung abweichen würden (denn das tun sie nur manchmal), sondern weil wir glauben: Es geht die Gemeinde etwas an, wie ich lebe!

Wie können wir der Bibel nun ethische Richtlinien entnehmen, ohne dass daraus am Ende lieblose Gesetzlichkeit wird? Ich will versuchen, Grundprinzipien zu formulieren, die uns bei der Ausarbeitung einer biblischen Ethik helfen könnten. Also, was macht eine biblische Ethik aus?

1. Sie hat die Liebe als höchsten Maßstab

Weil wir Gott lieben, wollen wir auch so leben, wie es Gott gefällt. Weil wir andere lieben, wollen wir ihnen helfen, Gottes Wege zu finden. Unser höchstes Ziel ist nicht, einen objektiven Standard hochzuhalten, was richtig oder falsch ist, sondern unsere

Liebe zu Gott und unseren Mitmenschen zum Ausdruck zu bringen.

Das heißt keineswegs, dass wir „aus Liebe" alles gelten lassen. Wenn wir einander im Unklaren darüber lassen, was richtig ist und was nicht; wenn wir uns nicht darum kümmern, dass unser Bruder oder unsere Schwester Schwierigkeiten in der Nachfolge haben, dann ist das kein Ausdruck von Liebe. Wir brauchen die gegenseitige Hilfe auf dem Weg der Nachfolge.

2. Sie betont Barmherzigkeit mehr als Heiligkeit

Die frommen religiösen Führer um Jesus herum zitierten gerne 3. Mose 19,2: „Seid heilig, denn ich, der Herr, euer Gott, bin heilig." Und weil sie alle Kleinigkeiten des Gesetzes penibel befolgten, meinten sie, dass sie die wahren „Heiligen" wären. Jesus nannte sie scheinheilig. So weit wir wissen, zitierte Jesus diesen zentralen Slogan aus 3. Mose kein einziges Mal. Warum? Nicht etwa, weil er Heiligkeit für unwichtig hielt, sondern weil er sie ganz anders als seine Gegner verstand. Für sie war Heiligkeit ein objektiver Maßstab, ob Menschen Gottes Gnade verdient hätten. Sie errichteten hohe Mauern, um die „Unheiligen" fern zu halten.

Jesus tat genau das Gegenteil. Er riss die Mauern nieder. Er nahm all die „falschen" Menschen an, schenkte ihnen völlig unverdient Gottes Gnade. Er sagte zwar zu seinen Nachfolgern: „Ihr sollt also vollkommen sein, wie es auch euer himmlischer Vater ist" (Matthäus 5,48), aber aus seinem Mund und vor dem Hintergrund der Bergpredigt bedeutet dies alles andere als: „Seid heilig!" Es heißt: Seid so freizügig in Bezug auf die Gnade wie Gott selbst. Seid so menschenliebend, dass ihr sogar Feinde liebt. Seid wie Gott, der „Guten" und „Bösen" unparteiisch Sonne und Regen schenkt (siehe Kontext, Matthäus 5,43–47; vgl. Lukas 6,35/36). Das Wort „heilig" bedeutet eigentlich „abgesondert" und nicht „übergewissenhaft und gesetzlich". Was uns absondern soll, ist unsere Barmherzigkeit und unsere Bereitschaft, grenzenlos gnädig zu sein, so, wie es Jesus war.

Was hat dies mit einer biblischen Ethik zu tun? Die Motivation unserer Suche nach Richtlinien und einem Konsens ist und bleibt, Menschen dabei zu helfen, Gottes gute Wege zu finden. Das Ziel ist niemals, eine „heilige Minderheit" zu definieren und Mauern zu errichten zwischen denen, die „nach unseren Regeln" leben, und denen, die das nicht tun.

3. Sie hat den Indikativ als Grundlage für den Imperativ

So reden Theologen vor allem, wenn sie versuchen, die Ethik der Paulusbriefe zu verstehen. Typisch dafür ist zum Beispiel der Epheserbrief. In der ersten Hälfte wird betont: „Aus Gnade seid ihr durch den Glauben gerettet, nicht aus eigener Kraft – Gott hat es geschenkt" (2,8). Dann, in der zweiten Hälfte, heißt es: „Ich ermahne euch, ein Leben zu führen, das des Rufes würdig ist, der an euch erging" (4,1). Erst handelt Gott aus Gnade; unser Leben ist unsere Antwort darauf. Das, was durch Gottes Gnade Realität geworden ist (Indikativ), ist somit die Grundlage für ein verantwortliches Leben (Imperativ). Wir versuchen nicht, Gottes Gnade durch „brav sein" zu verdienen. Sie ist ein Geschenk. Aus Dankbarkeit schenken wir Gott ein Leben, das ihm gefällt.

4. Sie hält das „Schon jetzt" und das „Noch nicht" in Spannung

Jesus verkündigte ein Gottesreich, das „jetzt schon" angebrochen ist, aber „noch nicht" vollendet ist. Wir sind *Idealisten!* Wir suchen die Richtlinien, die zum schon jetzt angebrochenen Reich Gottes gehören. Das heißt, dass unsere Richtlinien in dieser Welt manchmal unpraktisch scheinen. Wir werden manchmal aus dem Schritt kommen! Doch wir leben zeichenhaft. Unser Leben besagt: Da ist eine kommende Welt, an deren Maßstäbe wir uns jetzt schon verbindlich halten.

Gleichzeitig sind wir *Realisten.* Gottes Reich ist noch nicht vollendet. In einer gefallenen Welt voller gefallener Menschen, zu denen wir uns selbstverständlich auch zählen, entstehen viele schwierige Situationen, in denen der „richtige" Weg nicht immer klar ist. Das verlangt von uns viel Geduld und die Bereitschaft, aufeinander zu hören.

Wer nur klare Regeln sucht, wer keine Grauzone anerkennt, wer niemals merkt, dass die „normalen Richtlinien" in manchen Situationen einfach nicht passen, der lebt nicht in der realen Welt. Die Bibel fordert uns auf, idealistisch zu sein. Und sie zeigt uns gleichzeitig, dass das nicht immer funktioniert. Jesus sagte sogar einmal sinngemäß: „Habt ihr nie gelesen, wie David im direkten Verstoß gegen das göttliche Gesetz verbotenes Brot aß ... aber natürlich war das in Ordnung: Er hatte doch Hunger!" (Markus 2,25/26).

5. Sie sucht den Mittelpunkt, nicht die Grenze

In der Mathematik spricht man von Mengen: begrenzte Mengen, unbestimmte Mengen usw. Mengen können durch ihre Grenzen oder durch ihre Mittelpunkte definiert werden. Eine „gesetzesorientierte Ethik" benutzt Grenzen, um zu definieren, ob jemand dazugehört oder nicht. So lange ich also noch keine Grenze überschritten habe, bin ich „unschuldig", also „in Ordnung".

Eine biblische Ethik ist jedoch mittelpunktsorientiert. Der Maßstab ist: Jesus ähnlicher werden. Jesus steht im Mittelpunkt. Ihn lieben wir. Ihm folgen wir. An seiner Lehre orientieren wir unser Leben. Er gibt uns die Motivation und die Kraft, nach unserem Scheitern neu zu beginnen. Wer auf Jesus sieht, der achtet nicht ständig auf die Grenzen: Ist dieses oder jenes noch „okay" oder schon „Sünde"?

Wir verhalten uns nicht „formal richtig" oder „formal falsch". Wir sind Jesu Jünger und Lehrlinge. Wir ermutigen uns gegenseitig auf dem Weg der Nachfolge.

6. Sie nimmt die Vielfalt der Bibel ernst

Es genügt nicht, mit Hilfe einer Konkordanz alle Bibelstellen zu suchen, in denen ein ethisches Thema, zum Beispiel Scheidung, angesprochen wird, und dann alle diese „relevanten Stellen“ aus dem jeweiligen Kontext zu reißen, sie zu harmonisieren – besser gesagt: zu drehen, zu pressen und zu biegen –, bis sie zusammen passen und uns recht geben. So finden wir „die biblische Position“ zum Thema nicht unbedingt.

Hilfreicher ist es oft, zu erkennen, dass einzelne Stellen ursprünglich unterschiedliche Fragen zu beantworten versuchten, unterschiedliche Situationen ansprachen. Zu vielen Themen finden wir hilfreiche Hinweise, wie wir miteinander umgehen sollen. „Die biblische Position“ zu dem Thema, das uns gerade beschäftigt, finden wir allerdings viel seltener (siehe auch Kapitel sieben, Seite 127).

7. Sie ist eine Ethik des Herzens

Unser Handeln soll durch unsere Motivation und Herzenseinstellung bestimmt werden und nicht davon, wie etwas nach außen hin aussieht. Wenn unsere „Gerechtigkeit“ tatsächlich größer sein soll als die der Schriftgelehrten und Pharisäer (Matthäus 5,20), dann wird das nicht dadurch geschehen, dass wir *noch* gewissenhafter als sie den Zehnten von Minze, Dill und Kümmel geben (Matthäus 23,23), auch nicht dadurch, dass wir *noch* genauer zählen, wieviele Schritte wir am Sabbat gehen dürfen. Sondern es wird geschehen, wenn wir unsere Herzen von Jesus verändern lassen und lernen, so zu leben, wie er es uns gezeigt hat. Dann wird Menschenliebe, Gerechtigkeit, Barmherzigkeit und Treue im Mittelpunkt unseres Handelns stehen.

8. Sie ist eine Ethik, die konkret in die Praxis umgesetzt wird

Doch, sie ist eine Ethik des Herzens. Aber sie bleibt nicht dort. Sie will konkret in die Praxis umgesetzt werden. Natürlich sollen wir nicht alle Richtlinien der Bibel wortwörtlich in die Praxis umsetzen. Nicht einmal die Wegweisungen der Bergpredigt sind so zu verstehen. Wenn ich mir buchstäblich mein rechtes Auge ausreißen und es wegwerfen würde, könnte ich mit dem linken immer noch eine Frau begehrlich ansehen (Matthäus 5,29)! Nicht alles ist wortwörtlich gemeint, aber alles ist ernst gemeint und findet konkreten Ausdruck in den Realitäten des Lebens.

9. Sie ist eine Ethik in Kontinuität des Alten Testaments

Oft wird behauptet, dass das Alte Testament nichts anderes sei als Gesetz und das Neue nichts anderes als Gnade. Also, weg mit dem Alten, wir leben im Neuen! Doch Jesus sagt etwas anderes. Natürlich lehnt er die Gesetzlichkeit der Schriftgelehrten ab, nicht aber das Alte Testament. Es wird im Neuen Bund vertieft, ausgelegt, neu angewendet – aus Herzensüberzeugungen. In Jesus entdecken wir, was es heißt, das Gesetz nicht als eine schwere Last zu betrachten, sondern als *Tora,* als Wegweisung und Hilfestellung.

Viele Vorschriften des Alten Testamentes werden freilich aufgehoben (Tieropfer, Reinheitsvorschriften, Essensverbote usw.). Aber wenn wir nicht nur das Vorbild Jesu ernstnehmen, sondern auch die Wegweisungen des Alten Bundes und die Predigten der alttestamentlichen Propheten, dann können wir eine Menge lernen, vor allem, was den Umgang mit Geld und Macht und mit benachteiligten Menschen angeht.

10. Sie ist eine Ethik der Gemeinschaft, nicht des Einzelnen

Kann ich meine eigene *Freiheit* den anderen zuliebe einschränken? Sehr oft lautet die eigentliche Frage nicht: „Was darf ich?“, sondern: „Was dient der Gemeinschaft und den anderen?“ Einem Freund zuliebe, der Alkoholiker war, habe ich fünf Jahre lang keinen Tropfen Alkohol angerührt. Er hatte den Wunsch geäußert, dass ich als Pastor der Gemeinde darauf verzichten sollte, um seinen Teenagern ein Vorbild zu sein.

Kann ich meine eigenen *Überzeugungen* anderen zuliebe zurückstellen? Manchmal diene ich anderen, wenn ich meine Überzeugungen deutlich äußere und auch begründe, weil ich ihnen dadurch helfen kann, biblische Richtlinien für ihr eigenes Leben zu finden. Aber manchmal muss ich die Überzeugungen und ethischen Entscheidungen anderer stehen lassen, selbst wenn ich ihre Standpunkte für mich nicht verantworten könnte. Ich muss meine Überzeugungen nicht bis zum bitteren Ende durchziehen, wenn längst klar ist, dass die Gemeinde keinen Konsens finden wird, der meiner Überzeugung entspricht. Manchmal heißt das, der Gemeinde grünes Licht für eine Entscheidung zu geben, die ich für falsch halte.

11. Sie ist eine Ethik des Kreuztragens

Das Kreuz ist für uns nicht nur ein Symbol dafür, dass Jesus für unsere Sünden gestorben ist. Es symbolisiert auch, dass wir den Weg gehen, den Jesus ging. Ihn hat dieser Weg das Leben gekostet. Uns wird es wohl auch etwas kosten. Nirgends wurde uns versprochen, dass dieser Weg immer „funktioniert". Nicht immer werden die Nachfolger Jesu ein langes, glückliches und gesundes Leben führen. Nicht immer werden die Feinde, die wir zu lieben lernen, zu unseren Freunden. Dennoch folgen wir Jesus nach. Er führt uns auf dem richtigen Weg, dem Weg, der tatsächlich zum Ziel führt.

Gesprächs- und Denkanstöße:

1. „Es geht die anderen *doch* etwas an!" – „Wir sollten lernen, wesentlich offener darüber zu reden, welche Schwierigkeiten wir in der Nachfolge haben." Wie reagiere ich auf diese Behauptungen? Wovor haben wir Angst?

2. Welche dieser zwölf Punkte könnten für unsere Gemeinde im Moment besonders hilfreich sein?

3. Was halte ich davon, dass die Vielfalt der Bibel ein Segen ist und nicht ein Problem, das wir lösen müssten?

12. Sie kommt am deutlichsten in der Bergpredigt zum Ausdruck

In letzter Zeit gewann ich erneut die Überzeugung, dass die Bergpredigt (Matthäus 5–7) eine große Hilfe bei unserer Suche nach einer biblischen Ethik sein kann. Natürlich beantwortet die Bergpredigt nicht alle Fragen. Dennoch ist sie ein wichtiger Ausgangspunkt. Diese „Predigt“ beschreibt das christliche Leben als radikale Alternative zu dem, was für die menschliche Natur „normal“ ist, als Alternative zu dem, was menschliche Institutionen (und unsere heutige Gesellschaft) sagen und belohnen. Kein Wunder, dass Jesus sagte: Seine Nachfolger folgen ihm auf einem schmalen Pfad und sie werden manchmal von denjenigen abgelehnt, die mit der Masse schwimmen.

„Mit der Masse schwimmen“ – das klingt so attraktiv, wenn wir an einem sonnigen Tag baden gehen wollen. Aber was, wenn ein Wolkenbruch kommt und die Wassermassen heranfluten, und wenn es dann unser auf Sand gebautes Haus ist, das „mit der Masse schwimmt“? Wir sind besser dran, wenn wir Jesu Worte ernst nehmen (Matthäus 7,27).

E. Stanley Jones schreibt: „Die Bergpredigt erscheint in keinem Glaubensbekenntnis ... Was, wenn alle Gläubigen durch die Jahrhunderte hindurch regelmäßig und mit Überzeugung bekannt hätten: Ich glaube an die Bergpredigt und an die Vorstellungen des Lebens, die dort geschildert werden, und mit Gottes Hilfe möchte

Zum Weiterlesen:

- Hans Grewel, Brennende Fragen christlicher Ethik, Vandenhoeck & Ruprecht, Göttingen 1992
- Stanley Hauerwas, Selig sind die Friedfertigen. Ein Entwurf christlicher Ethik, Neukirchener Verlag, Neukirchen-Vluyn 1995
- E. Stanley Jones, *The Christ of the Mount,* Abingdon Press, Nashville/USA 1981
- Ronald J. Sider, Denn sie tun nicht, was sie wissen. Die schwierige Kunst, kein halber Christ zu sein, Brendow, Moers 1995

ich mein Leben danach richten! Wie anders wäre die Geschichte des Christentums gewesen?“ (*The Christ of the Mount,* S. 12/13, Übersetzung des Autors).

4. DIE BERGPREDIGT: MATTHÄUS 5–7

Hier geht es um die berühmteste Predigt aller Zeiten: Die Bergpredigt (Matthäus 5–7) ist ein zentraler Vortrag Jesu zum Thema „Nachfolge“ und „Ethik“. Dieses Kapitel will daraus Richtlinien gewinnen und einige praktische Auswirkungen aufzeigen.

Heinrich Albertz meinte einmal:„Der Sohn Gottes war kein Träumer. Ich bin, je älter ich werde, desto mehr überzeugt, dass seine Bergpredigt sehr viel nüchterner und praktischer und wahrhaftiger über diese Welt und uns Menschen Bescheid weiß als alle politischen und militärischen Programme.“ Vor einiger Zeit beeindruckte auch mich erneut, wie relevant die Bergpredigt heute noch ist. Über die Jahrhunderte haben das freilich längst nicht alle Kommentatoren so gesehen. Ein Ausleger sagte einmal: „Mit geschicktem Scharfsinn entwickelte das Christentum eine erstaunliche Vielfalt an hermeneutischen Begründungen dafür, dass wir die Lehre Jesu nicht in die Praxis umsetzen müssen“ (Clarence Bauman, *The Sermon on the Mount,* S. 418, Übersetzung des Autors).

Jesus meinte seine Predigt durchaus ernst! Sonst hätte er bestimmt nicht so eindrücklich gesagt: „Wer diese meine Worte hört und danach handelt, ist wie ein kluger Mann, der sein Haus auf Fels baute“ (7,24). Wenn wir uns mit der Lehre dieser Bergpredigt beschäftigen, dann entdecken wir wahrhaftig eine Schatzkammer relevanter, hilfreicher Impulse für verantwortliches Denken und Handeln.

Es ist nicht immer leicht, herauszufinden, wie wir diese Lehre richtig in die Praxis umsetzen sollen. Aber die einfachste Alternative ist sicherlich auch die schlechteste – die Bergpredigt schlicht und einfach links liegen zu lassen und zu behaupten: „Das gilt nicht für uns!“ Wir dürfen diese Predigt nicht einfach anderen Zeiten (einer primitiven Welt, einem zukünftigen Reich) oder Menschen (den Aposteln auf Missionsreisen, den Juden im zukünftigen „Millennium“) zuordnen. Es steht uns nicht zu, alles weg rationalisieren zu wollen, wie es in der Kirchengeschichte oft geschah. Auf der anderen Seite sollten wir uns aber auch nicht vornehmen, die Maßstäbe der Bergpredigt in die Gesetzgebung unseres Landes einzubauen. Jesus wollte *uns* ansprechen, die wir uns entschieden haben, ihm nachzufolgen. Er wollte, dass *wir* die Wegweisungen der Bergpredigt verwirklichen, und zwar in allen Lebenssituationen – nicht nur in innerchristlichen Beziehungen (zumindest hoffe ich, dass nicht alle unsere „Feinde“ Glaubensgeschwister sind!).

Die Bergpredigt setzt voraus, dass wir Gottes Gnade bereits empfangen haben

Wir werden nie so leben können, dass es vollkommen der Lehre der Bergpredigt entspricht. Dafür ist Gottes Vergebung da, die Chance, immer wieder neu anzufangen. Und aus eigener Kraft müssen wir das auch nicht versuchen. Wir rechnen mit Gottes Hilfe und der unterstützenden christlichen Gemeinschaft, die uns begleiten, und mit dem Heiligen Geist, der uns befähigt.

Die Bergpredigt setzt voraus, dass wir Gottes Gnade bereits empfangen haben. Deswegen stehen die Seligpreisungen in dieser Predigt an erster Stelle. Wir sind von Jesus angenommen. Wir sind Teilhaber am Reich Gottes. Uns stehen große Verheißungen für dieses Leben und für das nächste zu. *Deswegen* fragen wir Jesus: „Wie sollen wir denn leben?“ und nehmen dann seine Antwort, zum Beispiel die Bergpredigt, ernst. Es geht um den Weg, der zum Ziel führt.

Die „Bergpredigt“ – eine Predigt?

Die Bergpredigt entspricht nicht unseren normalen Erwartungen von einer Predigt. Dafür ist sie etwas zu kurz. Außerdem beinhaltet sie viele verschiedene Themen (anders als die anderen vier langen Reden Jesu im Matthäusevangelium). Weil Jesus häufig einen ganzen Tag lang lehrte, ist es wahrscheinlich, dass wir hier eine Zusammenfassung vor uns haben. Vielleicht ist dies der „Umriss“ einer Art Katechismus, eines Glaubensgrundkurses für Teilnehmende am Reich Gottes. Aber weil dieser Text aus Matthäus 5–7 traditionell so genannt wird, nennen wir ihn einfach weiterhin „die Bergpredigt“.

Große Verheißungen für Nachfolger Jesu

Diese Predigt enthält nicht nur Anweisungen und Herausforderungen an Jesu Nachfolger. Vor allem die Einführung und der Schluss versprechen denen einen großen Segen, die die Worte Jesu hören, ernst nehmen und in die Praxis umsetzen. Sie gehören zur Gemeinschaft derer, die am Reich Gottes teilnehmen. Wenn sie die Anliegen Gottes zu ihren eigenen Prioritäten machen und danach handeln, dann werden sie sehen, wie Gott ihre tiefsten Sehnsüchte und all ihre eigenen Nöte stillt. Sie werden alles empfangen, was sie zum Leben brauchen, dazu Trost, Gottes Erbarmen und Gerechtigkeit, sogar das Recht, Gottes Kinder genannt zu werden, und am Ende das ewige Leben. Versprochen sind weder weltliche Erfolge noch ein bequemes Leben. Im Gegenteil, die Nachfolger Jesu werden abgelehnt und verfolgt werden. Aber in den Stürmen des Lebens und im Endgericht Gottes werden sie sicher sein.

Manche verstehen die Begriffe „Glaube“ und „Gnade“ so, als wäre es uns überlassen, ob wir wirklich christlich *leben* wollen. Sie meinen: Unser Heil ist doch von Gott *geschenkt* und zwar ganz unabhängig davon, was wir tun. Wir müssen Gottes Gnade lediglich im Glauben empfangen. Nichts anderes ist wichtig. Die Bergpredigt spricht da eine andere Sprache. Auch wenn sie anerkennt, dass unser Heil in Jesus ein Geschenk Gottes ist, so wird gleichzeitig deutlich: Die Teilnahme am Reich Gottes ist nicht nur „Glaubenssache“. Daran teilnehmen heißt, Jesus im Leben nachzufolgen. Das ist keine Gesetzlichkeit und auch keine so genannte „Werkgerechtigkeit“. Als Jesus uns zu einer höheren Gerechtigkeit als der der Schriftgelehrten und Pharisäer rief, da meinte er damit etwas anderes, wie wir noch sehen werden (5,19/20).

Gott nachahmen

In der Bergpredigt deutet Jesus immer wieder auf Gott, unser Vorbild:

„Ob wir an die Seligpreisungen oder an die Vergleiche, die ‚Antithesen', oder an andere Teile der Bergpredigt denken, die ganze Ethik Jesu ist unsere Antwort auf das Wesen Gottes. Jesu Ethik und Gottes Wesen werden ausdrücklich aufeinander bezogen, indem Jesus uns aufruft, zu lieben, wie Gott liebt, zu vergeben, wie Gott vergibt, vollkommen zu sein, wie Gott vollkommen ist. Gottes Wille ist in Gottes Wesen gegründet. Gott zu lieben heißt, Gott zu imitieren" (Clarence Bauman, *The Sermon on the Mount*, S. 405, Übersetzung des Autors).

Der Kontext (5,1/2)

1 Als Jesus die vielen Menschen sah, stieg er auf einen Berg. Er setzte sich, und seine Jünger traten zu ihm.
2 Dann begann er zu reden und lehrte sie.

Die Bergpredigt ist nicht an die versammelte Menge gerichtet, sondern an die Jünger Jesu. Die Volksmenge wird zwar mithören und am Ende wird jede und jeder eine eigene Entscheidung treffen müssen. Werden sie sich auch darauf einlassen? Werden sie sich den Jüngern Jesu anschließen, an die sich Jesus hier vor allem wendet? Oder werden sie „hören" beziehungsweise „nicht hören" und dabei ihr Lebenshaus auf Sand bauen?

Die „Menge" wird hier stillschweigend eingeladen, zu entdecken, wie die *Nachfolger Jesu* zu leben haben und was ihnen versprochen wird. Dieser Zusammenhang ist insofern wichtig, weil wir darin sehen: Jesus entwirft hier keine Ethik für „die Masse" (oder „die Welt"). Das hat die Kirche oft nicht wahrgenommen. Je institutionalisierter die Kirche wird, je intensiver sie mit Regierungen zusammenarbeitet, je stärker es ihr darauf ankommt, in der Gesellschaft positiv wahrgenommen zu werden – desto unrealistischer wird es für sie, die Ethik der Bergpredigt ernst zu nehmen, einfach weil diese sich nicht auf die ganze Gesellschaft übertragen lässt. Wir starten aber am falschen Ausgangspunkt, wenn wir nur das ernstnehmen, was der Bevölkerung im Ganzen entspricht.

Es stimmt: Wenn Menschen gemäß der Predigt Jesu handeln würden, dann wäre das Miteinander auf dieser Erde besser. Dennoch war es nicht Jesu Absicht, der Welt gute Vorsätze zu empfehlen. Er beschrieb den Weg der Nachfolge.

Seligpreisungen für Teilnehmer am Gottesreich (5,3–12)

Die Seligpreisungen werden mit dem Reich Gottes in Verbindung gebracht. Jesus verspricht hier nicht unterschiedliche Belohnungen für verschiedene moralische oder religiöse Verdienste. Er sagt hier, was Teilnehmer am Reich Gottes an Wunderbarem zu erwarten haben: Sie werden Trost und Erbarmen erfahren, ihre Nöte werden gestillt, sie werden Gott schauen, Gottes Kinder genannt werden usw. Dafür aber müssen sie andere Prioritäten haben als die Welt: Ihre inneren Einstellungen sind andere, ihr konkretes Handeln entspricht nicht den Normen dieser Welt, sie werden sogar für ihre Teilnahme am Reich Gottes verachtet und verfolgt. Aber es lohnt sich!

Sie dürfen jetzt schon jubeln! Sie sind „selig“, wenn auch nicht immer „glücklich“. Wir könnten das Leitwort *makarios* mit „Wohl dem ...!“ übersetzen. Es erinnert uns an Psalm 1: „Wohl dem, der ... Freude hat an der Weisung des Herrn“ (Psalm 1,1/2). Wer danach lebt, was Gott sagt, der wird fest gegründet und fruchtbar sein. Gottes Reich und die versprochenen Belohnungen sind *schon jetzt* und *künftig* zu erleben. Wir erfahren bereits einen Vorgeschmack, aber das Beste kommt noch.

Die Seligpreisungen sind also keine Liste dessen, was man zu *tun* oder zu *lassen* habe. Sie sind auch keine Liste religiöser Handlungen, die wir zu vollziehen hätten. Sondern Jesus beschreibt hier eine ganz neue Lebensart. Auch wenn diese Lebensart zu Verfolgung führen sollte, sagt Jesus: „Freut euch und jubelt: Euer Lohn im Himmel wird groß sein“ (Matthäus 5,12).

Salz und Licht (5,13–16)

13 Ihr seid das Salz der Erde. Wenn das Salz seinen Geschmack verliert, womit kann man es wieder salzig machen? Es taugt zu nichts mehr; es wird weggeworfen und von den Leuten zertreten.

14 Ihr seid das Licht der Welt. Eine Stadt, die auf einem Berg liegt, kann nicht verborgen bleiben.

15 Man zündet auch nicht ein Licht an und stülpt ein Gefäß darüber, sondern man stellt es auf den Leuchter; dann leuchtet es allen im Haus.

16 So soll euer Licht vor den Menschen leuchten, damit sie eure guten Werke sehen und euren Vater im Himmel preisen.

Jesus verwendet hier zwei Bilder, um zu illustrieren, wie seine Nachfolger in der Welt wirken.

Sie sind wie Salz: Salz konserviert, macht schmackhaft, erregt Durst und tränkt saure Äcker. Ob Jesus all diese Funktionen im Blick hatte, ist schwer zu sagen. Falls es ihm tatsächlich um die ganze Fülle ging, dann wollte er uns zu einem Beitrag ermutigen, der:

- die Welt vor dem Verderben rettet,
- sie zu einem angenehmeren Ort macht,
- Durst auf die wahren Wasserquellen lenkt,
- den Boden für das Evangelium fruchtbar macht.

Nicht zu vergessen, hier geht es hauptsächlich um die Gemeinschaft, nicht nur um einzelne Jünger. *„Ihr* seid!“ Die Welt wird der christlichen Gemeinschaft etwas Besonderes abspüren und darauf reagieren.

Auch beim zweiten Bild, dem Licht, wird deutlich: Die Welt sieht diese Gemeinschaft – wie eine Stadt auf dem Berg. Jesus sagte nicht, dass wir ein Licht sein *sollen,* sondern wir *sind* ein

Licht, ob wir das wollen oder nicht. Das Licht, das wir ausstrahlen, wird anziehen oder abstoßen. Wir leben die Lehre dieser Predigt in und vor der Welt, sichtbar und offen. Es geht nicht nur um eine private innere Haltung.

Dennoch ist es nicht unser Ziel, von der Welt bewundert zu werden. Später warnt Jesus sogar genau davor (6,2.5.16). In der Tat werden Christen wegen dieses Leuchtens oft verfolgt. Wo die Welt das Licht sieht und unsere guten Werke wahrnimmt, da wird die Ehre Gott gegeben, nicht uns. Das zumindest ist unser Ziel.

Was ist es denn nun, das derart konserviert, würzt, Durst anregt oder düngt? Was sind das für gute Werke, die Gott ehren? Die Fortsetzung der Predigt gibt uns hierauf Antwort.

Gerechtigkeit und das Gesetz (5,17–20)

Jesus ist gekommen, um das Gesetz zu erfüllen, aber nicht, um es *für uns, an unserer Stelle* zu erfüllen, damit wir von dieser Verpflichtung entlastet würden – jedenfalls nicht nur! Er kam, um uns zu zeigen, wie wir das Gesetz erfüllen sollen. Natürlich können wir das gar nicht vollkommen. Und natürlich ist Jesu Treue die Voraussetzung, dass wir Gottes Vergebung erfahren können. Aber wir sind deswegen nicht von der Verpflichtung entlassen, hier Jesu Vorbild nachzuahmen. Jesus erfüllte das Gesetz, indem er uns zeigte, was das Gesetz wirklich verlangt. So können wir wissen, wie wir leben sollen. Gottes Gnade ist kein Ersatz für Gehorsam.

Die Verse 19 und 20 bringen deutlich zum Ausdruck: Wir sollen das Gesetz ernster nehmen und besser erfüllen als die Schriftgelehrten und Pharisäer. Aber wie kann das angehen? Sollen wir etwa noch besser sein als die frommen religiösen Leiter um Jesus herum, die sich so viel Mühe gaben, alle Regeln genauestens einzuhalten? Gottes Gebot noch ernster zu nehmen, heißt nicht, es *noch gesetzlicher* zu betrachten. Im Gegenteil, es geht darum, die *wahre Bedeutung* und das *eigentliche Ziel* des Gesetzes ernst zu nehmen.

Das Gesetz ist kein externer Standard, sondern eine Deklaration des Willens Gottes, den wir als Maßstab annehmen. Wenn die Gemeinschaft der Glaubenden sich verpflichtet, nach dem Modell Jesu zu leben, wie es in dieser Predigt geschildert wird, dann lebt sie entsprechend der Ethik des Gottesreiches. Dann ist unsere Gerechtigkeit „höher“ als die der Schriftgelehrten und Pharisäer.

Weitergehen als die Buchstaben des Gesetzes (5,21–48)

Im Schlussteil von Kapitel fünf begegnen wir einer „nicht nur, sondern auch“-Ethik:

- Nicht nur Mord, sondern auch Hass ist zu vermeiden;
- nicht nur ein bitterer Scheidungskampf, sondern auch eine Scheidung selbst ist zu vermeiden;
- nicht nur Ehebruch, sondern auch jemanden begehrend anzusehen, ist zu vermeiden;
- Vergeltung nicht nur begrenzen, sondern sie ganz vermeiden;
- nicht nur Freunde lieben, sondern auch Feinde.

Hier geht es darum, ein Leben zu führen, in dem die tiefsten Inhalte und Einstellungen der Wegweisungen Gottes sichtbar werden. Jesus führt verschiedene Beispiele an, und die sollen uns helfen, den Knackpunkt zu begreifen – damit wir das Prinzip auch in anderen Situationen anwenden können.

Versöhnung in der christlichen Gemeinschaft (5,21–26)

Dieser Abschnitt besteht aus drei Teilen:

1. Das Herz des Gesetzes besteht darin, „gesunde Beziehungen zu ermöglichen“. Wenn ich einen anderen Menschen im Zorn so behandele, als wollte ich, dass er gar nicht existiert, dann ist das „Mord im Herzen“. Doch Jesus will, dass wir andere lieben (21).
2. Der Strafgrad entspricht dem Ablehnungsgrad: Zorn ist schlecht, Beleidigungen noch schlechter, Rufmord ist am schlechtesten.

Hier wird noch einmal gezeigt, dass alles mit den Gedanken und Einstellungen beginnt (22).

3. Versöhnte Beziehungen in der christlichen Gemeinschaft genießen höhere Priorität als zeremonielle religiöse Handlungen (23–26).

Wir sehen, wie wichtig für Jesus gesunde Beziehungen sind. Wir sind aufgerufen, Beziehungen in Ordnung zu bringen und Menschen respektvoll zu begegnen. Auch wenn Jesus hier Beziehungen *innerhalb* der christlichen Gemeinschaft erwähnt, wird er das Thema noch in diesem Kapitel auf unsere Feinde erweitern.

Aufrichtigkeit in Sachen Liebe und Ehe (5,27–32)

Wie beim Mord, so ist es auch beim Ehebruch: beide beginnen im Herzen. Für Jesus beginnt Ehebruch bereits bei den Gedankenspielen. Er meinte: Es ist schon Ehebruch, wenn es *nur* im Herzen geschieht. Meine Treue zu meiner Frau beinhaltet also, dass ich nicht davon träume, mit anderen Frauen zusammen zu sein.

Doch es geht hier nicht nur darum, was ich meiner Frau antue; auch nicht, was ich mir selber innerlich antue. Es geht darum, wie ich einen anderen Menschen betrachte. Begehre ich jemanden, dann degradiere ich ihn zu einem Sex-Objekt. Dann habe ich diesen Menschen misshandelt.

Wie sieht die Lösung dieses Problems der sexuellen Begierde aus? Sollen wir uns wirklich ein Auge ausreißen? Natürlich nicht wortwörtlich. Aber ich nehme dieses Thema durchaus ernst. Ich entziehe mich Situationen mit unwiderstehlichen Versuchungen. Und damit übernehme *ich* die Verantwortung für mein Problem. Das ist auch das Radikale an den Worten Jesu: Damals machten die Männer die Frauen verantwortlich. Die hatten sich ganz einfach nicht zu zeigen, mussten sich verstecken – die Frauen sollten entweder im Haus bleiben oder sie mussten sich entsprechend bedecken. Jesus befreite Frauen von solchen Einschränkungen.

Die Lösung des Problems ist nicht, Frauen außer Sichtweite zu halten, sondern die Lösung ist ein Lernprozess der Männer, anders mit Frauen umzugehen. Dasselbe gilt natürlich auch umgekehrt.

In diesem Zusammenhang redet Jesus von Scheidung und Wiederheirat. Damals ging es hauptsächlich um den Machtmissbrauch der Männer (Frauen in Jesu Umgebung hatten keine „Scheidungsrechte"). Ziel ist, den Ehebund aufrechtzuerhalten. Dafür sind auch andere Stichworte dieses Kapitels relevant – zum Beispiel „Versöhnung praktizieren" oder „Feinde lieben". Unser Herz soll Gottes Anweisungen befolgen und nicht Gründe suchen, um eine Scheidung zu legitimieren. (In Kapitel sieben, Seite 127, gehe ich ausführlicher auf dieses Thema ein.)

Vertrauenswürdiges Reden (5,33–37)

Ein Eid *kann* mein Wort gar nicht verstärken, wenn ich ohnehin stets die Wahrheit sage. Es geht hier nicht darum, welches Etikett wir dem Schwören geben (versichern, geloben, Gelübde ablegen usw.). Sondern wer uns kennt, soll wissen, dass wir keinen Eid nötig haben: Wir meinen *immer,* was wir sagen. Sage ich „Ja", dann gilt das, als hätte ich geschworen. Alle Spielerei mit der Wahrheit, wo es nur als „versprochen" gilt, wenn wir geschworen (oder unterschrieben) haben, kommt vom Bösen.

Meine Rechte „aufgeben" (5,38–42)

Bis Vers 37 scheinen die Anweisungen Jesu auch aus weltlicher Perspektive „vernünftig" zu sein: Die Welt wäre sicher gut beraten, sie zu beherzigen. Aber ab Vers 38 ist dies nicht mehr so eindeutig. Jetzt beschreibt Jesus eine echte Kontrastgesellschaft. Wollte die Welt auch die folgenden Anweisungen in die Praxis umsetzen, dann würde vermutlich ein Chaos ausbrechen. Die Welt braucht eine weltliche Ordnung, und dazu gehören polizeiliche Eingriffe, Gerichtsverhandlungen, Machtbegrenzungen. Aber durch Beispiele aus verschiedenen Lebensbereichen – zwischenmenschliche Beziehungen, gesetzliche Regelungen, politische

Beziehungen, wirtschaftliche Verflechtungen – fordert Jesus seine Nachfolger auf, anders zu leben als nach den geltenden Normen der Gesellschaft. Wenn man uns schlecht behandelt, dann sollen wir zum Beispiel keine Vergeltung anstreben – weder um etwas heimzuzahlen, noch um weitere Misshandlungen zu verhindern, nicht mal um der Gerechtigkeit willen.

Darin liegt für uns natürlich ein Dilemma: Wir vergelten zwar nicht selbst, wenn man uns Schaden zufügt, aber wir lassen eine solche Vergeltung gerne durch die Polizei geschehen, die es im Grunde genommen *für uns* tut. Wir verhindern einen Diebstahl zwar nicht, aber wir bauen uns vielerorts teure Alarmanlagen ein. Wir sichern uns gegen vieles ab.

Was meinte Jesus hier? Meinte er, es gäbe Wichtigeres für uns zu tun als das Anhäufen von Dingen? Ich bezweifle, dass er meinte, die Gesellschaft brauche keine polizeiliche Ordnung. Vielleicht gilt es aber zu überdenken, ob und wann wir die Ordnungshüter alarmieren; wie intensiv wir uns mit ihnen arrangieren. Wir sind gerufen, die Spirale der Gewalt aufzuhalten – und zwar nicht, indem wir Gewalt mit Gewalt begegnen, wie es der Staat tut, sondern indem wir sie geradezu aufsaugen. Damit bezeugen wir, dass wir Teil eines Reiches sind, das nach anderen Richtlinien als denen dieser Welt lebt.

Schon im Alten Testament bedeutete der Rechtsgrundsatz: „Auge um Auge" alles andere als: „Wenn du gemein bist, dann kann ich auch gemein sein!" Im Gegenteil, er war entworfen worden, um den zerstörerischen Kreislauf der Rache zu unterbrechen. Er verhinderte die Eskalation von Gewalt. Der Verlust etwa eines Auges durfte nur noch *einmalig* bestraft werden, und das nicht mit einer noch größeren Straftat. Doch nun zeigt Jesus den *noch besseren* Weg: Wie wäre es, wenn wir nicht nur eine Eskalation verhinderten, sondern versuchten, die Gewalt gleich ganz abzufangen, damit sie zum Stillstand kommt?

Was das konkret heißen oder nicht heißen kann, darum geht es kurz im nächsten Kapitel dieses Buches (Seite 87). Hier aber noch ein interessanter Vorschlag von Walter Wink: Es kann sein, dass Jesus uns hier zu kreativen gewaltlosen Reaktionen auffordert, die unser Gegenüber zum Nachdenken bringen sollen, zu Reaktionen, die Misshandlungen vielleicht sogar zum Stillstand bringen werden. Wie könnte das aussehen? Jesus bringt selbst provozierende Beispiele:

Die linke Wange hinhalten: Gehen wir davon aus, dass nur die rechte Hand zum Schlagen benutzt wurde, denn die linke galt als unrein. Ein Schlag auf meine rechte Wange würde dann mit dem Handrücken der rechten Hand erfolgen. Ein Schlag mit dem Handrücken wäre allerdings eine Beleidigung, ein „Klein-Machen-Wollen". So wurden Tiere behandelt, vielleicht auch Kinder oder Sklaven. Halte ich meinem Feind nun aber die linke Wange hin, so kann er mich nur mit der offenen Hand schlagen, wie bei einer richtigen handgreiflichen Auseinandersetzung. Damit stehe ich mit einem Mal als sein Gegenüber da. Natürlich schlage ich ihn nicht, aber ich gestatte ihm nicht, mich als minderwertig zu behandeln.

Den Mantel geben: Hier geht es um einen Rechtsstreit, in dem jemand versucht, mir selbst das Wenige, das ich noch habe, zu nehmen. Wenn er schon mein Hemd nimmt, dann biete ich ihm nun auch noch den Mantel, mein letztes Kleidungsstück, an. Der damaligen Kultur entsprechend ist meine Nacktheit vor ihm oder im Gerichtssaal dann aber nicht für *mich* eine große Schande, sondern für *ihn,* den Verursacher. Um diese Schande zu vermeiden, muss er also selbst eine Grenze ziehen: „Nein, den Mantel kannst du behalten!" Auf diese Weise bin ich auch ihm ein Gegenüber und nicht mehr nur Opfer.

Die zweite Meile mitgehen: Ein römischer Soldat durfte einen Zivilisten tatsächlich zwingen, sein Gepäckstück eine Meile für ihn zu tragen, allerdings eben nur *eine.* Biete ich solch einem Soldaten nach einer erzwungenen Meile auch noch eine zweite an, dann sieht das so aus, als hätte er mich auch dazu gezwungen (denn wer tut das schon freiwillig!?). Folglich wird er mich bitten, ihm sein Gepäckstück zurückzugeben, damit er nicht in Schwierigkeiten gerät. Dadurch bin ich für ihn niemand, den er ausbeuten kann. Er ist plötzlich sogar darauf angewiesen, dass ich seine Bitte erfülle.

Jesus zeigt uns also unter dem Strich, dass wir ganz und gar nicht ohne Macht sind, auch wenn wir auf Gewalt verzichten. Er fordert uns auf, nach kreativen gewaltlosen Möglichkeiten zu suchen, unsere Macht einzusetzen, damit eine größere Gerechtigkeit entsteht.

Wir sind ganz und gar nicht ohne Macht, auch wenn wir auf Gewalt verzichten

Lieben, wie Gott liebt (5,43–48)

Feindesliebe kann dazu führen, dass ein Feind zum Freund wird. Aber dies geschieht keineswegs immer. Der niederländische Wiedertäufer Dirk Willemsz zum Beispiel rettete 1569 seinen Verfolger, als der in einen zugefrorenen See eingebrochen war. Der Gerettete nahm Willemsz dennoch gefangen. Willemsz wurde später auf dem Scheiterhaufen verbrannt. Als Christen werden wir manchmal trotz allem unter Feindschaft leiden, auch wenn wir versuchen, sie mit Feindesliebe zu überwinden. So ging es Jesus, unserem Vorbild, und letztendlich auch Gott, der seine Sonne über Guten wie Bösen scheinen lässt und dennoch von vielen abgelehnt wird. Uneingeschränkt lieben – das meinte Jesus mit der „Vollkommenheit" Gottes, die wir uns zum Vorbild nehmen (siehe auch das folgende Kapitel).

So endet also das längste Kapitel der Bergpredigt. Jesus sprach über Prioritäten, Beziehungen, über Ehe, Sexualität, Aufrichtigkeit, Großzügigkeit, Rechte, Liebe usw. Gibt es denn nicht *einen* Privatbereich, in den Jesus sich nicht einmischt? Ganz genau, den gibt es nicht. Unser Leben gehört ihm. Das ist die Bedingung dafür, dass wir die großen Verheißungen dieser Predigt in Anspruch nehmen dürfen.

Nachdem wir nun also den ersten Teil der Bergpredigt betrachtet haben, stellen wir fest: Es gilt, zwei Extreme zu vermeiden. Auf der einen Seite sollen wir nicht alles so wortwörtlich nehmen, dass es völlig unpraktikabel scheint (und folglich ignoriert wird). Auf der anderen Seite sollen wir auch nicht so lange hin und her erklären, bis der Text uns gar nicht mehr anspricht. Ist es wortwörtlich gemeint? Oft schon! Ist es ernst gemeint? Immer! Es ist der Auftrag an die christliche Gemeinschaft, eine praktische und konkrete Umsetzung der biblischen Texte zu erarbeiten.

Das „geistliche" Leben der christlichen Gemeinschaft (6,1–18)

Almosen geben, beten und fasten waren drei wichtige Aspekte im religiösen Leben der Juden und auch der Urgemeinde. Bei allen drei Themen ist das Anliegen Jesu das gleiche: Es geht nicht darum, menschliche Anerkennung oder Lob zu erfahren oder gar unsere Frömmigkeit zur Schau zu stellen, sondern darum, unsere Beziehung zu Gott und zum Nächsten zu pflegen. Wir sammeln sogar Schätze im Himmel, wenn wir auf menschliches Lob verzichten (19).

Almosen geben – großzügig, aber geheim (6,1–4)

Haben die Scheinheiligen damals tatsächlich „vor sich her posaunen lassen"? Wir wissen es nicht. Aber ihr Geben hatte vor allem zum Ziel, dass ihre Frömmigkeit von anderen wahrgenommen wurde. „So nicht!" sagt Jesus. Es geht nicht darum, dass wir nun weniger großzügig geben, es geht um eine andere Motivation. Jesus ermutigt uns hier nicht zu schlampiger Buchführung. Das war nicht sein Anliegen, als er sagte: „Lass deine linke Hand nicht wissen, was die rechte tut." Sondern es war ein Ausdruck für Großzügigkeit (mit beiden Händen!). Jesus ermutigt uns, nicht jeden Cent dreimal umzudrehen, bevor wir bereit sind, etwas zu geben. Handeln wir, wie Jesus es hier sagt, dann wird Gott uns das vergelten – vielleicht nicht hier und jetzt, vielleicht auch nicht in der Öffentlichkeit (Gott spielt jedenfalls nicht die Posaune für uns!). Wie immer Gottes Belohnung für uns aussieht, sie wird alles menschliche Lob weit übertreffen.

Gebet – für sich und miteinander (6,5–15)

Hier empfiehlt Jesus ein Beten, das nur Gott sieht. Auch beim Gebet geht es nicht darum, anderen unsere Frömmigkeit darzustellen. Freilich schließt dies das gemeinsame Beten keineswegs aus. Das „Vaterunser" ist solch ein gemeinschaftliches Gebet. Ob allein oder gemeinsam, niemals geht es bei geistlichen Übungen darum, damit anzugeben.

Hier fügt Jesus noch weitere Lektionen über das Gebet hinzu: Hartnäckigkeit und unablässige Wiederholungen sind nicht angemessen. Beides drückt eine falsche Haltung aus, nämlich die, dass wir Gott durch unser Gebet überreden könnten. (Leider halten einige Christen genau das für die *richtige* Einstellung.) Im Gegenteil: Wir vertrauen Gott demütig unsere Bedürfnisse an und überlassen sie ihm. Wir vertrauen darauf, dass er unsere Bitten erfüllt.

Im Vaterunser bitten wir darum, dass Gott tut, was seinem Namen Ehre macht. Das heißt vor allem die Wiederherstellung eines treuen Gottesvolkes (vgl. Hesekiel 36,20–24; 20,41–44). Wir bitten, dass Gott sein Reich baut, eben dass sein Wille geschieht – „wie im Himmel so auf Erden". Wenn wir um Brot bitten oder um Vergebung, um Schutz vor dem Bösen, dann erkennen wir an, dass all diese Bereiche zu unserem Leben mit Gott gehören und dass wir in allem auf Gottes Hilfe angewiesen sind. Dann stellt Jesus aber klar (wie bereits in 5,23/24): All die geistlichen Übungen bringen uns nichts, wenn die Beziehungen untereinander nicht in Ordnung sind (14/15).

Fasten – von der Öffentlichkeit unbemerkt (6,16–18)

Warum fastet jemand? Manche fasten, um abzunehmen, andere, um ihrem Körper etwas Gutes zu tun. Der eine fastet, um Gott dazu zu zwingen, sein Gebetsanliegen zu erhören – fast wie bei einem Hungerstreik. Und wieder ein anderer fastet, um seine Frömmigkeit zur Schau zu stellen. Diese letzte (und auch verkehrte) Motivation spricht Jesus hier an.

Jesus empfiehlt, dass wir uns beim Fasten wirklich bemühen sollen, dass andere es *nicht* bemerken. Sein Anliegen war, dass wir beim Fasten, genauso wie beim Geben oder Beten, sorgsam darauf achten, dass wir es nicht praktizieren, um auf unsere geistlichen Leistungen aufmerksam zu machen.

Es geht also bei all diesen Fragen um unsere Motivation, nicht etwa um Heimlichtuerei. Falls andere erfahren, was wir tun, gebührt die Ehre selbstverständlich Gott (5,14–16).

Warum aber praktizieren wir diese „guten Werke"? Wir geben Almosen, weil andere Menschen Hilfe brauchen und wir sie im Namen Jesu lieben. Wir beten, weil wir Gott ehren, unser Vertrauen zu ihm zum Ausdruck bringen und ihm unsere Bedürfnisse hinlegen. Und wir fasten, weil wir Gott näher kommen, Zeit für ihn haben, ihm begegnen wollen. Und das ist auch unabdingbar, wenn wir die konkreten Wegweisungen dieser Predigt umsetzen wollen.

Die ungeteilte Priorität des Nachfolgers Jesu (6,19–24)

In Matthäus 6 geht es unter anderem ums Geben, um unser Gottvertrauen, um die richtigen Prioritäten. Wenn ein wohlhabender Lebensstil für uns nicht so wichtig ist und wenn wir Gott vertrauen, dass er unsere Bedürfnisse stillt, sind wir frei, großzügig mit anderen zu teilen. Deswegen ist es wichtig, dass wir uns fragen, in welchem Bereich wir „Schätze sammeln" wollen.

Die Schätze des Herzens (6,19–21)

Wo sich unsere Schätze befinden, da wird auch unser Herz sein (nicht nur umgekehrt!). Soll unser Herz sich daran klammern, was zum Reich des Himmels gehört? Dann müssen wir genau dort Schätze sammeln, damit unser Herz sich auch danach sehnt. Das

Herz jedoch hat in der Lehre Jesu weniger mit Gefühlen als vielmehr mit grundsätzlichen Prioritäten und wesentlichen Haltungen zu tun.

Ein Licht für den Körper (6,22/23)

Damals hatte man die Vorstellung: Unser Auge ist wie eine Leuchte. Von hier aus strahlt „Licht" in beide Richtungen. Das Auge erhellt also den Körper und es wirft „Sehkraft" auf die Dinge, die wir dadurch sehen. Ein düsteres Auge, etwa aufgrund von Neid, behindert den Lichtstrahl – wir sehen um uns herum nur noch undeutlich und schließlich wird es in uns selbst dunkel. Wenn ich meine Augen also auf die falschen Dinge konzentriere, dann wird mein Leben dunkel.

Wenn ich meine Augen auf die falschen Dinge konzentriere, wird mein Leben dunkel

Großzügigkeit mit meinem Besitz (6,24)

Das Wort „Mammon" steht für unser irdisches Leben und all das, was dafür notwendig ist. Natürlich benötigen wir einiges zum Leben, aber der Mammon soll nicht unser Gott (Götze) werden. „Lieben" und „hassen" bedeutet eigentlich „an die erste Stelle setzen" und „als zweitrangig behandeln". Was haben wir doch für Vorrechte! Wir können unzerstörbare und beständige Schätze sammeln. Wir dürfen Gott lieben und anderen dienen und dadurch schätzen lernen, was so viel wichtiger ist als alles, was dieses Leben auf der Erde bieten kann.

Sind wir mit unseren Gedanken dann nur noch im Himmel? Nein! Unsere Lebenseinstellung hat vor allem auf unser Leben auf der Erde Auswirkungen. Schon jetzt entdecken wir, dass es sich lohnt, Gott mehr als den Mammon zu lieben. Denn dadurch ist nicht nur unsere Zukunft im Himmel gesichert (darum geht es in diesem Text), sondern auch unser Leben auf dieser Erde (darum geht es im folgenden Abschnitt).

Sich um das sorgen, was wirklich zählt (6,25–34)

Gottes Fürsorge macht all unser Sorgen überflüssig. Und doch machen wir uns oft Sorgen. Hier zeigt uns Jesus, warum dies nicht nötig ist:

- Weil wir mit hellen Augen sehen, Schätze im Himmel sammeln, Gott mehr lieben als den Mammon („darum" in Vers 25a, siehe Kontext).
- Weil wir lernen können, Dinge nicht so wichtig zu nehmen und sie überzubewerten (25b).
- Weil wir anerkennen, dass Gott, der selbst für weniger Wichtiges sorgt, viel mehr für uns da ist (26).
- Weil wir erkennen, dass wir durch Sorgen gar nichts ändern können. „Also entspannt euch!", sagt Jesus (27).
- Weil wir anerkennen, dass es nicht auf unsere Anstrengung allein ankommt, sondern dass Gottes Fürsorge zur Erfüllung unserer Bedürfnisse beiträgt (28-30).
- Weil wir Zufriedenheit lernen. Lilien sind vermutlich etwas weniger extravagant gekleidet, als Salomo es war. Aber wer mit weniger zufrieden ist, sieht auch in den Lilien eine große Schönheit. Was Kleidung betrifft, müssen wir nicht versuchen, es mit Salomo aufzunehmen (29).
- Weil Gott uns mehr Glauben schenken möchte (30).
- Weil sich unsere Prioritäten ändern. Wenn wir die richtigen Prioritäten haben, dann können wir bereits zufrieden sein, wenn unsere Grundbedürfnisse gestillt sind (31/32).
- Weil wir entdecken: Sich sorgen hilft sowieso nicht! Wir können Gott weder durch unser Sorgen noch durch hartnäckiges Beten zum Handeln bewegen: Er weiß von unserer Not und sorgt für uns (32).

Unsere einzige „Sorge" ist Gottes Reich und seine Gerechtigkeit. Machen wir das zu *unserer* Priorität, macht *Gott* sich unsere sonstigen Sorgen zu eigen. Seine Gerechtigkeit ist vor allem in seinem großzügigen Spenden von Sonne und Regen zu erkennen;

Gott handelt gegenüber allen Menschen, guten wie bösen, unparteiisch (5,45). Wir „trachten nach Gottes Gerechtigkeit", wenn auch wir Menschen großzügig helfen, ganz gleich, ob sie es verdient haben oder nicht. Wenn das unsere höchste Priorität ist, müssen wir uns keine Sorgen darüber machen, was wir morgen zu essen bekommen. Wenn alle Menschen sich so um Gottes Gerechtigkeit und sein Reich sorgen würden, dann würde niemand hungern. Gott schenkt genug Sonne und Regen, die Ernte ist groß genug für die ganze Menschheit. Jetzt liegt es an uns, sie gerecht zu verteilen.

Wir werden uns morgen wieder sorgen, also müssen wir nicht schon heute damit anfangen!

Jesus beendet diesen Teil seiner Rede mit einer Mischung aus Realismus und Humor: Wir werden uns morgen wieder Sorgen machen, also müssen wir nicht schon heute damit anfangen!

Dieses Kapital fordert uns heraus, unsere Erwartungen etwas zurückzuschrauben. Gott sorgt für Bedürfnisse, nicht für Wünsche. Wenn wir nur mit erfüllten Bedürfnissen zufrieden wären, dann hätten wir das Geheimnis eines sorgenfreien Lebens entdeckt. Ich will dieses faszinierende Leben lernen, das gesünder, freier und freudiger ist als das, das uns im Materialismus gefangen hält.

Die Lehre Jesu in die Praxis umsetzen (7,1–12)

Matthäus 7 beginnt mit einer Reihe von Anweisungen, *wie,* mit welchen Einstellungen und Richtlinien, die Lehre Jesu in die Praxis umgesetzt werden soll. Mithilfe konkreter Gegenstände bzw. Lebewesen (Maß, Splitter, Auge, Balken, Hunde, Perle, Schweine, Füße, Stein, Brot, Schlange, Fisch usw.) will Jesus hier wichtige Lektionen der Nachfolge erteilen.

Vers 1–5: Eigentlich wollen wir uns gegenseitig darin unterstützen, die Lehre Jesu zu praktizieren. Die Gefahr dabei ist aber, dass wir rechthaberisch werden. Ein „Balken" in meinem Auge

– das sind meine eigenen gravierenden Fehler, die ich vielleicht gar nicht wahrhaben will, während sie allen anderen auffallen. Sie disqualifizieren mich und machen mich unfähig, dem anderen zu helfen. Jesus ruft uns also hier auf, gegenüber uns selbst und nicht gegenüber anderen kritisch zu sein. Oft sind die „Splitter“, die ich in den Augen anderer sehe, ein Hinweis auf den Balken in meinem eigenen Auge: Ich sehe beim anderen, was bei mir selbst nicht in Ordnung ist!

Gott gibt uns nicht alles, was wir wollen und worum wir ihn bitten

Jesus geht es allerdings gar nicht darum, dass ich mich nun ausschließlich um meinen eigenen Balken kümmere und den Splitter meines Nächsten einfach ignoriere. Aber erst wenn ich meinen Balken losgeworden bin, bin ich wirklich in der Lage, dem anderen mit seinem Splitter zu helfen.

6 Gebt das Heilige nicht den Hunden, und werft eure Perlen nicht den Schweinen vor, denn sie könnten sie mit ihren Füßen zertreten und sich umwenden und euch zerreißen.

Jesus gebraucht hier wahrscheinlich, wie in diesem Kapitel übrigens häufig, eine Redewendung. Mit „Hunden“ bzw. „Schweinen“ sind möglicherweise Verfolger gemeint. Manchmal ist Verfolgung unvermeidbar, und wir sollen sie ertragen, ohne zurückzuschlagen. Dieser Vers könnte aber bedeuten, dass wir eine Verfolgung auch nicht provozieren müssen, indem wir unvorsichtig mit Perlen (vielleicht einzelnen Aspekten des Evangeliums und der Lehre Jesu, über die die Welt nur lachen kann) um uns werfen. In Zeiten der Verfolgung muss manches unter Verschluss gehalten werden.

Es könnte auch heißen, dass mein Bruder „das Heilige“ ist, meine Schwester „die Perle“: Wenn ich meine Geschwister verurteile, dann werfe ich sie vor die Schweine, vor die Hunde. Für die Menschen der Welt, die Jesus sowieso nicht ernst nehmen, ist das ein gefundenes Fressen – sich das unwürdige Schauspiel mit anzusehen, wie man sich in der Gemeinde gegenseitig verdammt und ausgrenzt.

Vers 7–11: Auch hier verspricht Jesus uns keineswegs, dass wir alles bekommen, was wir gerne hätten – solange wir nur suchen, bitten, anklopfen ... Er sagt ebensowenig, dass unsere Gebete garantiert erhört werden, wenn wir hartnäckig genug am Ball bleiben. Gott gibt uns nicht alles, was wir wollen und worum wir ihn bitten. Schließlich geben wir unseren Kindern auch längst nicht alles, was sie sich wünschen. Aber Gott gibt uns das, was wir für den Nachfolgeweg benötigen.

„Bittet!“, sagt Jesus. Schließlich brauchen wir Gottes Kraft und Hilfe, um zu leben, was Jesus hier lehrt. Gott will sie uns schenken. „Sucht!“, sagt Jesus. Vielleicht verlieren wir den Weg aus den Augen, den Weg der Nachfolge Jesu. Jesus hilft uns, ihn wieder zu finden. „Klopft an!“, sagt Jesus. Hinter der Tür ist immer jemand zuhause, bei dem ich mich aufwärmen, ausruhen, entspannen und neue Kraft schöpfen kann. Dann geht es weiter!

Vers 12: Im Deutschen heißt es: „Was du nicht willst, das man dir tu, das füg‘ auch keinem anderen zu.“ Im Gegensatz zur Aufforderung Jesu ist dies jedoch eine negative Formulierung. Auch zu Jesu Zeit war diese „Regel“ bekannt. Doch Jesus geht einige Schritte weiter. Er fordert uns zu aktivem Handeln heraus. Das Gesetz ernst zu nehmen, heißt für Jesus nicht nur, Verbotenes zu vermeiden, sondern das eigentliche Ziel des Gesetzes zu verfolgen, nämlich allen Menschen, Freunden wie Feinden, mit Achtung und Hilfsbereitschaft zu begegnen. Mit diesem Ausspruch sagt Jesus auch: Es gibt nicht für alles klare Regeln. Ehrlichkeit und Kreativität sind gefragt. Wie sollen andere sich unserem Wunsch nach uns gegenüber verhalten? Also, lassen wir unser Handeln doch genau davon leiten!

Die Bedeutung der Umsetzung (7,13–29)

Nachdem Jesus erläuterte, welche Einstellungen uns bei der Umsetzung helfen, spricht er erneut sehr deutlich davon, warum es so wichtig ist, dass wir seine Lehre in die Praxis umsetzen.

Zwei Tore und zwei Wege, zwei Sorten von Obstbäumen, zwei Arten von Menschen, zwei Hausbauer. Mit solchen „entweder – oder"-Worten fordert Jesus uns zur Entscheidung auf. Welchen Weg werden wir gehen? Jesus wollte uns damit keineswegs einen Weg eröffnen, andere Menschen in Schubladen zu stecken, alle zu beurteilen, ob sie nun richtig oder falsch liegen. Falls wir innerlich eine Tendenz dazu verspüren, sollten wir uns noch einmal den ersten Vers dieses Kapitels anschauen: „Richtet nicht ...!"

Zwei Straßen – zwei Reiseziele (7,13–14)

Himmel und Hölle werden hier zwar nicht direkt erwähnt, sie sind aber sicherlich gemeint. Es lohnt sich schon in *diesem* Leben, Jesus nachzufolgen. Aber die beste Belohnung kommt noch! Hier sagt Jesus nicht: *Gott* bringt uns zu diesem oder jenem Ziel. Sondern er stellt zwei Wege zur Wahl und *wir* haben uns für eines der beiden Reiseziele zu entscheiden.

Betrüger in der christlichen Gemeinschaft (7,15–20)

Jesus warnt uns: Nicht alle Auffassungen, Meinungen und Lehren sind gleich richtig. Irrlehrer und falsche Propheten sind ihm zufolge eine ernst zu nehmende Gefahr. Nur Gott sieht das Herz an. Nicht alles, was von außen schön aussieht, ist in der Tat auch innerlich in Ordnung. Nicht alles, was sich schön anhört, ist Wahrheit. Aber das wird sich zeigen. Was im Herzen ist, das wird irgendwann einmal sichtbar. Frucht hängt immer mit dem Baum zusammen, an dem sie wächst. Dornen und Disteln bringen keine Trauben oder Feigen hervor. Auf guten Bäumen gedeihen keine schlechten Früchte und umgekehrt. Mit „Früchten" meinte Jesus wahrscheinlich sowohl Charakterzüge als auch deren Folgen, ihre Auswirkungen in der Gemeinschaft. Eine christliche Gemeinschaft im Sinne Jesu entsteht, wenn die Diener der Gemeinde sich nach seiner Lehre richten und leiten lassen. Missachten wir sie, wächst Unkraut.

Die, die selbst betrogen wurden (7,21–23)

Manche sind nicht Betrüger, sondern Betrogene. Sie denken: Es genügt, wenn wir Jesus mit dem Mund als „Herrn“ bekennen, erst recht, wenn wir noch dazu große Wundertaten vollbringen. Falsch, sagt Jesus. Jesus als Herrn *im Leben* zu erkennen, ist das, was wirklich zählt. Das ist ein hartes Wort: Sie wissen nicht einmal, dass sie gar nicht richtig zu Jesus gehörten, und schon sind sie von seiner Gegenwart ausgeschlossen. Dabei will Jesus nicht, dass wir es nun selbst in die Hand nehmen, zu richten, wer richtig oder falsch ist. Hier liegt die Herausforderung eher *bei uns,* Jesu Worte tatsächlich in die Praxis umzusetzen.

Zum Weiterlesen:

- Eberhard Arnold, Salz und Licht. Über die Bergpredigt, Brendow, Moers 1982
- Clarence Bauman, *The Sermon on the Mount: The Modern Quest for its Meaning,* Mercer, Macon/USA 1985
- Dietrich Bonhoeffer, Nachfolge, Gütersloher Verlagshaus, Gütersloh 2002
- Nicky Gumbel, Herausfordernder Lebensstil, Projektion J, Asslar 2002
- Walter Jens (Herausgeber), Provokation Bergpredigt, Kreuz, Stuttgart 1982
- E. Stanley Jones, *The Christ of the Mount,* Abingdon Press, Nashville/USA 1981

Jesus verwendete, genau wie seine Zeitgenossen, Übertreibungen, um die Dinge griffig auf den Punkt zu bringen. Freilich darf diese Stelle nicht die anderen verdrängen, in denen ebenso klar zum Ausdruck gebracht wird: Jesus ist großzügig und liebevoll gegenüber allen, auch seinen Feinden!

Auf Sand oder auf Felsen bauen (7,24–27)

So wie der Anfang dieser Predigt uns an Psalm 1 erinnert („Wohl dem ...“), ist es auch an ihrem Ende. In Psalm 1 werden ein Frucht tragender Baum mit festen Wurzeln und wertlose, vom Wind weggetragene Spreu einander gegenübergestellt.

Gesprächs- und Denkanstöße:

1. Wie reagieren wir auf den Vorschlag von Walter Wink, Matthäus 5,38–42 folgendermaßen zu verstehen: „Jesus fordert uns zu kreativen gewaltlosen Reaktionen auf, nicht, um uns ausnutzen zu lassen, sondern um zu unserer Würde und unseren Rechten zu stehen"?

2. Was gehört im Sinne der Bergpredigt alles zu einer Gerechtigkeit, die „weit größer ist als die der Schriftgelehrten und Pharisäer" (Matthäus 5,20)?

3. Wie hilft uns die Bergpredigt dabei, zu entdecken, wie wir als christliche Gemeinschaft am besten „Salz" und „Licht" in der Welt sein können?

Hier sind es zwei Bauwerke – ein Haus, das auf einen Felsen gebaut ist, und eines, das mit dem Strom hinwegschwimmt. In beiden Fällen ist die entscheidende Frage: Haben wir auf Gottes Wort gehört und uns davon leiten lassen?

Die Menge hört zu! (7,28/29)

Jesus hatte zur Gemeinschaft der Glaubenden geredet, zu seinen Nachfolgern. Aber die Menge hatte alles mitgehört. Sie waren von seinen Worten begeistert! Gefesselt! Völlig aus dem Häuschen! Doch dass die Menge ihn für einen tollen Lehrer hält, erfüllt ihn ganz und gar nicht mit Zufriedenheit. Sein Ziel ist erst dann erreicht, wenn Menschen in der richtigen Art und Weise mit ihrem Leben antworten.

Die Menge hatte alles gehört. Also haben sie nun die Gelegenheit, eine fundierte Entscheidung zu treffen: Werden sie sich auf seinen Weg einlassen? Das wird nicht leicht sein. Aber es wird ein segensreiches Leben sein. Und ein sicheres – in diesem Leben wie im nächsten. Wohl denen, die sich dafür entscheiden!

5. „LIEBE DEINE FEINDE“: MATTHÄUS 5,38–48

Hier greifen wir die Frage von Gewaltlosigkeit und Feindesliebe auf. Konkret: Können Nachfolger Jesu Teil einer militärischen Armee sein?

Der Text

38 *Ihr habt gehört, dass gesagt worden ist: Auge für Auge und Zahn für Zahn.*
39 *Ich aber sage euch: Leistet dem, der euch etwas Böses antut, keinen Widerstand, sondern wenn dich einer auf die rechte Wange schlägt, dann halt ihm auch die andere hin.*
40 *Und wenn dich einer vor Gericht bringen will, um dir das Hemd wegzunehmen, dann lass ihm auch den Mantel.*
41 *Und wenn dich einer zwingen will, eine Meile mit ihm zu gehen, dann geh zwei mit ihm.*
42 *Wer dich bittet, dem gib, und wer von dir borgen will, den weise nicht ab.*
43 *Ihr habt gehört, dass gesagt worden ist: Du sollst deinen Nächsten lieben und deinen Feind hassen.*
44 *Ich aber sage euch: Liebt eure Feinde und betet für die, die euch verfolgen,*
45 *damit ihr Söhne eures Vaters im Himmel werdet; denn er lässt seine Sonne aufgehen über Bösen und Guten, und er lässt regnen über Gerechte und Ungerechte.*
46 *Wenn ihr nämlich nur die liebt, die euch lieben, welchen Lohn könnt ihr dafür erwarten? Tun das nicht auch die Zöllner?*
47 *Und wenn ihr nur eure Brüder grüßt, was tut ihr damit Besonderes? Tun das nicht auch die Heiden?*
48 *Ihr sollt also vollkommen sein, wie es auch euer himmlischer Vater ist.*

„Es gibt so viel in der Bibel, was ich nicht verstehe!“, sagen viele. Mark Twain soll darauf einmal geantwortet haben: „Das stimmt! Aber mir machen nicht die Teile der Bibel am meisten Mühe, die ich *nicht* verstehe, sondern gerade die, die ich *verstehe!“*

Der Text erklärt ganz einfach, wie wir zu leben haben

Dieser Text aus Matthäus 5,38–48 scheint relativ eindeutig zu reden. Er enthält keine komplizierten Sätze, keine unverständlichen theologischen Begriffe, weder Gleichnisse mit versteckten Bedeutungen noch Hinweise auf unbekannte Menschen, Orte oder Gegenstände. Der Text erklärt ganz einfach, wie wir zu leben haben:

- Nicht vergelten;
- bereit sein, Verfolgung und Beleidigungen zu ertragen;
- bereitwillig, sowohl vor Gericht als auch im alltäglichen Leben Unrecht zu ertragen, ohne mit Gewalt zu reagieren;
- freiwillig anderen mehr Gutes tun, als diese von uns erwarten;
- großzügig ausleihen, auch wenn die Chancen gering sind, dass wir unsere Sachen je zurück erhalten;
- Freunde und Feinde gleichermaßen lieben;
- für alle beten;
- jeden freundlich grüßen, ganz gleich ob Familie, Verwandte, Freunde oder Feinde;
- unterm Strich: vollkommen sein! Warum auch nicht, denn schließlich ist Gott vollkommen und wir ahmen ihn nach.

Also, was könnte einfacher zu verstehen sein als das? Aber was sieht zugleich schwerer aus, als genau das in die Tat umzusetzen? Gerade weil dieser Text eine derart unmögliche Lebensart beschreibt, fangen Bibelwissenschaftler an, alle möglichen Fragen an ihn zu stellen, bis man ihn am Ende weder leben noch verstehen kann.

Manche sagen: Solche unrealistischen Anweisungen können unmöglich für unser alltägliches Leben gemeint sein. Jesus meinte sicherlich nur die ersten Jünger, die er auf eine Missionsreise aussenden wollte. Sie mussten schließlich wissen, wie sie sich verhalten sollten, falls jemand ihnen das Leben schwer machen würde. So könnten einige dieser Instruktionen auch heute noch für Missionare gelten; sicherlich jedoch nicht für gewöhnliche Nachfolger Jesu unter normalen Umständen.

Andere sagen: So kann keine menschliche Gesellschaft funktionieren. Offensichtlich gab Jesus diese Anweisungen nur für eine vorübergehende Krisensituation – vielleicht eine, die er bereits am Horizont nahen sah, wo er sich selbst Feinden gegenüber sah, oder später, wenn seine Nachfolger mit Feindschaft konfrontiert wären. Solche Anweisungen können jedenfalls höchstens in ähnlichen Krisensituationen gelten – wie zum Beispiel damals, als Mahatma Gandhi versuchte, die britische Regierung von der Notwendigkeit bestimmter Veränderungen in Indien zu überzeugen; oder als Martin Luther King für seine Leute faire Bürgerrechte erstreiten wollte – nicht jedoch im normalen Leben.

Die nächsten sagen: Diese Anordnungen sind für eine ideale Welt gedacht, zum Beispiel eine, die erst dann existieren wird, wenn Jesus nach seiner Wiederkunft sein Reich errichten wird. Eines Tages wird diese Welt wirklich zu so einem Ort werden, an dem wir die Lehre dieses Textes wortwörtlich umsetzen können. Zugegeben, es wird dann auch wesentlich leichter sein, die linke Wange hinzuhalten, wenn niemand auf die rechte schlägt; etwas auszuleihen, wenn bereits alle Bedürfnisse erfüllt sind; für Verfolger zu beten, wenn es gar keine mehr gibt; und Feinde zu lieben, wenn man keine mehr hat!

Wieder andere sagen: Diese Anweisungen haben nichts damit zu tun, wie wir in der „Welt" leben. Sie haben damit zu tun, wie wir in der christlichen Gemeinschaft leben. In der Welt leben wir nach Vorschriften, die in der Welt sinnvoll sind.

- Wir vergelten, wenn wir Unrecht erleiden. Meistens benutzen wir ein Gerichtsverfahren, damit wir unsere Rechte durchsetzen und damit unser Gegner das erhält, was er verdient: Gerechtigkeit muss sein!

- Wenn jemand uns beleidigt, beleidigen wir ihn ebenfalls – zumindest meiden wir ihn.
- Wir passen schon auf uns und auf unsere Familie auf; wir verleihen nichts, was wir nicht sicher zurückbekommen. Wir verlangen eine Kaution, bevor wir Fremden etwas ausleihen.
- Unsere Freunde und Verwandten lieben wir natürlich (jedenfalls einigermaßen), unsere Feinde jedoch nicht. Wir hassen sie vielleicht nicht unbedingt, aber keinesfalls lieben wir sie, denn dann wären sie nicht mehr unsere Feinde.
- Und „vollkommen sein“ wie Gott? Wie ist Gott denn wirklich? Gott ist doch auch ein Gott, der zornig sein kann, der Rache ausübt, der die Bösen bestraft. Gott verhängt unter Umständen sogar die Todesstrafe!

Das christliche Leben ist eine Frage von Vergebung, nicht eine Frage des richtigen Lebens

In der christlichen Gemeinde kann man vielleicht Unrecht erleiden, ohne Rache zu üben. Aber da draußen in der bösen Welt wäre das sinnlos und unmöglich.

Es gibt allerdings auch Leute, die sagen: Natürlich schaffen wir es nicht, dem unmöglich hohen Standard der Bergpredigt entsprechend zu leben. Wer weiß das besser als Gott selbst? Das ist aber der springende Punkt. Gott beschreibt eine Idealvorstellung. Er weiß, dass wir sie unmöglich in die Praxis umsetzen können, dass wir daran scheitern müssen. Erst wenn wir merken, dass wir es nicht schaffen, danach zu leben, suchen wir Gottes Gnade und Vergebung, und somit erreicht die Bergpredigt ihr Ziel. Letztendlich ist das christliche Leben eine Frage von Vergebung und nicht eine Frage des richtigen Lebens. Niemand lebt richtig – außer Jesus. Er hat das Gesetz erfüllt – im Glauben erkenne ich seine

Gerechtigkeit als die meinige an. Gott betrachtet mich durch Jesus hindurch und so sieht er mich an, als wäre auch ich gerecht, als hätte auch ich das Gesetz erfüllt.

Wenn die Theologen mit dem Text fertig sind, dann sind die ursprünglich klaren Wasserquellen so aufgewühlt und mit theologischen Theorien vermischt, dass nichts mehr klar ist. Also legen wir den Text beiseite und meinen: Das ist in der Tat ein schwieriger Text; wir würden ihn ja gerne ernst nehmen, aber leider können wir nicht richtig verstehen, was er von uns will.

Ich schlage vor, dass es hier dennoch einiges gibt, was wir verstehen können:

1. Diese Ethik ist nicht für die „Welt" gedacht

Jesus wollte keine Utopie errichten, kein Reich, das schon auf dieser Erde nach den Maßstäben des Himmels leben sollte. Wenn man genau hinsieht, dann stellt man fest, dass die Bergpredigt nicht an die „Menge" gerichtet ist. Jesus sah eine große Menschenmenge um sich. Dann rief er seine *Jünger* zu sich und lehrte *sie.* Die Menge sollte zuhören, was Jesus zu seinen Jüngern sagte (siehe Matthäus 5,1/2).

Erst ganz am Ende der Predigt erwähnt Matthäus, dass überhaupt eine Menschenmenge zugehört hat. Jesu letzte Anweisungen für die Jünger ziehen die Menge in Betracht. Jetzt haben sie gehört, wie die Jünger Jesu zu leben haben. Sie können jetzt gehen, ohne sich dieser Gruppe anzuschließen, und ihr Lebenshaus dadurch auf Sand bauen. Sie können aber auch selbst Jünger Jesu werden und so auf sicheren Boden bauen.

Ein Jünger Jesu werden, das schließt mehr ein als: „Jesu Sieg in Anspruch nehmen". Es heißt: „diese meine Worte hören und danach handeln" (7,24). Und das tut „die Menge" nicht. Das tun die Jünger Jesu. Die Menge war zwar von Jesu Lehre betroffen. Sie erkannte seine Vollmacht. Doch am Ende musste sich jeder einzelne entscheiden: Werde ich mich den Jüngern anschließen und danach leben? Werde ich aus der Menge heraustreten und dem Jüngerkreis beitreten?

In der ganzen Bergpredigt zeigt Jesus, wie seine Jünger zu leben haben. Er beschreibt keine Ethik für die weltliche Gesellschaft. Die Bergpredigt wurde nicht entworfen, um der Welt zu zeigen, wie sie zu leben hat. Jesus hat etwas ganz anderes gemeint, als dass die Welt ...

Jesus drängt seine Ethik niemandem auf, der sich noch nicht zur Nachfolge entschieden hat

- die Justiz abschaffen sollte (warum nicht einfach für die Bösen beten?);
- die Polizei abschaffen sollte (warum brauchen wir sie überhaupt noch, wenn wir lieber zweimal geschlagen werden, als dass wir Verbrecher aufhalten würden?);
- alle Reklamationsverfahren abschaffen sollte (warum nicht lieber Unrecht auf sich nehmen?);
- die Armeen abschaffen sollte (wir lieben doch unsere Feinde und würden ihnen sowieso nichts antun!).

Nein, die Bergpredigt beschreibt keine Ethik für die Welt. Das heißt natürlich nicht, dass es für die Welt nicht von Vorteil wäre, wenn sie bereit wäre, darauf zu hören. An vielen Punkten könnte sie eine Menge lernen, wenn sie beherzigen würde, was Jesus zu seinen Nachfolgern sagt. Hier ruft Jesus aber Menschen auf, eine Entscheidung zu treffen und Nachfolger Jesu zu werden.

Er drängt seine Ethik niemandem auf, der sich noch nicht zur Nachfolge entschieden hat. Jesus kam auch nicht, um die politischen Mächte dieser Welt abzuschaffen, jedenfalls noch nicht. Er ruft einzelne Menschen auf, sich ihm und seiner Jüngergruppe anzuschließen und dann in dieser Welt nach den Prinzipien des Reiches Gottes zu leben. Sie werden damit sicherlich manchmal in Widerspruch zu dieser Welt leben, aber sie werden dadurch auch ein Zeichen setzen, dass Gottes endgültige Absicht eine andere ist als das, was mit Hilfe von Gesetzgebung, Gewalt und Armeen erreicht werden kann.

Jesus erwartete nicht, dass die Welt „christlich" handeln soll. Er erwartete, dass Christen anders als die Welt leben.

2. Diese Ethik ist für die christliche Gemeinschaft gedacht

Jesus meinte offensichtlich, dass die Ethik der Bergpredigt sehr wohl in die Praxis umgesetzt werden sollte – von uns, von denen, die seine Jünger geworden sind. Wir haben uns vorgenommen, Jesu Worte zu hören und danach zu handeln, wie der Mann, der sein Haus auf Fels baute.

Jede Zeile dieses Textes hat mit Beziehungen zu tun

Wenn wir nun sagen, dass diese Ethik für die christliche Gemeinschaft gedacht sei, dann bedeutet das nicht, sie gelte einzelnen Christen und es gehe um unsere persönliche, private Frömmigkeit. Jede Zeile des oben zitierten Textes hat mit Beziehungen zu tun. Welchen Sinn hätte es, zu sagen: „Ja, ich verpflichte mich, nach den Anweisungen der Bergpredigt zu leben, aber das gilt nur für mein privates Leben"? In meinem ganz privaten Leben schlägt mich persönlich niemand auf die rechte Wange, und niemand bringt mich vor Gericht. In meinem Innersten nimmt mir keiner mein Hemd weg und es zwingt mich auch niemand, ihm zu helfen. Niemand bittet mich um irgend etwas. All das geschieht nur in Beziehungen mit anderen Menschen.

Wir brauchen die Gemeinschaft der Gemeinde zur Unterstützung, wenn wir es wagen, uns diese Standards zu eigen zu machen und sie in die Praxis umzusetzen. Es ist leichter, auf Vergeltung zu verzichten, wenn meine Glaubensgeschwister solch eine Entscheidung für richtig halten, wenn sie selbst bereit wären, meinen Feind daraufhin anzusprechen oder mich zumindest zu trösten.

3. Die christliche Gemeinschaft lebt in der Welt

Gerade sagte ich, die Ethik der Bergpredigt sei eine Ethik für die christliche Gemeinde, nicht für die Welt. Aber das bedeutet keinesfalls, dass wir zwar in der *Gemeinde* danach handeln sollten, in der *Welt* jedoch nach weltlichen Maßstäben. Wir sind dazu berufen, wie Gott in einer gottlosen Welt zu leben. Wir sind aufgerufen, in unserer Welt lieber Unrecht zu leiden als Unrecht zu tun. Der Text redet von Verfolgung und Ausnutzung – beides erleben wir (hoffentlich!) eher außerhalb als innerhalb der christlichen Gemeinde. Die Bergpredigt beschreibt sehr wohl, wie Nachfolger Jesu untereinander leben, aber sie zeigt auch, wie sie in ihren Beziehungen in der Welt leben sollen.

In allem sind wir aufgerufen, Gott nachzuahmen, „der seine Sonne über Bösen und Guten aufgehen lässt, der über Gerechte und Ungerechte regnen lässt". Darum geht es in diesem Text. Jesus sagte: „Wenn ihr nämlich nur die liebt, die euch lieben, welchen Lohn könnt ihr dafür erwarten? Tun das nicht auch die Zöllner? Und wenn ihr nur eure Brüder grüßt, was tut ihr damit Besonderes? Tun das nicht auch die Heiden?" (5,45-47). Als Jesus uns aufforderte, „vollkommen" wie Gott zu sein (5,48), da meinte er damit keinen verkrampften Gehorsam. Sondern er meinte, dass wir wie Gott unparteiisch sein und sogar Feinde lieben sollen.

Wir leben sicher im Widerspruch zu dieser Welt, wenn wir nach den Richtlinien der Bergpredigt handeln. Aber dazu fordert Jesus uns auf. Wir leben im Widerspruch zur Welt, weil sich die Welt im Widerspruch gegenüber Gott befindet.

Nun hoffe ich bloß, dass Sie nicht gleich erleichtert aufatmen, wenn wir zum vierten Punkt kommen, und die vorangegangenen drei schnell wieder vergessen ...!

4. Nicht alles soll wortwörtlich umgesetzt werden

An einigen Stellen ist es offensichtlich, dass Jesus nicht davon ausging, dass wir alles ganz wortwörtlich nehmen. Hat er im Ernst gemeint, wir sollten uns das rechte Auge ausreißen, uns die rechte Hand abhauen? Natürlich, aber nicht wortwörtlich. Die ganze Predigt ist ernst gemeint, aber nicht alles ist buchstäblich in die Praxis umzusetzen. Sich ein Auge ausreißen, das ist ein Bild dafür, dass jemand sich so sehr nach einem reinen Herzen sehnt, dass er bereit ist, einen radikalen Schnitt zu machen: wenn er in die Gefahr kommt, Versuchungen nicht widerstehen zu können; wenn er in Situationen gerät, wo der unvermeidlich folgende Schritt eindeutig Sünde wäre. Etwas ernst nehmen und etwas wortwörtlich nehmen, das ist nicht immer dasselbe.

Natürlich gibt es viele Situationen, in denen wir uns auf das Polizei- und Justizsystem dieser Welt verlassen, um vor Verbrechern beschützt zu werden. Aber wenn sich die Gelegenheit bietet, dann zeigen wir durch unsere Lebenseinstellung, unser Handeln, unsere Gebete, wo unsere wirklichen Prioritäten liegen. Auch wer uns schlecht behandelt, ist uns wichtig. Wo es geht, zeigen wir durch unser Verhalten, dass Gott und wir ihn dennoch lieben. Wenn wir uns auf weltliche Gewalten verlassen, um das Böse einzuschränken, dann tun wir das nicht in erster Linie, um unseren Besitz zu verteidigen, sondern weil es uns ein Anliegen ist, diese Welt zu einem sichereren Ort zu machen, an dem wir unsere Feinde noch radikaler lieben lernen können.

Etwas ernst nehmen oder wortwörtlich ist nicht immer dasselbe

Und wie sieht das konkret aus?

Aber gerade hier kommt eine schwierige und vieldiskutierte Frage ans Licht: Wie wortwörtlich sollen wir Jesu Aufforderung: „Liebt eure Feinde“ nehmen? Welche Haltung in Bezug auf den Militärdienst ist für Nachfolger Jesu angemessen? Gibt es eine Pflicht, unserem Land auch in dieser Form zu dienen?

Sollten Christen im Militär von Jesus lernen, ihre Feinde zu lieben und für sie zu beten – und gleichzeitig von ihrem Kommandeur, wie sie diese Feinde töten? Oder sollten Christen überhaupt nicht Teil des Militärs sein? Wenn Jesus von Feindesliebe redet, meint er damit auch ganze Nationen?

Die christliche Tradition, aus der ich komme, nimmt Kriegsdienstverweigerung ernster, als viele andere Christen das tun. Meine Vorfahren wurden erbittert verfolgt, weil sie sich weigerten, im Militär zu dienen. Mein Urgroßvater wurde vor den Augen seiner Familie erschossen, weil er nicht bereit war, sich an der Armee seines Landes zu beteiligen. Bitte verstehen Sie mich nicht falsch, falls Sie aus einer anderen Tradition kommen oder schlicht eine andere Überzeugung gewonnen haben: Ich stelle weder die Ernsthaftigkeit Ihres Glaubens in Frage, noch behaupte ich, dass Sie nicht logisch denken könnten. Ich will lediglich sagen, dass ich Jesus in diesem Punkt möglicherweise anders als Sie verstehe.

Ich möchte vier Gründe nennen, warum ich nicht bereit wäre, im Militär mitzuarbeiten, vor allem in den Bereichen, wo Waffen produziert oder verwendet werden oder diesen Bereichen direkt zugearbeitet wird.

1. Ich kann meine Loyalität dem Reich Gottes gegenüber klarer zeigen, wenn ich mich weigere, diese endgültige Loyalität einem Reich dieser Welt zuzugestehen. Ich möchte für das Reich Gottes leben und, wenn nötig, auch sterben. Wäre ich bereit, für etwas, das weniger wert ist, zum Beispiel für mein Land, zu leben und zu sterben? Ich weiß es nicht. Manche sind dazu bereit. Aber dafür zu *töten,* das ist noch etwas ganz anderes. Gott baut ein internationales Gottesvolk. Wir gehören zu einer weltweiten Familie, mit Gott als unserem gemeinsamen Vater. Wenn mein irdisches Land, wenn irgendein Reich dieser Welt von mir absolute Loyalität verlangt, dann lautet meine Antwort: „Nein." Denn meine Loyalität gehört Gott und seinem Reich. Wenn ein Reich dieser Welt mir wichtiger wäre als meine Brüder und Schwestern weltweit, dann hätte ich falsche Prioritäten.

2. Ich möchte nicht das Risiko eingehen, für mein Land einen Glaubensbruder oder eine Glaubensschwester zu töten. Wir meinen schnell: „Aber die Christen sind doch alle auf unserer Seite! Deswegen kämpfen wir schließlich. Wir wollen das Böse auf der anderen Seite stoppen!" Wenn es nur so wäre! In jedem Krieg der letzten Jahrhunderte gab es auf beiden Seiten Christen. Und in jedem Krieg meinen beide Seiten, im Recht zu sein. Nicht selten behaupten sogar beide, auf der Seite der Gerechtigkeit Gottes zu stehen.

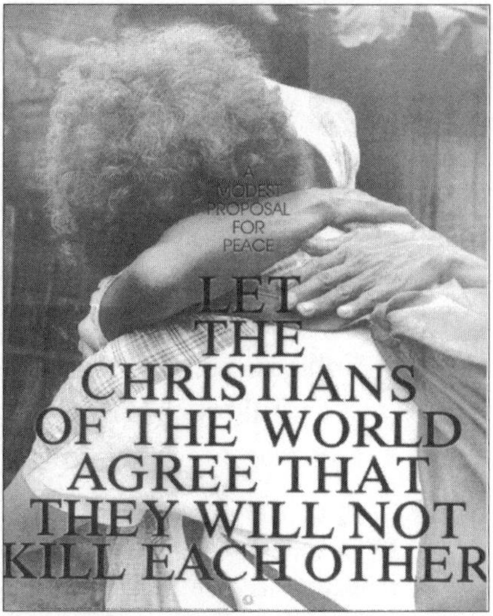

Das *Mennonite Central Committee,* eine mennonitische Hilfsorganisation in Nordamerika, hat vor einiger Zeit ein beeindruckendes Poster herausgegeben (s. Abbildung). Darauf steht die einfache Botschaft (übertragen auf deutsch): „Ein bescheidener Vorschlag für den Frieden: Lasst die Christen der Welt sich einigen, dass sie sich nicht gegenseitig töten.“

Falls wir diesen Vorschlag ernstnehmen würden, dann müssten alle Christen sich weigern, an irgendeiner Militäraktion teilzunehmen, denn wer weiß, ob nicht ein Christ auf der anderen Seite teilnimmt.

3. Ich möchte nicht das Risiko eingehen, einen Nicht-Bruder, eine Nicht-Schwester im Glauben zu töten und ihm oder ihr dadurch die Chance nehmen, Jesus Christus kennenzulernen. Ist es weniger verwerflich, jemanden zu töten, der nicht gläubig ist, als jemanden, der es ist? Gott hat doch beide gleichermaßen lieb. Jesus hat sein Leben schließlich für beide gegeben. Und selbst wenn wir sagen: „Aber das sind doch unsere Feinde ...“, sollten wir uns klarmachen, dass diese Tatsache uns Gott gegenüber zu gar nichts rechtfertigt. Wir waren selbst Gottes Feinde, als er längst alles tat, um uns zu retten. Unsere Welt braucht dringend Vorbilder, Menschen, die bereit sind, dem Vorbild Gottes zu folgen und ihre Feinde zu lieben. Wenn die Nachfolger Jesu das nicht sollen, wer denn dann? Wir lieben Feinde nicht, weil sie so liebenswürdig sind. Sondern wir sollen sie lieben, weil Gott sie liebt. Ihr Leben ist Gott nicht weniger wert als unseres.

Der folgende vierte Grund ist für mich der stichhaltigste Grund, warum ich allen Militärdienst verweigern würde.

Gott weigerte sich, seinen Sohn zu verteidigen

4. Das Neue Testament lehrt uns: Die Einstellung Jesu zur Gewalt, als er selbst ungerecht behandelt wurde, als er verspottet wurde, als er gekreuzigt wurde – das ist das Vorbild, dem wir nacheifern sollen. Jesus betete für seine Feinde und er ruft uns auf, dasselbe zu tun. Er hätte sich zwölf Legionen Engel zur Seite rufen können, damit sie ihn verteidigen. Doch anstatt seinerseits Gewalt anzuwenden, ertrug er sie. Als Jesus den Weg des ungerechten Leidens ging, tat er das nicht nur *an unserer Stelle.* Er tat es auch *als Vorbild.* Er hat (wie Petrus es formuliert): „euch ein Beispiel gegeben, damit ihr seinen Spuren folgt ... Er wurde geschmäht, schmähte aber nicht; er litt, drohte aber nicht, sondern überließ seine Sache dem gerechten Richter" (1. Petrus 2,21.23). Wir sind aufgefordert, genauso zu handeln.

Viele Christen reagieren darauf so: „Vielleicht wäre ich bereit, mein eigenes Leben zu opfern, statt den Gegner gewalttätig anzugreifen, aber doch nicht das Leben meiner Frau, meiner Kinder, meiner Nachbarn, meines Landes! Wenn ich im Krieg mitkämpfe, dann doch nicht, um mein eigenes Leben zu verteidigen. Ich tue das doch im Auftrag Gottes, um unschuldige Menschenleben zu schützen."

Das klingt sehr aufopferungsvoll, aber es entspricht nicht dem, was Jesus lehrte. Als Jesus es ablehnte, sich zwölf Legionen Engel zur Seite zu rufen, da stellte er ein klares Prinzip auf: Gott greift nicht nach militärischer Macht, um unschuldiges Leben zu verteidigen, nicht jetzt, nachdem er als Friedefürst gekommen ist.

Seitdem Jesus unter uns lebte, starben in jedem Jahrhundert unschuldige Menschen, sogar hingegebene Nachfolger Jesu, unter der brutalen Ungerechtigkeit gewalttätiger Feinde. Wie oft schickte Gott in den letzten 2.000 Jahren die zwölf Legionen Engel, um die Unschuldigen mit militärischer Macht zu verteidigen? Kein einziges Mal. Gott weigerte sich, *seinen Sohn* mit Hilfe der Himmelsscharen zu verteidigen. Bis jetzt weigerte er sich auch, *andere* dadurch zu verteidigen. Er beauftragte auch keine irdische Armee damit, das für ihn zu übernehmen.

Zum Weiterlesen:

- Heinold Fast, Beiträge zu einer Friedenstheologie, Agape, Maxdorf 1982
- Bernhard Ott, Schalom – Das Projekt Gottes, Agape, Weisenheim am Berg 1996
- Ronald J. Sider, Jesus und die Gewalt, Agape, Maxdorf 1982
- Walter Wink, Angesichts des Feindes. Der dritte Weg Jesu in Südafrika und anderswo, Claudius, München 1988
- John H. Yoder (Herausgeber), Was würden Sie tun? Analysen und Texte zu einer Standardfrage an Pazifisten und Kriegsdienstverweigerer, Agape, Weisenheim am Berg 1985

Nicht Gott sammelt und gebraucht Armeen, sondern die Nationen. Jesus lehrte uns, Feinde zu lieben. Falls unvermeidbar, sollten eher wir durch ihre Hände sterben als sie durch unsere. So hat Jesus gehandelt, und seinen Spuren folgen wir.

Jesus kam nicht, um ein irdisches Reich aufzurichten. Er kam, um zu bezeugen, dass es ein anderes Reich gibt. Er ruft uns heraus, das Gleiche zu tun. Wenn wir nach weltlichen Methoden greifen, machen wir es der Welt schwer, die Botschaft vom Kreuz wirklich zu hören und ernst zu nehmen.

Zum Schluss eine Geschichte

Es war im 16. Jahrhundert. Die Täufer waren eine kleine Minderheit in der Reformationszeit, die versuchte, Jesus treu nachzufolgen – auch als das zum Konflikt mit kirchlichen und welt-

Gesprächs- und Denkanstöße:

1. „Mir machen nicht die Teile der Bibel am meisten Mühe, die ich *nicht* verstehe, sondern gerade die Teile, die ich *verstehe!*“ Wie reagieren wir auf diesen Satz von Mark Twain?

2. Wie reagieren wir auf die Behauptung, dass die Ethik der Bergpredigt für die *Nachfolger Jesu,* aber nicht unbedingt immer für *die Welt* gemeint ist?

3. Wo würden wir eine Linie ziehen in Bezug auf die Teilnahme am Militär? Unbeschränkt dabei sein? Nur an bestimmten Positionen teilnehmen? Gar nicht mitmachen?

lichen Mächten führte. Unter den vielen Täufern, die damals für ihren Glauben litten, war auch ein Mann namens Michael Sattler. Seine Geschichte wurde in dem Film *The Radicals* dokumentiert (zu beziehen im Internet über www.affox.ch oder per E-Mail unter info@affox.ch).

Ich war zutiefst von dieser Geschichte beeindruckt, als ich den Film zum ersten Mal sah. Diese frühen Täufer waren bereit, für ihre Überzeugungen und ihr Bekenntnis zu Jesus Christus alles Mögliche und Unmögliche zu erleiden. Diese Vorgänger der Mennoniten und anderer Freikirchen bekannten sich in einer intoleranten Welt vorbildlich zu Jesus.

Kurz darauf empfahl ich einer Gemeinde diesen Film. Im Anschluss daran kam ein Mann auf mich zu und brachte mich mit einer Frage ins Nachdenken: „Wärst du heute bereit, dich für deine Überzeugungen in Bezug auf die Taufe töten zu lassen?“ Meine erste Reaktion war: „Nein, das wäre ich nicht! Ich weiß, was ich glaube. Aber mich für meine persönliche Überzeugung bezüglich der Taufe töten lassen? Ich denke, nein.“

Dann dachte ich weiter darüber nach. Für was waren eigentlich die Täufer bereit, ihr Leben zu lassen? Für ihre Überzeugungen in Bezug auf die Taufe? Nein, das war nicht der Punkt. Sie starben, weil sie wie Jesus überzeugt waren: Der Glaube kann nicht mit dem Schwert verteidigt und durchgesetzt werden. Die frühen Täufer lehnten wie Jesus das Schwert ab und ließen sich wie er für ihre Überzeugungen töten.

Was, wenn die Frage an mich anders gelautet hätte? Wenn der Mann gefragt hätte: „Wie würdest du dich entscheiden, wenn du dich zwischen zwei Kirchen entscheiden müsstest: In der einen sind die Menschen bereit, für ihre Überzeugungen zu sterben. In der anderen sind sie bereit, für ihre Überzeugungen zu töten." Ich hoffe, dass ich mich dann wie Michael Sattler entscheiden würde. Wir müssen diese Entscheidung in unserem täglichen Leben nicht mehr treffen.

Wir müssen uns lediglich entscheiden, ob wir dazu bereit sind, ein weltliches Reich mit tödlicher Gewalt zu verteidigen, oder ob wir Jesus Christus, dem Friedefürst, nachfolgen.

BEISPIELHAFTES

Wenden wir uns einigen konkreten ethischen Fragen zu. Es ist dabei allerdings nicht mein Ziel, meine eigenen Überzeugungen so kräftig wie möglich zu verteidigen. Solche Bücher gibt es zuhauf. Sondern mir geht es um Hilfestellungen, damit *Gemeinden* die Verantwortung übernehmen können, diese Themen aus biblischer Perspektive zu betrachten und gemeinsam Richtlinien zu suchen. Wenn es in einer Gemeinde vielfältige Meinungen gibt (und das ist bei diesen Themen fast überall der Fall), beschäftigen wir uns damit, wie wir unsere persönlichen Überzeugungen sowohl bezeugen als auch hinterfragen lassen können. Es geht darum, zu lernen, als Gemeinden verantwortlich zu leben – auch wenn wir keinen vollen Konsens darüber erlangen, was die Bibel lehrt, was die Treue zu Jesus ausmacht und wie wir gemeinsam Zeugen des Evangeliums sein können.

Wie können wir unsere persönlichen Überzeugungen sowohl bezeugen als auch hinterfragen lassen?

Ich werde oft gefragt: „Was ist eigentlich unser Maßstab: Ist es Gottes Wille? Die Lehre der Bibel? Ist es die Führung des Heiligen Geistes? Oder die Gemeinde und ihr Versuch, einen Konsens zu finden? Ist es die Gesellschaft, die uns teilweise prägt und in der wir Zeugen sein wollen?“ Diese Faktoren spielen alle eine wichtige Rolle und daher sollten wir sie auch nicht gegeneinander ausspielen.

Unser Maßstab ist immer der *Wille Gottes,* den wir zu erkennen versuchen. Das tun wir in erster Linie, indem wir gründlich betrachten, was die *Bibel* sagt – und zwar mit Hilfe des *Heiligen Geistes* und in der *christlichen Gemeinschaft.* Die angemessene Anwendung der Bibel können wir entdecken, indem wir fragen, was unveränderlich *immer und überall* richtig oder falsch ist, und was in der Bibel anlassbezogen und situationsbedingt war – und was es konkret heißt, *in unserer Zeit und unserer Kultur* den Willen Gottes zu tun.

Wenn wir diese verschiedenen Faktoren gegeneinander spielen, dann kann sehr viel schief gehen. Wenn wir *nur* das geschriebene Wort ernst nehmen, kann daraus ein fundamentalistischer Biblizismus werden. Wenn wir die bindende/lösende Rolle der christlichen Gemeinschaft überbetonen, dann kann es geschehen, dass die Bibel selbst keine maßgebende Rolle mehr spielt, sondern nur der Austausch von Meinungen und der Versuch, gemeinsame Wege zu finden. Betonen wir ausschließlich die Notwendigkeit, kulturell relevante Anwendungen zu erarbeiten, dann wächst die Gefahr, dass wir uns vom Zeitgeist treiben lassen oder uns eine „Situationsethik" aneignen. Reden wir bei der Bibelarbeit nur noch vom Wirken des Heiligen Geistes, dann begeben wir uns in die Gefahr, ernsthafte Bibelauslegung durch subjektive Wahrnehmungen zu ersetzen.

In den folgenden Beiträgen möchte ich beispielhaft einige heikle Themen unter die Lupe nehmen. Ich möchte Vorschläge testen, wie wir als christliche Gemeinschaften ethische Richtlinien suchen können – anhand der Bibel, mit Offenheit für die Führung des Heiligen Geistes und mit Blick auf die Anwendungen, die in unserer Zeit und Kultur angemessen sind.

Die „hermeneutische Gemeinschaft" erhebt sich zum Beispiel nicht *über die Bibel,* wenn sie trotz unterschiedlicher Auffassungen entscheidet, wie sie die Lehre der Bibel versteht und welche Richtlinien in der Gemeinde gelten sollen. Ernsthaft zu fragen, wie es in unserer Zeit und Kultur aussieht, der Bibel treu zu sein, und dabei möglicherweise auch andere Entscheidungen zu treffen als „damals" und „dort", muss noch lange nicht zu einer oberflächlichen Situationsethik führen.

6. SEXUALITÄT

In diesem Beitrag beschäftigen wir uns mit dem Geschenk der Sexualität und Gottes „Gebrauchsanweisungen". In der heutigen Gesellschaft meinen viele, eine aktive sexuelle Beziehung bei (noch) nicht verheirateten Paaren sei ganz normal und akzeptabel. Doch was sagt die Bibel dazu? Und was meint die Gemeinde Jesu?

Warum tun wir uns so schwer, über Sexualität zu reden? Die Gründe dafür sind vielfältig.

- In christlichen Kreisen ist Sexualität vielfach ein Tabu-Thema: Darüber spricht man nicht. Und wenn, dann nur in Witzen.
- Das Thema wird als Privatsache behandelt: Was ich von Sexualität halte und wie ich mit meiner Sexualität umgehe, das geht niemanden etwas an. Ich mache, was ich will (oder eben mein Partner und ich). Das muss keiner wissen, und da darf sich auch niemand einmischen.
- Sexualität wird als etwas Schlechtes gesehen, etwa von Menschen, die sexuell missbraucht wurden, aber auch von manchen Theologen. Die christliche Tradition hat lange Zeit vermittelt, dass Sexualität ein fragwürdiger Segen sei: Es ginge zwar nicht ohne sie, um die Welt zu bevölkern, aber ansonsten sei Sexualität eher eine Gefahr als ein Gottesgeschenk.
- Auch heutzutage wird Sexualität oft missverstanden, zu einer Art billige Ware reduziert. Man sieht sie als eine rein körperliche Vergnügung, die man sich gönnt, wo man kann und wie es einem gerade passt. Sie wird nicht mehr als der tiefe Ausdruck von Liebe und Treue verstanden, den Gott in sie hineinlegte.
- Sexuelle Sünden waren häufig so eindeutig definiert und mit Schrecken verbunden, dass vor allem Christen dadurch mehr Hemmungen als Freiheit erlebten. Sie lebten mit der ständigen Angst, sie könnten bloßgestellt, verdammt oder diszipliniert

werden, wenn sie nicht vorsichtig genug wären.

In den seltensten Fällen war Sexualität ein Thema, das Christen nüchtern, offen, hilfreich und aus biblischer Perspektive diskutieren konnten. Und so ist es auch heute noch manchmal so, dass wir eigentlich nicht recht wissen, was wir davon halten sollen. In diesem Beitrag will ich einige Impulse geben, um Gemeinden zu helfen, über Sexualität zu reden. Das Ziel solcher Gespräche sollte sein, miteinander hilfreiche Standpunkte, Empfehlungen und Richtlinien zu erarbeiten. Sicherlich ist vieles bei diesem Thema tatsächlich Privatsache, denn schließlich hat Gott Sexualität auch als etwas sehr Intimes geschaffen. Jedem selbst zu überlassen, sich irgendwie seine Richtlinien zusammenzubasteln, kann allerdings nur schief gehen. Lernen wir, darüber zu reden!

Woher kommt unser durchwachsenes Erbe?

Aus Freizügigkeit

Die sexuelle Freizügigkeit, die heute so hoch gehalten wird („jeder mache, was er will!"), hat meines Erachtens hauptsächlich einen Grund: Als Menschen neigen wir ständig dazu, Gottes Geschenke auszunutzen. Wir genießen das Schöne und Wunderbare, verkennen dabei aber, dass Gott seine Geschenke auch mit Gebrauchsanweisungen ausgestattet hat – damit erhalten bleibt, wozu er sie erdacht und uns anvertraut hat. Wenn wir ein Geschenk auspacken und die Gebrauchsanweisung dabei gleich wegwerfen, dann können wir damit auch vieles zerstören. Schließlich können wir das Geschenk nicht mehr so genießen, wie Gott sich das für uns wünschte. Sich sexuellen Erfahrungen hinzugeben, ohne darüber nachzudenken, wie Gott sie sich gedacht hat, sollte für uns Christen keine Option sein. Eine Kraft wie Sexualität, die so viel Positives und Negatives verursachen kann, sollte nicht einfach freigesetzt werden, ohne Gottes Gebrauchsanweisung zu beachten.

Damit will ich nicht sagen, dass alle Menschen gedankenlos und unverantwortlich handeln, die sich nicht an den Richtlinien der Bibel orientieren. Manchmal liegt das Problem nicht bei den Einzelnen, sondern bei uns als Gemeinden: Hilfesuchende finden bei uns oft gar keine Richtlinien, geschweige denn gesunde biblische Lehre. Und dann suchen sie Orientierung bei Freunden („die anderen tun das doch auch!“), im Fernsehen, Kino oder Internet („das will ich auch mal probieren!“), in der Gesetzgebung („es ist nicht verboten, warum also nicht?“). Diese Richtlinienquellen sind allerdings besonders dann unzuverlässig, wenn mehr Hormone als klare Gedanken und Überzeugungen durch den Körper jagen.

Unzuverlässig, wenn mehr Hormone als Gedanken durch den Körper jagen

Aus Verklemmtheit

Freizügigkeit kann also schief gehen. Doch das ist auch bei Gesetzlichkeit der Fall, vor allem wegen den dahinter liegenden Ängsten und Missverständnissen, wie Gott sich Sexualität gedacht habe. Durch die Jahrhunderte hindurch hat das Christentum oft eine unbiblische Sicht von Sexualität vertreten. Sexuelle Sünden wurden als die allerschlimmsten betrachtet. Enthaltsamkeit galt als Ideal und Geschlechtsverkehr als notwendiges Übel. Fortpflanzung war der einzig akzeptable Grund für Sexualität. Das alles wurde dann auch noch mit Bibelstellen verteidigt.

Es fällt auf, dass die Bibel diese Sicht nicht vertritt. Hier wird Sexualität gefeiert. Wir brauchen uns nur das Hohelied der Liebe anzusehen (was viele Fromme nie taten): Wenn wir dieses wunderbare erotische Lied lesen, sollten wir es nicht vorschnell als Allegorie der Beziehung zwischen Gott und Israel (oder Jesus und der Gemeinde) interpretieren. In erster Linie handelt es von einer intimen Liebesbeziehung. Selbst als Allegorie ergibt es nur dann Sinn, wenn Sexualität als beglückende intime Liebesbegegnung gilt, und ganz und gar nicht als notwendiges Übel.

Aus Gnostizismus und aus einem missverstandenen Paulus

Die negative christliche Sicht von Sexualität entstammt also nicht etwa der Bibel. Sie ist vielmehr das Erbe eines griechischen Gnostizismus. Diese Denkweise betrachtete alles Körperliche (Materie) als Last, die auf der Seele (Geist) liegt. Körperliches Verlangen müsse also unterdrückt werden, damit die Seele in Kontakt mit geistlicher Weisheit käme, letztendlich auch ein unendliches Leben in der geistlichen Welt erreichen könne. Von einem Auferstehungs*leib* ist diese Sicht natürlich weit entfernt: Alles Leibliche sei vergänglich, gefährlich und entspräche in keiner Weise Gottes höchster Absicht für uns. So ähnlich dachten im Römischen Reich viele, darunter einige Kirchenväter des dritten und vierten Jahrhunderts.

Als wollte Paulus sagen, dass wir besser ehelos und ohne Sexualität zurechtkämen

Leider wird Paulus oft so interpretiert, als sei er von dieser Sichtweise beeinflusst gewesen. Dabei hat er ständig *dagegen gekämpft.* In unserer Wahrnehmung gilt Paulus oft als frauenfeindlich, sexualitätsfeindlich: „Frauen sind Verführerinnen und die Männer, die ihren Verführungskünsten nicht länger widerstehen können, müssen wohl (oder übel) heiraten, um Sexualität wenigstens dort zu erleben, wo sie unter gewissen Umständen nicht verboten ist." So wird Paulus manchmal interpretiert.

Vor allem 1. Korinther 7 wird so verstanden, besser gesagt: *schrecklich missverstanden.* Es geht schon in den ersten beiden Versen los, die häufig so übersetzt werden:

1 Wovon ihr aber geschrieben habt, darauf antworte ich: Es ist gut für den Mann, keine Frau zu berühren.

2 Aber um Unzucht zu vermeiden, soll jeder seine eigene Frau haben und jede Frau ihren eigenen Mann. (Luther-Übersetzung)

Das wird dann so ausgelegt, als wollte Paulus sagen, dass wir besser ehelos und ohne Sexualität zurechtkämen, dass aber leider nun mal nicht alle dazu in der Lage seien.

Hier ist die Einheitsübersetzung deutlich vorzuziehen. Sie zeigt klar: Nicht Paulus, sondern die vom Gnostizismus beeinflussten *Korinther* verurteilen Sexualität – und zwar *in der Ehe*. Vers 1 enthält nicht die Antwort von Paulus auf eine nicht zitierte Frage der Korinther. Sondern er enthält ein Zitat von Paulus aus ihrem Brief. Es war die Meinung der Korinther (nicht des Paulus), dass sexuelle Beziehungen besser vermieden werden sollten. Paulus *kämpft gegen* ihre verkehrte Sichtweise. Der erste Vers sollte also besser so übersetzt werden: *Nun zu den Anfragen eures Briefes!* (Und hier zitiert Paulus aus ihrem Brief.) *„Es ist gut für den Mann, keine Frau zu berühren."* Wahrscheinlicher: *„Es ist gut für einen Mann, keinen Geschlechtsverkehr mit seiner Ehefrau zu haben."* Erst ab Vers 2 äußert sich Paulus selbst und reagiert auf die Aussage der Korinther. Hier ist die Gute Nachricht Bibel vorzuziehen:

Paulus ist absolut nicht mit der verkehrten Meinung der Korinther einverstanden

1 Nun aber zu dem, was ihr geschrieben habt! Ihr sagt: „Das Beste ist es, wenn ein Mann überhaupt keine Frau berührt."
2 Ich dagegen sage: Damit ihr nicht der Unzucht verfallt, soll jeder Mann seine Ehefrau haben und jede Frau ihren Ehemann.

Wenn wir dann noch erkennen, dass „Frau" hier wahrscheinlich „Ehefrau" bedeutet, und „seine Ehefrau haben" wahrscheinlich „Geschlechtsverkehr mit seiner Ehefrau haben" bedeutet, dann wird klar, was Paulus hier sagt. Und es ist das Gegenteil dessen, was viele behaupten: Paulus ist absolut nicht mit der verkehrten und unbiblischen Meinung der Korinther einverstanden.

Sinngemäß sagt Paulus im ersten Teil dieses Kapitels (im literarischen und geschichtlichen Zusammenhang betrachtet):

Nun zu eurer Behauptung, dass es gut wäre, wenn Ehepartner keinen Geschlechtsverkehr miteinander hätten. Dazu sage ich: So ein Unsinn! Damit wollt ihr Unzucht vermeiden?! Ihr erreicht doch das genaue Gegenteil: Ihr enthaltet euch in der Ehe und geht dann zu Prostituierten. Ihr habt Ehe und Sexualität völlig missverstanden.

Paulus lehrt, dass Sexualität gut und normal ist und in einer Ehe (aber nur dort) dazugehört. Wer ein Problem mit Sexualität hatte, das waren die *Korinther.* Sie wollten sogar eine „heilige" platonische Ehe führen, rein geistlich und von körperlichen Beziehungen „unbeschmutzt". Dagegen kämpft Paulus. Wie in 1. Timotheus 4,3–5, so engagiert sich Paulus auch in 1. Korinther 7 für eine positive Haltung zu Sexualität als einem Geschenk Gottes.

Weder Jesus noch Paulus vertreten die Meinung, dass sexuelle Erlebnisse für ein erfülltes Leben notwendig seien

Sex ist nicht das Allerhöchste

Paulus hat also nichts gegen Sexualität, und Jesus auch nicht. Aber weder Jesus noch Paulus vertreten die Meinung, dass sexuelle Erlebnisse für ein erfülltes Leben notwendig seien. Die Fähigkeit, als Single zufrieden zu sein, die Fähigkeit, zölibatär zu leben und dabei nicht unerfüllt zu sein, ist eine Gabe Gottes, die er manchen Menschen schenkt. Sie können ihm diese Gabe zurückgeben, indem sie ihre freigewordene Energie für die Sache Gottes einsetzen (vgl. Matthäus 19,10–12; 1. Korinther 7,7.32–35).

Sexualität ist eine Gabe Gottes an die Menschheit, aber: „Die Dinge, auf die es ankommt, sind Gerechtigkeit, Barmherzigkeit und Glaube (Matthäus 23,23). Die Liebe Gottes ist weit wichtiger als menschliche Liebe. Sexuelle Erfüllung nimmt in diesem größeren Rahmen höchstens eine untergeordnete Stellung ein" (Richard B. Hays, Homosexualität: Die ethische Sicht des Neuen Testaments, in: Walter Gasser und Russell Hilliard (Herausgeber), Homosexualität verstehen, Teil 2. Medizinische, verhaltensgenetische und theologische Aspekte, VGB-Verlag, Zürich 1998). Jeder Mensch ist ein sexuelles Wesen; Gott hat es so gewollt. Alle haben das Bedürfnis nach tiefen und intimen zwischenmenschlichen Beziehungen; auch sie sind eine Gabe Gottes. Aber diese

Beziehungen müssen ihren Ausdruck nicht im Geschlechtsverkehr finden.

Sexualität, unverheiratete Paare und Gemeindemitgliedschaft

Nachdem wir uns mit Grundsätzlichem beschäftigt haben, nun ein etwas schwierig gewordenes Thema: In welchem Rahmen dürfen, biblisch betrachtet, intime Beziehungen sexuell ausgedrückt werden? In einer Gesellschaft, in der immer mehr Menschen meinen: „Wo immer wir wollen!“, müssen wir uns als christliche Gemeinden mit dieser Frage auseinandersetzen.

Ohne einen Grundkonsens sind wir weder hilfreich noch handlungsfähig noch berechenbar

Die Suche nach Konsens ist wichtig

Wir sind uns nicht immer einig, und vielleicht werden wir auch als Gemeinschaft nie eine einheitliche Meinung erreichen. Dennoch brauchen wir auch bei diesem Thema einen gewissen Konsens. Wenn wir uns nicht einig sind, was wir für richtig halten, so brauchen wir immer noch gemeinsame Überzeugungen, was wir empfehlen wollen oder was wir tolerieren bzw. nicht tolerieren können.

Ohne einen Grundkonsens sind wir weder hilfreich noch handlungsfähig noch berechenbar. Wir brauchen Richtlinien:

- Wir lassen Fragende im Stich, wenn wir nichts anzubieten haben, wenn Gemeindeglieder oder ihre Kinder Fragen stellen, verunsichert sind oder um christliche Normen ringen.
- Wir können Missbrauch innerhalb der Gemeinde nicht ansprechen, wenn wir nicht wissen, was wir tolerieren können und was nicht.
- Wir können nicht entscheiden, ob jemand wegen seines sexuellen Verhaltens, das viele für falsch/unchristlich halten, von

Taufe und/oder Mitgliedschaft ausgeschlossen werden muss oder nicht.

Einen Konsens finden ist schwer

Unsere Kultur und Gesellschaft hat keinen Konsens. Wertvorstellungen ändern sich. Die Definition von Ehe ist vielen nicht mehr klar (was zählt überhaupt als Ehe? Wann beginnt sie?). Verschiedene Formen des Zusammenlebens scheinen der Ehe ähnlich zu sein, und so ist „eheähnliche Beziehung" zu einem anerkannten Begriff geworden. Der Stellenwert eines standesamtlichen Trauscheins wird daher unterschiedlich betrachtet. Für manche ist die Ehe nur noch eine leere, überalterte bürgerliche Konvention.

Es reicht nicht aus, eine einzelne Bibelstelle zu suchen, die die Antwort liefern soll

Doch wir dürfen die Schuld für diese gegenwärtigen Unklarheiten nicht einfach auf die Gesellschaft schieben. Viele gläubige Menschen haben selbst schlechte Erfahrungen mit der christlichen Tradition gemacht und lehnen sie nun einfach ab, ohne eine bessere biblisch geprägte Sicht zu suchen. Daran ist nicht die Gesellschaft schuld. Die Meinungen innerhalb der Gemeinde gehen oft weit auseinander und vielfach haben wir keinen Weg gefunden, hilfreich darüber zu reden und einen Konsens zu suchen. Auch die Bibel selbst wird unterschiedlich verstanden.

Redet die Bibel denn nicht eindeutig?

Wenn wir ehrlich sind, müssen wir zugeben: Hundertprozentig klare Aussagen zu diesem Thema, die alle Fragen unstrittig beantworten, gibt es in der Bibel nicht. Begriffe wie „Unzucht" und „Unkeuschheit" lassen sich nicht eindeutig fassen. Außerdem finden wir in der Bibel auch scheinbar geduldete Praktiken, die wir gar nicht als biblisch betrachten. Das Alte Testament scheint Konkubinat und Polygamie zu dulden. Es gibt unterschiedliche Bewertungen zölibatären Lebens, und auch Erotik wird unterschiedlich gefeiert. Folglich reicht es nicht aus, irgendwo eine einzelne Bibelstelle zu suchen, die die Antwort liefern soll. Was wir suchen, ist also der *Tenor* der Schrift, vor allem des Neuen Testaments. Selbst wenn wir uns über gewisse Aussagen der Bibel einig sind, sind wir das nicht zwangsläufig auch in der Frage, was sie *heute, für uns* zu bedeuten haben.

Was sagt die Bibel?

1. Geschlechtsverkehr ist ein Geschenk Gottes. Gott schuf den Menschen als Mann und Frau und er segnete sie (1. Mose 1,27/28). Das geschlechtliche Wesen der Menschheit ist ein Segen Gottes. Geschlechtsverkehr, ein tiefer Ausdruck dieser geschlechtlichen Identität, soll also als Geschenk Gottes betrachtet werden.

2. Geschlechtsverkehr hat in Gottes Konzeption mindestens drei wichtige Aspekte:

- So werden Kinder gezeugt und so wird Gottes erstes Gebot erfüllt: „Seid fruchtbar und vermehrt euch!" (1. Mose 1,28).
- So wird die innigste zwischenmenschliche Beziehung vertieft. Ganz natürlich konnten Adam und Eva ihre Gemeinschaft, ihr Einswerden, ihr „Nackt-Miteinander-Sein" genießen, ohne sich schämen zu müssen (1. Mose 2,18.24/25).
- So symbolisiert Gott die tiefe Beziehung zwischen Gott und Menschen. Die Ehe ist ein Bild der Beziehung zwischen Gott und seinem Volk. Ehebruch wird als Symbol für die Untreue gegenüber Gott benutzt. Die tiefe Liebe zwischen Mann und Frau illustriert die tiefe Liebe zwischen Jesus und seiner Gemeinde (zum Beispiel Epheser 5,30–32).

Und was heißt das?

Nun könnte man argumentieren: Diese drei Aspekte zeigen, dass Geschlechtsverkehr außerhalb der Ehe nicht in Frage kommt:

- Kinder sollen in Familien, nicht in wechselnden Beziehungen aufwachsen.
- „Eins werden" (der biblische Begriff für Geschlechtsverkehr)

und „Vater und Mutter verlassen und seiner Frau anhangen" (Ehe) sind in der Bibel miteinander verknüpft (zum Beispiel 1. Mose 2,24; Markus 10,8).

- Die tiefe Beziehung zwischen Gott und seinem Volk wird durch Geschlechtsverkehr *in der Ehe,* nicht in einer Freundschaft, ausgedrückt (zum Beispiel Hosea 3,1; Epheser 5,30–32).

Geschlechtsverkehr hat tiefgreifende Auswirkungen und erfordert Verantwortung

Die Bibel weiß (und inzwischen wissen es auch die Psychologen), dass Geschlechtsverkehr sich sehr prägend auf das Wesen einer Person und einer Beziehung auswirkt. Etwas ändert sich wesentlich, wenn Menschen miteinander schlafen. Die Bibel lehrt nicht, dass durch Geschlechtsverkehr automatisch eine Ehe entsteht oder entstehen muss. Dennoch wird Geschlechtsverkehr selbst mit einer Prostituierten als Ein-Fleisch-Werden bezeichnet (1. Korinther 6,16). Damit wird betont, dass Geschlechtsverkehr zur tiefsten Beziehungsebene zweier Menschen gehört. Meiner Meinung nach wird hier deutlich, wie wichtig es ist, dass Geschlechtsverkehr zur Ehe gehört.

Wie alle guten Gaben Gottes kann auch Geschlechtsverkehr missbraucht werden:

- Es gibt Vergewaltigungen (innerhalb oder außerhalb der Ehe). Dadurch können Beziehungen und Menschen verletzt und zerstört werden.
- Manipulativer Geschlechtsverkehr (zum Beispiel, wenn eigentlich nur ein Partner will oder wenn beide ein schlechtes Gewissen dabei haben) kann dasselbe verursachen.
- Unverantwortlich können unerwünschte Kinder gezeugt werden (die dann vielleicht vor der Geburt vernichtet oder später vernachlässigt werden).
- Wahlloser Geschlechtsverkehr kann sowohl körperlich als auch psychisch die Gesundheit gefährden.

- Einige sexuelle Sünden sind in der Bibel klar verboten, zum Beispiel Ehebruch, Inzest, Vergewaltigung.

Wie kaum eine andere Sünde können Sünden in diesem Bereich Menschen und Beziehungen zerstören, oft mit lebenslangen Folgen. Deshalb müssen Christen sich damit auseinandersetzen, wie sie verantwortlich und im Sinne Jesu mit Sexualität, insbesondere Geschlechtsverkehr, umgehen wollen.

Die Bibelstellen, die früher als eindeutig galten, sind nicht immer so eindeutig

Aber was ist, wenn eine innige Beziehung, die vielleicht zu einer Ehe führt, Geschlechtsverkehr beinhaltet? Ist das in Ordnung? Hier gehen die Meinungen unter Christen, vor allem in Westeuropa, weit auseinander.

Wo ist der frühere Konsens geblieben?

Dass es außerhalb der Ehe keinen Geschlechtsverkehr geben darf, galt lange Zeit als selbstverständlich. Dieser frühere Konsens lautete: Vorehelicher wie außerehelicher Geschlechtsverkehr (Ehebruch) entspricht niemals der Konzeption Gottes, ist also immer Sünde und deshalb zu vermeiden.

Während heutzutage noch fast allen klar ist, dass die Bibel Ehebruch untersagt, ist es längst nicht mehr allen klar, dass vorehelicher Geschlechtsverkehr ebensowenig in Frage kommen soll.

- Die meisten Christen glauben heute noch, dass Geschlechtsverkehr *zur Ehe* gehört, auch wenn das in der Gesellschaft immer mehr in Frage gestellt wird. Aber viele fragen sich auch, was damit genau gemeint ist und was nicht.
- Viele meinen, Geschlechtsverkehr gehöre zur Ehe, aber die Frage sei, wann eine Ehe aus Gottes Sicht geschlossen sei. Manche meinen, eine Ehe könne auch ohne standesamtliche Eheschließung beginnen. Viele meinen, dass es zumindest in Ordnung sei, wenn ein verlobtes Paar vor der Eheschließung miteinander schläft (das gehöre dann schon zu ihrer Ehe.)

- Andere fragen sich, ob nicht ein beständiges Zusammenleben, mit oder ohne Trauschein, von Gott als Ehe gesehen werden könne.
- Wieder andere wollen all das noch offener handhaben: Geschlechtsverkehr sollte kein Tabu sein, wenn es sich um eine feste Beziehung handelt, in der Vertrauen, Offenheit und gegenseitige Achtung wachsen, so dass sich eine Ehe oder zumindest eine langfristige (lebenslängliche?) Beziehung anbahnen könnte.

Wo stehen wir heute als Gemeinden?

Wir müssen zugeben, dass die Stellen in der Schrift, die früher als eindeutig betrachtet wurden, nicht immer ganz so eindeutig sind. Wenn wir weiter daran festhalten, dass Geschlechtsverkehr einer Ehe vorbehalten ist, dann jedenfalls nicht, weil wir irgendeine Bibelstelle zitieren könnten, die das unmissverständlich zum Ausdruck bringt. Daran festhalten können wir nur, weil wir das biblische Zeugnis im Ganzen so verstehen. Nicht alle Christen ziehen daraus die gleiche Schlussfolgerung; nicht alle glauben, dass die Schrift jeglichen vorehelichen oder außerehelichen Geschlechtsverkehr verbietet.

Was können wir dann anbieten?

Zunächst Orientierung, Offenheit und Begleitung. Selbst wenn wir bis dahin keinen Konsens gefunden haben, dürfen wir das Thema nicht tabuisieren oder einfach übergehen. Damit machen wir uns nur noch unfähiger, Gemeindemitglieder oder zukünftige Gemeindemitglieder anzusprechen, die unverantwortlich mit Sexualität, konkret mit Geschlechtsverkehr, umgehen.

Wir müssen uns auch darüber im Klaren sein: Wir alle werden davon beeinflusst, was wir hören und sehen. Wenn wir uns also nie in der Gemeinde damit auseinandersetzen, wird der Einfluss nur noch stärker, dem zum Beispiel Jugendliche durch ihre Freunde oder durch die Medien ausgesetzt sind. Aber es ist unsere Aufgabe, Orientierung zu geben, indem wir nach gesunder biblischer Lehre suchen und sie weitergeben.

Dieses Thema braucht Offenheit. Es braucht die Achtung vor anderen Meinungen und den Willen zur Gemeinschaft und zu einem guten christlichen Zeugnis. Ansonsten werden wir weder einen Konsens erreichen noch als Gemeinde handlungsfähig sein oder werden.

Richtlinien und Empfehlungen sind umso wichtiger, wenn die Meinungen weit auseinandergehen

Wenn wir das offene Gespräch nicht suchen, überlassen wir es jedem selbst, was er oder sie aus christlicher Sicht denken und tun soll. Geschlechtsverkehr in außerehelichen oder vorehelichen Beziehungen wird es dann vermutlich zwar geben, aber diese Tatsache wird wohl eher vorsichtig umgangen oder geheim gehalten. Ohne offene Gespräche und die Suche nach einem Konsens bleiben wir unseren Gemeindegliedern und Freunden eine Orientierung schuldig und lassen einander allein. Das ist weder für die Gemeinde und ihr Zeugnis noch für die betroffenen Menschen und deren Leben gesund.

Vorschläge für die Konsens-Suche

Bevor ich einen Vorschlag formuliere, möchte ich ihn in einen Zusammenhang stellen. Ich hatte in letzter Zeit in Deutschland oft mit Gemeinden zu tun, die sich mit dem früheren Konsens, dass Geschlechtsverkehr nur in eine gesetzlich geschlossene Ehe gehöre, schwer tun. Gemeinden, die mit großer Mehrheit auch heute zu diesem Konsens stehen können, sind wohl gut beraten, dabei zu bleiben. Das ist auch meine Überzeugung. Was das dann konkret heißt, wenn wir mit Menschen zu tun haben, die das anders sehen, ist eine andere Sache. Ein breiter Konsens besagt ja noch nicht, dass es gar keine Unklarheiten mehr gäbe, vor allem, wenn es um die Anwendung geht. Aber als Ausgangspunkt halte ich solch einen Konsens für wünschenswert.

In vielen Gemeinden ist dieser Konsens allerdings unmöglich. Was dann? Geben wir die Suche nach Übereinstimmung auf? Ich meine: Richtlinien und Empfehlungen sind um so wichtiger, wenn die Meinungen weit auseinandergehen. Aber wie könnte ein Weg dahin aussehen?

1. Aufgrund der Lehre der Bibel und vor allem des Neuen Testamentes ist es *inakzeptabel,* dass Gemeindemitglieder (oder Taufkandidaten) wahllosen Geschlechtsverkehr praktizieren, also Geschlechtsverkehr in wechselnden freundschaftlichen Beziehungen als ganz normal betrachten. Dafür wurde uns das Geschenk Sexualität nicht anvertraut. Bei dieser Überzeugung bleiben wir als Nachfolger Jesu. Die Erwartung, dass „die Welt" auch so denken soll, dürfen wir ruhig aufgeben. „Denn was gehen mich die draußen an, dass ich sie richten sollte?" (1. Korinther 5,12, Luther-Übersetzung). Wer nicht die Absicht hat, Jesus nachzufolgen oder Richtlinien in der Bibel zu suchen, der oder die wird wohl anders leben. Dafür verachten oder verurteilen wir niemanden, schließen uns ihm aber auch nicht an.

Ich würde von jeder christlichen Gemeinschaft erwarten, dass sie einheitlich die Meinung vertritt: Wahlloser Geschlechtsverkehr entspricht nicht Gottes Plan von Sexualität und ist daher als Sünde zu bezeichnen. Ich würde aber nicht unbedingt von jeder christlichen Gemeinschaft erwarten, dass sie Geschlechtsverkehr in nicht rechtlich geschlossenen aber eheähnlichen Beziehungen einheitlich für Sünde erklärt. Dafür ist die Lehre der Bibel nicht eindeutig genug (zumindest sind unsere Meinungen darüber nicht einheitlich). Hier wäre es in vielen Gemeinden schwer, eine klare Linie zu ziehen. Aber eine Empfehlung könnte immerhin gegeben werden. Ich denke, dazu sind viele Gemeinden in der Lage.

2. Eine Gemeinde könnte auch zur minimalen Bedingung machen, dass Geschlechtsverkehr nicht nur in wechselnden Freundschaften, sondern auch in festeren Beziehungen vermieden

wird, wenn keine klare Bereitschaft und Absicht zu einer dauerhaften Beziehung da ist.

Wenn möglich, gehen wir noch weiter. Viele sind überzeugt, dass Geschlechtsverkehr ausschließlich in die Ehe gehört und deshalb nicht in Frage kommt, bis sie rechtlich geschlossen wurde. Aufgrund dessen könnten wir *empfehlen,* dass verliebte und verlobte Paare auf Geschlechtsverkehr verzichten, bis sie rechtlich verheiratet sind. So könnte der überlegte Rat einer Gemeinde lauten, wenn einige vorehelichen Geschlechtsverkehr auch in festen (aber nicht ehelichen) Beziehungen als Sünde bezeichnen, andere aber nicht und diesen Rat daher gar nicht für erforderlich halten. Solange wir in der Bewertung dieser Frage keine Einigkeit finden und solange wir uns nicht sicher sind, dass der hier vorgeschlagene Weg der einzig richtige ist, solange sollte der Verzicht auf Geschlechtsverkehr in allen nicht-ehelichen Beziehungen unsere *Empfehlung* bleiben. Eine Empfehlung ist kein Maßstab, anhand dessen wir Gemeindedisziplin praktizieren oder entscheiden, ob jemand getauft werden darf oder nicht.

Wir sollen Menschen auch dann seelsorgerlich begleiten, wenn sie nach anderen Maßstäben leben

3. Mit einer *Empfehlung* lassen wir die Tür offen, dass unsere Mitglieder auch anders handeln können. Im nächsten Schritt bedeutet das allerdings, dass Mitglieder oder Taufkandidaten, die sich entgegen der Empfehlung verhalten, das auch verantworten. Ihr Verhalten ist somit erklärungsbedürftig.

- Aus ihren aktuellen Lebensumständen heraus müssen sie nachvollziehbare Gründe benennen können, warum ihre Beziehung nicht bereits rechtlich geschlossen wurde, *bevor* sie begannen, in ihrer eheähnlichen Beziehung zu leben.
- Sie müssen begründen können, wie sie ihr Verhalten im Licht der Bibel als akzeptabel und verantwortlich betrachten.
- Sie sollen erkennen, dass ihr leicht falsch zu verstehendes

Vorbild anderen, etwa Jugendlichen, gegenüber, zum Anlass werden könnte, weniger verantwortungsvoll mit nichtehelichem Geschlechtsverkehr umzugehen.

- Klar muss dann auch sein: Sofern sie ihre Beziehung „wie eine Ehe“ betrachten, müssen sie sich als „wie geschieden“ verstehen, falls die Beziehung auseinandergehen sollte.
- Als Gemeinde sind wir gefordert, uns mit Verurteilungen zurückzuhalten und Menschen auch dann seelsorgerlich zu begleiten, wenn sie nach anderen Maßstäben leben als denen, die wir persönlich für richtig halten.
- Wer nicht sagen kann oder will: „Ich bzw. wir haben die klare Absicht, dass unsere Beziehung von Dauer ist“, kann (noch) nicht getauft werden und/oder Mitglied unserer Gemeinde werden oder sein.
- Umgekehrt gilt: Wer dazu bereit ist, könnte Mitglied oder getauft werden, sofern andere Voraussetzungen in Bezug auf Glauben und Nachfolge Jesu erfüllt sind.
- In jedem Fall ist seelsorgerliche Begleitung wichtig und soll ernsthaft gesucht und angenommen werden. Wir alle müssen in diesem Bereich ansprechbar und offen für Gespräche sein.

Und wenn eine eheähnliche Beziehung auseinandergeht?

Es könnte geschehen, dass eine solche Beziehung doch nicht zur Ehe führt, dass sie nicht hält, sondern auseinandergeht. Was dann? Was bedeutet dieses Scheitern?

- In sich selbst ist das noch kein Beweis dafür, dass die Betroffenen die Gemeinde oder einander betrogen haben. Vielleicht hatten sie wirklich die klare Absicht, zu heiraten bzw. zusammenzubleiben.
- In sich selbst ist das noch kein Beweis dafür, dass unsere Bereitschaft, sie als Gemeindemitglieder anzunehmen, falsch war.
- In sich selbst ist das noch kein Beweis dafür, dass die Entscheidung, doch nicht zu heiraten, falsch ist. Geschlechtsverkehr an

sich begründet keine Ehe und macht eine Heirat nicht zwingend erforderlich.

Es bedeutet eher:

- Die Beziehung hätte entweder auf Dauer angelegt werden sollen oder sie hätte keinen Geschlechtsverkehr einschließen dürfen. Das eine oder andere erweist sich nun als fehlerhaftes Verhalten.
- So oder so ist es deshalb notwendig, Fehlverhalten zu erkennen, Buße zu tun, soweit wie möglich gut zu machen und seelsorgerliche Begleitung anzunehmen, damit der Fehler nicht wiederholt wird.
- Einen solchen Fall sollten wir fast wie eine Scheidung betrachten.

In vielen Fällen würde ich einfach sagen: Heiratet doch!

Einige persönliche Bemerkungen

Lassen Sie mich einige persönliche Bemerkungen anfügen, auch wenn ich dadurch das Risiko eingehe, als kulturell unsensibel, hoffnungslos altmodisch oder unflexibel betrachtet zu werden.

1. Verliebte Paare treffen oft die Entscheidung, *jetzt schon* zusammen zu schlafen, obwohl sie *noch nicht* verheiratet sind. Im Nachhinein meinen sie dann manchmal: „Die Entscheidung, *jetzt schon* zusammen zu schlafen, war falsch.“ Ich würde stattdessen eher sagen: „Die Entscheidung, *noch nicht* zu heiraten, war falsch.“ Wenn junge verliebte oder verlobte Menschen jahrelang warten oder erst dies und das leisten wollen, bevor sie heiraten, oder sich nicht entscheiden können, dann machen sie es sich wirklich schwer, bis zur Ehe zu warten. Kein Wunder, dass dann die Ungeduld wächst, endlich sexuelle Erfahrungen zu machen. In vielen Fällen würde ich einfach sagen: Heiratet doch!

2. Niemand muss sich eine teure Küche leisten können, bevor er heiratsfähig ist. Teure Flitterwochen sind keine unentbehrliche

Bedingung für eine gesunde Ehe. Was meine ich damit? Wenn ich junge Menschen sagen höre: „Wir können es uns finanziell noch nicht leisten, zu heiraten“, dann kommt mir das in den meisten Fällen wie eine unehrliche Ausrede dafür vor, dass sie zwar die Privilegien einer festen Beziehung wollen, aber nicht bereit sind, auch die damit verbundene Verantwortung zu übernehmen.

3. Dass eine eheähnliche Beziehung wie das Alterskonkubinat in Deutschland finanziell vorteilhaft sein kann, ist klar. Oft müssten zwei ältere Menschen mit weniger Geld auskommen, wenn sie durch die Heirat auf eine Rente verzichteten. Für mich ist das noch kein ausschlaggebender Grund, das Alterskonkubinat gut zu heißen. Meistens geht es dabei nicht um finanzielle Not, sondern um etwas weniger Wohlstand. Ich bin sicher, dass Gott seinen Segen für die bereit hält, die diesen Wohlstand nicht überbewerten. Und wenn tatsächlich eine existenzielle Not entstünde, könnte unter Umständen eine Gemeinde einspringen, damit ein älteres Paar dennoch heiraten kann.

Ich will noch eine weitere riskante Bemerkung machen. Wenn Sie mich bis jetzt für allzu konservativ gehalten haben, dann meinen Sie nun vielleicht, ich sei etwas zu modern. Es gibt *eine* Begründung dafür, warum der Trauschein für einige relativ unwichtig ist, die ich teilweise nachvollziehen kann. Sie lautet: Das Verständnis von Ehe, das die Gesetzgebung voraussetzt, ist so weit von dem abgewichen, was die Bibel darunter versteht, dass es keinen Sinn mehr ergibt, den weltlichen Trauschein als entscheidend zu betrachten.

Ich stimme zu, dass nicht die Gesetzgebung eine christliche Ehe *definiert,* auch wenn eine Ehe rechtlich durch eine offizielle Handlung auf dem Standesamt entsteht. Die Gesetzgebung setzt zum Beispiel weder voraus, dass verheiratete Menschen die Absicht haben, einander treu zu bleiben, noch dass sie ihre Ehe für immer schließen. Sie regelt lediglich die gegenwärtige Beziehung zwischen zwei Menschen (inzwischen auch desselben

Geschlechts). Durch eine standesamtliche Handlung entsteht eine Ehe, wie sie *das Gesetz* versteht, nicht eine Ehe, wie *Gott* sie versteht.

Zum Weiterlesen:

- Shmuley Boteach, Kosherer Sex. Ein Leitfaden für Leidenschaft und Intimität, Herder, Freiburg 2003
- Richard J. Foster, Tabu – Geld, Sex und Macht im Leben von Christen, R. Brockhaus, Wuppertal 2002
- Siegfried Großmann, Lebendige Liebe. Sexualität und Ehe als Gabe Gottes, Oncken, Wuppertal 1993
- Nicky Gumbel, Heiße Eisen angepackt, C. M. Fliß, Hamburg 1995

Auch wenn die Gesetzgebung die Trauung eines Paares verbietet, das noch nicht standesamtlich verheiratet ist, so ist das (angeblich) bei Freikirchen nicht der Fall. (Trauungen in Freikirchen haben sowieso keine rechtliche Wirkung.) Das bringt manchen auf eine Idee: Warum sollten wir als Gemeinden nicht die Menschen trauen, die eine Ehe im Sinne Gottes führen wollen, ganz gleich, ob sie nun gesetzlich verheiratet sind oder nicht? Vielleicht sollten wir als verbindliche Gemeinschaft dann auch in diesem Bereich Verantwortung übernehmen und es nicht dem Staat (dessen gesetzliche Vorstellungen von Ehe mit den christlichen gar nicht übereinstimmen) überlassen, zu definieren, welche Beziehungen wir als Ehen betrachten sollen? Vielleicht sollten all diejenigen (und nur sie) als „verheiratet" gelten, die wir selbst trauen.

Ich kann diese Logik nachvollziehen. Und falls eine Gemeinde tatsächlich so verbindlich miteinander lebt, dass sie sogar die Konsequenzen dieser Vorgehensweise (in Bezug auf Kinder, gemeinsamen Besitz, Erbschaftsfragen usw.) tragen kann, findet sie meine volle Bewunderung. Mir scheinen, im Moment jedenfalls, die Nachteile allerdings weit größer zu sein als die Vorteile. Natürlich könnte die Lage noch schwieriger werden. Es gibt bereits jetzt verschiedene Arten von Partnerschaften, die gesetzlich geregelt sind: Wohngemeinschaften, Ehen mit oder ohne voreheliche Abmachungen, eingetragene homosexuelle Partnerschaften. Wer weiß, ob

Gesprächs- und Denkanstöße:

1. Welchen hilfreichen Beitrag hat die christliche Tradition zum Thema Sexualität geleistet? Womit hat sie Schaden angerichtet?

2. Wie reagieren wir auf die Behauptung, dass sexuelle Beziehungen grundsätzlich in eine rechtlich geschlossene Ehe gehören? Warum?

3. Welche Richtlinien könnten wir in unserer Gemeinde akzeptieren, wenn wir sowohl persönliche Überzeugungen als auch die Vielfalt an Meinungen in Betracht ziehen?

nicht in Zukunft weit mehr dazu kommen. Dann könnte es tatsächlich dazu kommen, dass die Gemeinde irgendwann einmal entscheiden muss, welche der zehn einzutragenden Partnerschaftsarten sie als eine Ehe betrachtet. In diesem Fall könnte es eine Option sein, aus dem verkehrten System auszusteigen und für sich zu definieren, welche Beziehungen als Ehe gelten. Ich hoffe, dass es nicht dazu kommt!

Dennoch sind wir gut beraten, den Unterschied zwischen einer staatlichen Eheschließung und einer gemeindlichen Trauung wahrzunehmen. Die erste hat mit gesetzlichen Regelungen von Besitz und verwandtschaftlichen Verhältnissen zu tun. Die andere hat mit einem Bund der Liebe und der Treue vor Gott zu tun. Geschlechtsverkehr gehört nach meinem Verständnis für Nachfolger Jesu in eine Beziehung, wo zumindest eine der beiden stattgefunden hat, im Normalfall beide.

Ein Wort zu anders Überzeugten

Die Bereitschaft einer Gemeinde, ein Mitglied anzunehmen, das in Bezug auf Sexualität nach anderen Maßstäben lebt als die Mehrheit der Gemeindeglieder, bedeutet nicht, dass die Gemeinde dieses Verhalten *erlaubt* oder *gutheißt.* Jeder Mensch ist vor Gott und der Gemeinde dafür verantwortlich, seinem Verständnis entsprechend nach göttlichen Maßstäben zu leben, auch wenn in einer bestimmten Frage kein Konsens gefunden wurde.

Keine Situation sollte als Präzedenzfall betrachtet werden. Jedes

Mitglied und jeder Taufkandidat ist ein einzigartiger Mensch, der zu begleiten ist und dessen ernsthafte Absicht, in der Nachfolge Jesu treu zu sein, allen deutlich werden muss, bevor er in die Gemeinde aufgenommen wird.

7. EHESCHEIDUNG UND ERNEUTE HEIRAT

Scheidung und eine erneute Eheschließung sind nicht nur Themen, sie sind für viele Menschen Realität, auch in christlichen Gemeinden. Welche Hilfestellungen finden wir in der Bibel angesichts offener Fragen, Verletzungen, schwieriger Beziehungen usw.? Darum geht es in diesem Kapitel.

- *Darf* eine Ehe, biblisch betrachtet, unter bestimmten Umständen mit einer Scheidung aufgelöst werden?
- Wenn ja, unter welchen Umständen?
- *Kann* eine Scheidung (eine menschliche Handlung) eine Eheschließung (eine göttliche Handlung) überhaupt auflösen? Oder sind die geschiedenen Menschen in Gottes Augen immer noch verheiratet?
- Dürfen geschiedene Menschen wieder heiraten? Unter welchen Bedingungen?

Viele Fragen

Es handelt sich hier um *seelsorgerliche* Fragen, die für viele *Paare* relevant sind, die aus den unterschiedlichsten Gründen Schwierigkeiten in ihrer Ehe haben. Auch für viele *geschiedene Menschen,* die wissen wollen, welche Optionen ihnen offen stehen, sind diese Fragen relevant. Und natürlich sind sie auch für *Seelsorger* relevant, die versuchen, Menschen in Lebensschwierigkeiten zu begleiten. Sie sind für eine *Gemeinde* relevant, die eine „bindende und lösende Gemeinschaft" sein will und ihren Gemeindegliedern auf dem Weg der Nachfolge mit Rat und Tat, mit Verbindlichkeit und Vergebung zur Seite stehen will.

Es handelt sich aber auch um *ethische* Fragen, denn unsere Frage lautet nicht nur: „Wie können wir Menschen hilfreich begleiten?", sondern auch: „Was wäre hier richtig und was falsch?" Wir Christen bekennen, dass die Ehe nicht nur eine menschliche oder gar gesellschaftliche Erfindung ist, die wir beliebig definieren können. Sie ist statt dessen eine göttliche Ordnung, ein Bund nicht nur zwischen zwei Menschen, sondern auch mit Gott, der diese Menschen verbindet. Gott ist der, dessen Willen wir suchen, wenn wir diese Fragen stellen. Es reicht nicht aus, festzustellen, was Menschen wollen oder was die Gesetzgebung erlaubt. Wir fragen nach *Gottes Willen.* Gott gab uns die Ehe als Geschenk und mit diesem Geschenk kamen auch die passenden „Gebrauchsanweisungen". Ob wir in Einklang mit diesen Anweisungen handeln oder dagegen verstoßen, das ist eine ethische Frage.

Die besten Bibelausleger liegen Welten auseinander

Die anfangs gestellten Fragen bringen aber gleichzeitig schwierige *exegetische* und *hermeneutische* Fragen mit sich. Die besten Bibelausleger liegen bezüglich der „richtigen" Auslegung und Umsetzung der verschiedenen Texte zu Scheidung Welten auseinander. Jeder Einzelne und jedes Paar, das für seine eigene Ehe- oder Scheidungssituation Rat sucht, findet relativ leicht eine Gemeinde, ein Buch oder einen Pastor, die das vertreten, was sie selbst glauben wollen. Fast jede nur erdenkliche Position kann mit Bibelstellen untermauert werden, wenn man nur die richtige Übersetzung wählt und den literarischen Zusammenhang der Texte unterschiedlich betrachtet.

Vielfalt bei der Bibelauslegung

„Aber die Bibel gibt doch ganz klare Antworten auf diese Fragen!" Wie oft habe ich diese Behauptung schon gehört oder gelesen! Meistens folgt dann die „selbstverständlich biblische Antwort", die leider genau das Gegenteil dessen ist, was jemand anders darunter versteht. Eine kurze und unvollständige Auflistung der exegetischen Vielfalt mag uns helfen:

Darum verlässt der Mann Vater und Mutter und bindet sich an seine Frau, und sie werden ein Fleisch (1. Mose 2,24).

Diese „Definition der Ehe“ (1. Vater und Mutter verlassen; 2. sich an seine Frau binden; 3. ein Fleisch werden) zeigt uns, was zur Ehe gehört. Jesus bezieht sich auf diese Stelle, als er Gottes ursprünglichen Plan für die Ehe aufgreift (Markus 10,6). Er behauptet in diesem Text sogar, dass bei einer Eheschließung nicht nur Menschen handeln, sondern auch Gott („Was Gott verbunden hat ...“, Markus 10,9). Aber bedeutet das, dass eine Ehe gar nicht aufgelöst werden *kann* (also nicht einmal eine Scheidung den Bund beenden kann) oder nur, dass sie nicht aufgelöst werden *darf?* Die Ausleger sind sich uneinig.

[1] Wenn jemand eine Frau zur Ehe nimmt und sie nicht Gnade findet vor seinen Augen, weil er etwas Schändliches an ihr gefunden hat, und er einen Scheidebrief schreibt und ihr in die Hand gibt und sie aus seinem Hause entlässt
[2] und wenn sie dann aus seinem Hause gegangen ist und hingeht und wird eines andern Frau
[3] und dieser andere Mann ihrer auch überdrüssig wird und einen Scheidebrief schreibt und ihr in die Hand gibt und sie aus seinem Hause entlässt oder wenn dieser andere Mann stirbt, der sie sich zur Frau genommen hatte,
[4] so kann sie ihr erster Mann, der sie entließ, nicht wieder zur Frau nehmen ... (5. Mose 24,1–4, Luther-Übersetzung)

Diese Stelle regelt, was in bestimmten Scheidungsfällen getan werden muss und was nicht geschehen darf. Ein Mann, der sich scheiden lässt, muss seiner (verstoßenen) Frau einen Scheidungsbrief geben. Und er darf sie nie wieder heiraten, falls sie nach der Scheidung mit jemand anderem verheiratet war. Es bleibt dennoch vieles unklar:

- Welche „Scheidungsgründe“ setzt dieser Text voraus (was ist also „etwas Anstößiges“? 5. Mose 24,1)?
- Warum darf die erste Ehe nicht wiederhergestellt werden (Ausleger reden von einer „Sippschafts-Theorie“, einer „Mitgift-Theorie“, einer „Gesetzes-Umgehungs-Theorie“ usw.)?

- Kann der Text uns auch dann leiten, wenn wir die dahinterliegende Begründung für das Verbot nicht erkennen können? Sagen wir einfach: „Biblisch ist biblisch“, auch wenn wir gar nicht wissen, *warum* die Bibel etwas sagt? Oder erklärte Jesus diese Stelle sowieso für „nicht maßgeblich“ (Markus 10,5.6)?

Auch hier sind sich die Ausleger nicht einig

[31] Es ist auch gesagt: „Wer sich von seiner Frau scheidet, der soll ihr einen Scheidebrief geben.“
[32] Ich aber sage euch: Wer sich von seiner Frau scheidet, es sei denn wegen Ehebruchs, der macht, dass sie die Ehe bricht; und wer eine Geschiedene heiratet, der bricht die Ehe (Matthäus 5,31/32 in der Luther-Übersetzung; es gibt viele andere Möglichkeiten!).

Diese Stelle *scheint* eine „Ausnahmeklausel“ zu definieren („Scheidung ist nicht erlaubt, *es sei denn ...).* Das Problem ist nur, dass sich auch hier die Ausleger an keinem Punkt einig sind:

- Geht es um die Auflösung einer Verlobung oder einer Ehe?
- Hat Jesus wirklich eine „Ausnahme“ *geschaffen* oder hat er sie *ausgeschlossen?* Der Text kann nämlich auf zwei Arten übersetzt werden: „Scheidung ist nicht erlaubt, es sei denn ...“ und: „Scheidung ist nicht erlaubt, auch Unzucht kommt nicht in Betracht.“
- Falls es eine Ausnahme gibt, definiert sie, unter welchen Bedingungen sowohl Scheidung als auch Wiederheirat erlaubt seien, oder geht es nur um Scheidung?
- Gibt diese „Ausnahme“ *Erlaubnis* („Du darfst dich scheiden lassen, wenn ...“) oder *begrenzt sie nur Schuld* („Wenn dein Partner sich deswegen scheiden lässt, bist du nicht daran schuld“)?
- Was bedeutet „Unzucht“ hier (griechisch, *porneia)?* Handelt es sich um vorehelichen Geschlechtsverkehr, der während der Verlobungszeit entdeckt wird (siehe Matthäus 1,19)? Um „etwas

Schändliches“ (siehe 5. Mose 24,1), das ein Mann bei seiner Frau „entdeckt“? Um Ehebruch, also ein Fremdgehen während der Ehe? Um Heirat innerhalb von verbotenen Verwandtschaftsgraden, was zur Auflösung der Ehe (oder Verlobung) führen *soll?* Es gibt noch mehr Möglichkeiten.

2 *Und Pharisäer traten zu ihm und fragten ihn, ob ein Mann sich scheiden dürfe von seiner Frau; und sie versuchten ihn damit.*
3 *Er antwortete aber und sprach zu ihnen: Was hat euch Mose geboten?*
4 *Sie sprachen: Mose hat zugelassen, einen Scheidebrief zu schreiben und sich zu scheiden.*
5 *Jesus aber sprach zu ihnen: Um eures Herzens Härte willen hat er euch dieses Gebot geschrieben;*
6 *aber von Beginn der Schöpfung an hat Gott sie geschaffen als Mann und Frau.*
7 *Darum wird ein Mann seinen Vater und seine Mutter verlassen und wird an seiner Frau hängen,*
8 *und die zwei werden ein Fleisch sein. So sind sie nun nicht mehr zwei, sondern ein Fleisch.*
9 *Was nun Gott zusammengefügt hat, soll der Mensch nicht scheiden.*
10 *Und daheim fragten ihn abermals seine Jünger danach.*
11 *Und er sprach zu ihnen: Wer sich scheidet von seiner Frau und heiratet eine andere, der bricht ihr gegenüber die Ehe;*
12 *und wenn sich eine Frau scheidet von ihrem Mann und heiratet einen andern, bricht sie ihre Ehe (Markus 10,2–12, Luther-Übersetzung).*

Hier antwortet Jesus den Pharisäern, die wissen wollen, welche Scheidungsgründe für ihn akzeptabel sind. Für Jesus übertrumpft 1. Mose 2,24 (Gottes Plan) den Text, den sie zitierten, 5. Mose 24,1–4 (Zugeständnis wegen Hartherzigkeit). *Deswegen* sind jetzt Scheidung und Wiederheirat ausgeschlossen. Unklar ist aber:

- ob die „Ausnahmeklausel“ von Matthäus eine stillschweigende

Ausnahme für diese Pauschalaussage darstellt („Schrift legt Schrift aus“);

- ob Scheidung nur wegen und im Falle einer Wiederheirat ausgeschlossen ist;
- ob Jesus nur „legalen“ Partnerwechsel untersagt oder aber alle anderen Scheidungsgründe auch (s. u. bei Lukas 16,18).
- ob dieser Text sagt, dass es keine Zugeständnisse mehr geben soll, auch nicht angesichts der Hartherzigkeit der Menschen.

Matthäus 19,3–9

Der Anlass hier ist der gleiche wie in Markus 10; die Antwort eher eine Kombination von Markus 10 und Matthäus 5. Alle von den anderen Texten aufgeworfenen Fragen werden auch hier gestellt. Keine der Fragen wird durch diesen Text gelöst (zumindest nicht aus der Sicht vieler Ausleger).

Wer sich scheidet von seiner Frau und heiratet eine andere, der bricht die Ehe; und wer die von ihrem Mann Geschiedene heiratet, der bricht auch die Ehe (Lukas 16,18, Luther-Übersetzung).

Hier geht es vor allem um das Verbot, wieder zu heiraten. Unklar ist aber, ob Wiederheirat in *allen* Fällen verboten ist oder nur in der erwähnten Situation, nämlich wenn ein Mann seine Ehe auflöst, um eine andere Frau zu heiraten (das heißt, einen „legalen“ Partnerwechsel durchführt). Wenn jemand also versucht, seine Ehe mit rechtlichen Mitteln zu beenden, um das nicht „Ehebruch“ nennen zu müssen, sagt Jesus: „Damit brichst du sehr wohl deine Ehe!“

Die Lehre von Paulus (Römer 7,1–3; 1. Korinther 7,8–16 usw.)

Es ist klar, dass Paulus mit Jesus übereinstimmt: Gott hat die Ehe „fürs Leben“ geplant. Unklar ist:

- ob er unter bestimmten Umständen nur Trennung oder auch Ehescheidung erlaubt;
- ob er Scheidung so versteht, als würde sie eine Ehe auch in

„Gottes Augen“ oder nur „aus menschlicher Sicht“ beenden;

- ob ein „zweiter Scheidungsgrund“ (Verlassen werden) zu dem von Jesus genannten (Ehebruch oder was immer *porneia* bedeutet) hinzugefügt werden soll;
- falls ja, ob das dann heißt, dass es viele Gründe für eine Scheidung geben kann – einige Stellen nennen diese, andere jene usw.
- ob Paulus unterm Strich meint: Es gibt keine klaren Regeln, die überall gültig sind. Wir müssen jede Situation neu vernünftig regeln (vgl. 1. Korinther 7,15: „Zu einem Leben in Frieden hat Gott euch berufen“).

Das soll genügen, um klar zu stellen: Wer leichtsinnigerweise sagt: „Aber die Bibel ist doch ganz eindeutig!“, hat Unrecht. Leider (oder auch nicht?) ist die biblische Lehre nicht so eindeutig, wie viele es sich wünschen würden.

Wie gehen wir mit dieser Vielfalt um?

Schaut man nur flüchtig in eines der vielen Bücher, die behaupten, „die biblische Position“ zu vermitteln, dann stellt man sehr schnell fest: Fast alle Ausleger haben die „Konkordanzmethode“ angewendet. Man sucht alle Bibelstellen zusammen, in denen das Wort „Scheidung“ vorkommt. Dann legt man sie, mehr oder weniger aus ihrem historischen und literarischen Zusammenhang gerissen, nebeneinander auf den Tisch. Jetzt versucht man als Autor, die verschiedenen Puzzleteile zusammenzusetzen. „Die biblische Position“ muss gefunden werden und dazu müssen eben alle Teile zueinander passen – folglich werden sie so lange gedreht und gewendet und zurechtgestutzt, bis sie passen. Erlaubt die Bibel Scheidung oder nicht? Unter welchen Bedingungen? Gilt das auch für Wiederheirat? Es muss doch *eine* richtige biblische Antwort geben!

Tatsächlich gibt es bei den meisten „Scheidungsstellen“ ausreichend Unklarheiten, um mit dieser Methode die unterschiedlichsten Positionen zu begründen. Zum Beispiel:

- *Keine Scheidung, keine Wiederheirat:* Beides ist nicht erlaubt und zwar unter keinen Umständen (zum Beispiel J. Carl Laney, s. Seite 143).
- *Scheidung ja, aber keine Wiederheirat:* Eine Scheidung ist unter Umständen erlaubt, jedoch wird aus Gottes Sicht dadurch die Ehe nicht aufgelöst. Das kann nur der Tod. Durch Wiederheirat entsteht folglich Polygamie (zum Beispiel William Heth, s. Seite 143).

Ich bin überzeugt: Es muss einen besseren Weg geben

- *Scheidung und Wiederheirat bei Ehebruch und Verlassen werden:* Wiederheirat ist nur dann in Ordnung, wenn eine Scheidung durch eine dieser Ausnahmen begründet werden kann (zum Beispiel Bruno Schwengeler in: Geschieden – was nun? Schwengeler, Berneck 1994).
- *Scheidung und Wiederheirat aus verschiedenen Gründen:* Eine Scheidung begräbt eine tote Ehe. Die Betroffenen erhalten durch Gottes Gnade eine neue Chance, mit jemand anderem zu versuchen, Gottes Plan für die Ehe zu verwirklichen (zum Beispiel Helen Kooiman Hosier in: Kein Pardon für Geschiedene und Wiederverheiratete?! Editions Trobisch, Kehl 1990).

Und meine Meinung?

Vier Begebenheiten überzeugten mich davon, dass es einen besseren Weg geben muss, als uns einer dieser vier Positionen anzuschließen oder vielleicht eine fünfte „biblische Position" aufzustellen.

1. Ich lernte Lena kennen

Sie lebte in einer tragischen Ehe. Tragisch, weil sie einem gut gemeinten, aber schlechten Rat gefolgt war, als sie Peter geheiratet hatte. Tragisch, weil sie versucht hatte, ihre Eheprobleme mit nicht hilfreichen Maßnahmen zu lösen. Und tragisch, weil sie der Sünde nachgegeben und mehrere außereheliche Beziehungen gehabt hatte. Lena beschuldigte ihren Ehemann Peter in dieser Situation nicht. Er war kein perfekter Ehemann (schließlich ist niemand perfekt), aber das Problem war sie, nicht er. Bis zuletzt war er bereit, seinen Beitrag zur Lösung ihrer Probleme zu leisten, ihr Vergebung zuzusprechen, ihr einen neuen Anfang zu gewähren.

Lena war klar, dass es Sünde war, heimlich einer außerehelichen Beziehung nachzugehen – Sünde gegenüber Peter, Sünde vor Gott. Ich war ihr Pastor und nach einem Gespräch sagte sie mir, sie würde sich nun zwei Wochen Zeit nehmen, die Bibel zu lesen, ihre Möglichkeiten zu überdenken und Gott um seine Hilfe zu bitten. Dann würde sie sich entscheiden, was sie tun sollte.

Zwei Wochen später kam sie wieder zu mir und fiel gleich mit der Tür ins Haus: „Ich habe beschlossen, zu tun, was die Bibel lehrt. Ich werde den Weg gehen, den Jesus lehrte. Ich werde alles in Ordnung bringen, meine Sünde lassen und ab jetzt das Richtige tun." Ich freute mich innerlich darüber. Doch dann fuhr sie fort: „Ich habe beschlossen, mich von Peter scheiden zu lassen und den anderen zu heiraten."

Erstaunt, dass sie *das* für biblisch hielt, fragte ich vorsichtig nach: „Und wie kommst du zu der Einsicht, dass dies die biblische Lehre darstellt?" „Ganz klar", sagte sie. „Matthäus 5,31/32 erklärt Scheidung und Wiederheirat für falsch, außer im Fall von Ehebruch. Meine Situation ist ein Fall von Ehebruch. Also ist in meinem Fall Scheidung und Wiederheirat in Ordnung!"

So tragisch der Fall und so schlecht Lenas Hermeneutik auch waren, diese Begebenheit stellte für mich in Bezug auf dieses Thema ein „Aha-Erlebnis" dar. *Sie hatte die falsche Stelle gelesen!* Gibt es in der Bibel überhaupt „falsche" Stellen? Die Bibel ist voll davon: Eine Stelle ist dann die falsche, wenn wir ihr eine Antwort entnehmen, während der Text auf eine ganz andere Frage als unsere antwortet. Wenn Lena doch nur Markus 10,2–12 gelesen hätte! *Dort* wäre ihre Frage beantwortet worden. Falls sie ihre

Ehe dann immer noch beenden wollte, hätte *Peter* sich mit *Matthäus 5* auseinandersetzen müssen.

Sollen wir nun aber versuchen, Matthäus 5 mit Markus 10 zu harmonisieren, beide also so auszulegen, dass sie das Gleiche sagen? Im Gegenteil! Denn dann hätten wir weder auf Lenas noch auf Peters Fragen eine Antwort. Die Bibel liefert nicht die „ein für allemal gültige Antwort". Sie gibt uns vielmehr Wegweisungen für verschiedene Situationen und Antworten auf die verschiedensten seelsorgerlichen, ethischen und exegetisch-hermeneutischen Fragen.

2. Ich erforschte Markus 10,2–12

Dort entdeckte ich, dass Jesus selbst die Meinung vertrat: „Es gibt richtige und falsche Stellen!" 5. Mose 24,1–4 war die falsche Stelle für die Frage der Pharisäer. Die richtige war 1. Mose 2,24. Die Pharisäer wollten es möglichst leicht haben und ihre Frauen schon wegen geringer Vergehen entlassen dürfen. Was sie aber wirklich brauchten, war, noch einmal von Gottes Absichten für ihre Ehen zu hören. Andere Menschen, die verzweifelt feststellen, dass Gottes Absichten mit ihrer Ehe längst in Trümmern liegen, brauchen aus anderen Stellen Hilfe, damit sie erfahren können, wie Gott sie weiter führen will.

3. Ich gab die Konkordanz-Methode auf

Manche Christen stellen sich die Lage ungefähr so vor: Gott besitzt ein umfassendes „Theologie- und Ethik-Buch", das die richtige Antwort auf jede Frage enthält. Wichtige Teile dieses Buches wurden in kleine Stücke zerschnipselt und dann auf der Erde verteilt (meist irgendwo in den 66 Büchern der Bibel versteckt). Wir müssen diese Teile nun erneut zusammenpuzzlen, damit Gottes „Antwort" deutlich wird. Bringt man die Teile falsch zusammen, entsteht eine „falsche" Antwort. Fügt man die Teile richtig zusammen, entsteht die „richtige" Antwort. Es ist aber immer unsere Aufgabe, die eine richtige Antwort zu suchen – zu jeder theologischen und jeder ethischen Frage. Doch gerade diese Methode erweist sich als problematisch.

Dennoch fällt vor allem bei Themen wie Scheidung und Wiederheirat auf, dass viele Ausleger tatsächlich genau das tun (obwohl sich nicht bestätigt hat, dass die Konkordanz-Methode gut funktioniert).

„Was hätte Jesus getan?“ ist immer die richtige Frage

Stellen Sie sich vor, meine Kinder würden alle Aussagen von mir sammeln, die ich im Zeitraum von drei Monaten zum Thema „Süßigkeiten“ mache. Ohne darauf zu achten, in welcher ursprünglichen Situation ich etwas gesagt habe, würden sie diese Äußerungen dann nebeneinander stellen. Schließlich würden sie versuchen, „Papas Standpunkt zum Thema Süßigkeiten“ so zu formulieren, dass alle Aussagen ein einheitliches Bild ergeben. Manchmal tun sie das tatsächlich: „Gestern hast du Benjamin gesagt, er darf nach dem Klavier üben zwei Stückchen Schokolade essen. Ich habe heute auch Klavier gespielt (na ja, er hat ein bisschen geflunkert, denn er bekommt gar keinen Klavierunterricht ...), also kriege ich jetzt auch zwei Stückchen.“ Glaubt irgend jemand ernsthaft, dass man mit Hilfe dieser Methode wirklich „die richtige und immer gültige Position“ zu einem Thema entdecken könnte?

4. Ich stellte fest, wie stark Jesus „Regelorientierung“ ablehnte

Die Frage: „Was hätte Jesus getan?“ ist nicht immer leicht zu beantworten. Aber es ist immer die richtige Frage. Wer meint, Jesus setze in allen Situationen immer „die richtige Antwort“ durch, und zwar unabhängig von den Konsequenzen für die betroffenen Menschen, der wäre gut beraten, die Evangelien noch einmal zu lesen und dabei vielleicht mit Markus 2,23–28 zu beginnen.

Die Vielfalt – ein Segen

Mir ist inzwischen gerade die *Vielfalt* der „Scheidungsstellen" sehr wichtig geworden: Diese Vielfalt ist ein Segen, denn die Tatsache, dass die Stellen in verschiedene Situationen hinein sprachen, hilft uns bei unserer Suche nach Antworten. Alle Bibelstellen sind Teil des Wortes Gottes. Jeder Text sprach normativ in eine bestimmte Situation hinein. Wenn wir den ursprünglichen Zweck der einzelnen Texte, die literarischen und geschichtlichen Zusammenhänge, die gesamte theologische Perspektive der Autoren entdecken und berücksichtigen, dann hören wir, wie Gottes Wort unsere Situation heute anspricht. Lassen wir das alles außer acht, hören wir weniger deutlich.

Das Ziel ist nicht, die eine immer gültige Antwort zu finden. Das Ziel ist, zu lernen, biblisch und theologisch über das Problem von Ehescheidung und Wiederheirat nachzudenken. Viele Auslegungsprobleme bleiben bestehen, wenn wir aufhören, alle Texte harmonisieren zu wollen. Aber wir können sowohl ehrlicher als auch erfolgreicher Lösungen suchen, wenn wir uns nicht mehr zwingen, überall „die biblische Position" (oder vielleicht eher: „meine bevorzugte Theorie"?) zu finden.

Was bleibt unter dem Strich?

Scheidung und erneute Heirat sind ein aktuelles und für viele ein schmerzhaftes Thema. Manchmal steht die Gemeinde ratlos da, vielleicht vor einer vollendeten Tatsache, und fragt: Hätten wir etwas tun können? Was ist jetzt dran? Wie helfen wir Menschen in schwierig gewordenen Ehen? Welche Richtlinien gelten für uns?

Ich schlage zwölf Punkte vor, wie wir mit vielen der schwierigen Fragen in diesem Bereich umgehen könnten. Vielleicht eignen sie sich für eine Gemeinde, die sich gerade mit diesem Thema auseinandersetzt, als Gesprächsstoff.

Punkt 1: Gottes ursprüngliche Absicht war und bleibt: „Ein Mann und eine Frau fürs Leben" (1. Mose 2,24). Das heißt: Wir wollen alles in unserer Kraft Stehende tun, um die Gesundheit und die Beständigkeit unserer eigenen Ehe und der anderer zu fördern. Eine gute Möglichkeit, sich selbst dabei zu prüfen, bietet das dritte Kapitel von Ron Siders Buch: Die Jesus-Strategie.

Punkt 2: Scheidung und Wiederheirat (sowie auch Polygamie und Konkubinat) waren in der alttestamentlichen Zeit in bestimmten Situationen „erlaubt“. Jesus fordert uns jedoch auf, zum ursprünglichen Plan Gottes zurückzukehren und nicht Präzedenzfälle des Alten Testamentes zu benutzen, als würden diese rechtfertigen, dem Ideal Gottes nicht zu entsprechen (Markus 10,2–12).

Eheprobleme werdern seltenst von nur einem Partner verursacht

Punkt 3: Im Normalfall ist unser Ziel, bestehende Ehen zu heilen, zu schützen und zu unterstützen – Eheberatung anzubieten und aufzusuchen, negative Verhaltensmuster zu verändern, Sünde zu lassen, Vergebung zu suchen und anzubieten usw. (siehe aber auch Punkt 8 und 9).

Punkt 4: Die „Ausnahmeklausel“ in Matthäus 5,31/32; 19,9 ist nicht als Ausrede gedacht, um dadurch das Recht zu erlangen, eine Ehe zu beenden.

Punkt 5: Die „Ausnahmeklausel“ begrenzt die Schuld, falls ein Ehepartner nicht mehr gewillt ist, in der Ehe zu bleiben. Eheprobleme werden seltenst nur von einem Partner verursacht, aber das bedeutet nicht automatisch, dass beide Partner zu „Ehebrechern“ werden, falls die Ehe in einer Scheidung endet. In der Geschichte von Lena und Peter gibt die „Ausnahmeklausel“ weder Lena noch Peter die „Erlaubnis“, ihre Ehe zu beenden. Sie besagt nur, dass Peter nicht dadurch zum Ehebrecher wird, wenn Lena nicht mehr bereit ist, an ihrer Ehe zu arbeiten und sich entscheidet, sie durch eine Scheidung zu beenden.

Punkt 6: Eine Ehe wird tatsächlich durch eine Scheidung beendet, und zwar nicht nur rechtlich, sondern auch vor Gott. Hier teile ich nicht die Meinung einiger Ausleger, die behaupten: „Geschiedene Menschen sind von Gott her gesehen immer noch verheiratet.

Deswegen praktizieren sie Polygamie (oder leben in ständigem Ehebruch), falls sie erneut heiraten." Ich denke, dass diese Sicht der Bibel fremd ist. Auch wenn geschiedene und dann erneut heiratende Menschen biblische Prinzipien verletzen, so praktizieren sie dadurch dennoch nicht Polygamie.

Punkt 7: Nach einer Scheidung, ganz egal aus welchem Grund, gibt es viele Gründe, warum jemand nicht (zumindest nicht schnell) wieder heiraten sollte:

- Sich scheiden zu lassen, um jemand anderen zu heiraten, ist kein akzeptabler Scheidungsgrund (siehe aber die Geschichte unter Punkt 9).
- In einer Zeit des Wartens liegt die Chance, eine „beendete" Ehe vielleicht doch wiederherzustellen.
- In allen Fällen brauchen Menschen Zeit zur Heilung, zur Reifung, zur Beurteilung, ob sie überhaupt fähig wären, eine zweite Ehe besser zu führen usw. Seelsorge ist an dieser Stelle unentbehrlich wichtig.
- Die Gemeinde sollte dabei helfen, zu beurteilen, ob jemand wieder „heiratsfähig" ist. Normalerweise heißt das, wenn Heilung gefunden wurde und die erste Ehe nicht mehr wiederherstellbar ist (wenn zum Beispiel der Partner gestorben oder selbst wieder verheiratet ist, oder die „bindende und lösende Gemeinschaft" beurteilt, dass keine Wiederherstellung der ersten Ehe möglich ist).

Punkt 8: In extremen Fällen kann eine Scheidung notwendig sein, um hilflose Opfer, zum Beispiel eines gewalttätigen Mannes, zu schützen. Hermeneutisch betrachtet heißt das:

- „Lebenslange Ehe" ist der Wille Gottes.
- Menschen zu beschützen, die unter Gewalt und Ungerechtigkeit leiden, ist auch Gottes Wille.
- Wenn diese beiden Prinzipien in Konflikt miteinander geraten, müssen wir beurteilen, was der Wille Gottes *in dieser Situation* ist.

Punkt 9: Menschen können sich in Situationen verwickeln lassen, wo es nicht eindeutig ist, „welche Ehe“ fürs Leben bleiben soll. Welche „Ehe“ soll beendet werden? Welche soll unterstützt werden? Was ist für die Kinder am besten? Um diesen Punkt zu verdeutlichen und um zu den drei verbleibenden Punkten überzuleiten, möchte ich eine wahre Geschichte erzählen.

John und Linda besuchten eines Tages den Gottesdienst unserer Gemeinde in Kanada, ein nettes Ehepaar mit zwei goldigen kleinen Mädchen (damals zwei und vier Jahre alt). „Diese Familie möchte ich für unsere Gemeinde gewinnen,“ dachte ich. Also lud ich mich bei ihnen zum Kaffeetrinken, zum Kennenlernen ein. Wir hatten eine entspannte und angenehme Zeit, bis ich diese Frage stellte (ich war einfach neugierig, und außerdem wollte ich ein neues Gesprächsthema einleiten): „Na, wie lange seid ihr schon verheiratet?“ So eine Frage stellt man in Deutschland vielleicht nicht – jedenfalls nicht im Jahr 2004. In Kanada war das damals durchaus nicht ungewöhnlich. John und Linda blickten einander an, dann schauten sie mich an. John fragte: „Willst du die kurze oder die lange Geschichte hören?“ „Die, die ihr mir erzählen wollt“, war meine Antwort, und ich fragte mich sofort, ob ich diese Frage vielleicht lieber nicht hätte stellen sollen.

Sie erzählten ihre Geschichte. John hatte vor Jahren Susan geheiratet (jung, schnell, unüberlegt, beide hatten weder zu Jesus noch zu einer Gemeinde eine Beziehung). Sechs Monate später war die Beziehung zu Ende. Sie hatten keine gemeinsamen Lebensziele und auch kein Interesse, weiter an ihrer Beziehung zu arbeiten. Susan verschwand nach England. John fand eine neue Freundin, Linda. Sie zogen zusammen. Bald wurde Linda schwanger. Zwei Jahre später waren sie immer noch zusammen und ganz glücklich damit. Ein zweites Kind war unterwegs. Dann wurde Linda von einer Bekannten in deren Gemeinde eingeladen und, siehe da: Linda fand den Weg zum Glauben. Überglücklich erzählte sie John, wie Jesus ihr ein neues Leben schenkte. John ließ sich anstecken. Er besuchte die Gemeinde ebenfalls. Durch das Zeugnis von Linda und anderen fand auch er zum Glauben an Jesus. Jetzt wollten John und Linda sich taufen lassen und als Mitglieder der Gemeinde aufgenommen werden. Sie wollten ihr Leben in eine verbindliche Gemeinschaft einbringen.

Es gab nur ein Problem: John war immer noch mit Susan verheiratet, zumindest gesetzlich. Was jetzt? Natürlich wusste er, dass er vieles falsch gemacht hatte. Linda auch. Aber was war *jetzt* richtig?

Natürlich wusste er, dass er vieles falsch gemacht hatte. Aber was war jetzt richtig?

Nur ganz selten, wenn ich diese Geschichte erzähle, reagiert jemand folgendermaßen: „Die Sache ist klar: John muss sich von Linda trennen. Er muss versuchen, Susan in England zu finden. Er muss versuchen, seine ‚richtige Ehe' wieder aufzubauen.“ Viele andere reagieren so: „Er muss die Sache in Ordnung bringen, sich also von Susan scheiden lassen, damit er und Linda heiraten können. Dann ist das geregelt, was eigentlich vor Gott schon zustande gekommen ist. Sie sind eine christliche Familie geworden.“

Was würden Sie für richtig halten? Wie würden Sie als Gemeinde entscheiden, wenn John zu Ihnen käme und sich taufen lassen wollte? Das wäre doch eine seltsame Taufbedingung: „Du musst dich aber erst von deiner Frau scheiden lassen und eine andere heiraten, bevor wir dich taufen können!“

Und was, wenn? Was, wenn John tatsächlich Susan in England aufspürte und sie anriefe, um ihr mitzuteilen, was mit ihm alles geschehen ist (und dass er sich scheiden lassen möchte)? Was wäre, wenn Susan, total überrascht, dass John sie gerade an diesem Tag anrief, sofort lossprudeln würde: „John! Du kannst nicht glauben, was geschehen ist! Ich wollte *dich* gerade heute anrufen. Ich wollte dir mitteilen, dass ich Jesus kennengelernt habe, dass er mein Leben radikal verändert hat. Ich wollte dich um Verzeihung bitten. Ich wollte fragen, ob du bereit wärst, unserer Beziehung eine neue Chance zu geben. Ich glaube, mit Gottes Hilfe könnten wir es schaffen!“ Was dann? *Menschen können sich in solche Situationen verwickeln lassen, dass es nicht eindeutig ist, „welche Ehe" fürs Leben bleiben soll.*

Zum Weiterlesen:

- H. Wayne House (Herausgeber), Thomas Edgar, William Heth, J. Carl Laney, Larry Richards, *Divorce and remarriage: Four christian views,* Inter-Varsity Press, Downers Grove/USA, 1996
- Ronald J. Sider, Die Jesus-Strategie, Brendow, Moers 1997

Punkt 10: Vermeiden wir, seelsorgerliche Lösungen in schwierigen Fällen als Präzedenzfälle zu betrachten. Das Leben ist vielfältig und was in einem Fall gilt, gilt nicht überall. Aber ganz ohne Richtlinien kommen wir auch nicht aus. Es gibt Grundprinzipien, die immer ernst zu nehmen sind, auch wenn sie nicht immer in gleicher Weise in die Praxis umgesetzt werden können.

Zurück zur Geschichte von John und Linda: Wo ist sie, die Bibelstelle, die klar regelt, was hier zu tun wäre? Es gibt keine. Was für eine Richtlinie könnten wir formulieren, um solche Fälle ein für allemal zu regeln? Wie wäre es hiermit: *„Wenn ein Mann mit einer Frau verheiratet ist und Kinder mit einer anderen hat, dann soll er sich von der ersten scheiden lassen und die Mutter dieser Kinder heiraten."* (Ich hoffe, niemand hält das für einen guten Vorschlag ...!)

Nein, John und Linda waren ein Einzelfall. Genau wie alle anderen auch! Es gibt Gemeinsamkeiten und Unterschiede zwischen verschiedenen Situationen. „Eine Antwort gilt für alle" ist einfach kein guter Ausgangspunkt.

Punkt 11: Als Gemeinden sollen wir Menschen annehmen, wo und wie sie sind, und versuchen, ihnen zu helfen, Gottes guten Plan für ihre Zukunft zu finden. Mit allen Menschen – Verheirateten, Ledigen, Geschiedenen, Wiederverheirateten, Ehepaaren in „Problem-Ehen" – soll die Gemeinde liebevoll, barmherzig, begleitend und seelsorgerlich-hilfreich umgehen.

Gesprächs- und Denkanstöße:

1. Inwieweit wollen wir (vermeiden), dass unsere Überzeugungen zu diesem Thema von konkreten Situationen und Menschen, die wir kennen, beeinflusst werden?

2. Wie hätte ich John und Linda beraten, wenn ich der Pastor der Gemeinde gewesen wäre, in der sie zum Glauben kamen? Warum?

3. Welche der zwölf Punkte scheinen uns besonders wichtig, wenn wir bei diesem Thema nach biblischen Maßstäben handeln wollen?

Punkt 12: Wo es keine Klarheit darüber gibt, was Menschen in schwierigen Situationen tun sollen, da kann (und soll) die Gemeinde binden und lösen, also in gegenseitiger Verantwortung ethische Entscheidungen treffen.

Hilft uns dann gar nichts, wenn wir *Klarheit* suchen? Doch, die Bibel kann sehr hilfreich sein, wenn wir ernsthaft Gottes Richtlinien suchen: über Ehe, über Scheidung, über erneute Heirat, über Friedenstiften, über Treue, über Ausdauer, über Gottes Gnade, über Neuanfänge, über das Tragen von Lasten, über die bindende und lösende christliche Gemeinschaft. Alle diese Themen sind relevant, wenn wir Menschen in Bezug auf Ehe begleiten wollen.

8. HOMOSEXUALITÄT

In diesem Abschnitt nehmen wir das Thema „Homosexualität" unter die Lupe, ein Thema, bei dem viele unsicher geworden sind. Wie eindeutig ist die Bibel in Bezug darauf? Wie gehen wir, auch angesichts der derzeitigen gesellschaftlichen und juristischen Veränderungen, damit um? Und was heißt das für unseren Umgang mit betroffenen Menschen?

Die Lage

Homosexualität ist in Deutschland zu einem viel diskutierten und heiklen Thema geworden. Noch vor zwei Generationen wurden sogenannte „Homosexuelle" verachtet und unter Umständen bitter verfolgt, in Kriegszeiten ihrer sexuellen Orientierung wegen sogar getötet. Die christlichen Kirchen waren sich ziemlich einig: homosexuelle Aktivitäten sind Sünde.

Vieles hat sich geändert. Die Gesetzgebung gestattet heute gleichberechtigten Erwachsenen gleichermaßen homosexuelle als auch heterosexuelle Ausdrucksweisen ihrer Sexualität. Gleichgeschlechtliche Partnerschaften können standesamtlich eingetragen werden und so wird in der Praxis eine homosexuelle „Ehe" einer heterosexuellen gleichgesetzt.

Die Kirchen in Deutschland sind dabei, Stellung zu beziehen. Die zuständigen Gremien der protestantischen Landeskirchen müssen entscheiden, ob sie eine kirchliche Segnung (Trauung) für eingetragene homosexuelle Partnerschaften befürworten und durchführen wollen. In einigen Bundesländern wurde dies schon bejaht, auch wenn die örtlichen Pfarrer nicht gezwungen werden, eine Segnung durchzuführen, falls sie nicht ihren persönlichen Überzeugungen entspricht.

Auch wenn die meisten Mitglieder von Freikirchen noch den Standpunkt vertreten, homosexuelle Aktivitäten seien Sünde, so sind sie doch unsicher, was dies alles bedeutet. Wie verhält man sich im Umgang mit Menschen, die bei diesem Thema andere Überzeugungen haben oder die anders leben, als die meisten es für richtig halten? Welche Vielfalt an Meinungen und Lebenspraxis kann eine Gemeinde tolerieren?

Unsere Kultur tendiert dazu, alles zu erlauben und unter Umständen alles zu feiern. Bloß keine Intoleranz! Jede(r) ist nur für sich selbst verantwortlich und hat das Recht, so zu leben, wie er/sie es für gut hält. Alle Menschen sollten sich so verwirklichen bzw. ihr Leben so gestalten können, wie es ihnen entspricht. Niemand hat das Recht, ein Urteil darüber zu fällen, was andere tun.

Welche Vielfalt an Meinungen und Lebenspraxis kann eine Gemeinde tolerieren?

Wissenschaftler, die Homosexualität erforschen, und Therapeuten, die homosexuell empfindende Menschen als Klienten haben, sind sich nicht einig, wie Homosexualität entsteht und wie die betroffenen Menschen sozial und psychologisch am besten damit umgehen, bzw. welche Möglichkeiten sie besitzen.

Auch in mennonitischen Gemeinden – das sind die, mit denen ich in Deutschland am meisten zu tun hatte – gibt es die verschiedensten Meinungen und eine große Unsicherheit, wie wir über dieses Thema denken sollen und mit homosexuell empfindenden Menschen umgehen sollen, wenn sie in unseren Reihen oder auch in unserer Nachbarschaft leben. Die Bibel wird unterschiedlich ausgelegt und so wird auch unterschiedlich bewertet, wie das, was die Bibel sagt, umgesetzt werden soll.

Die Sprache

Es ist nicht einfach, konstruktiv über dieses Thema zu reden, und zwar nicht etwa, weil es sich um ein Tabuthema handeln würde, sondern weil jede Art des Redens schon als Stellungnahme aufgefasst werden kann. So könnte das oben verwendete Wort *„wir“* so verstanden werden, als würde es die betroffenen Menschen ausschließen (... wie wir mit homosexuell empfindenden

Menschen umgehen ...). Auch wenn das faktisch richtig ist (d. h. ich und andere sind heterosexuell), so könnte diese Ausdrucksweise auch eine Wertung implizieren, als wollte ich gleichzeitig und ohne Begründung eine Norm aufstellen *(wir)* und die anderen als nicht-norm-entsprechend bezeichnen *(sie),* oder als wollte ich nur *über sie* und nicht *mit ihnen* reden. Aber so soll das Thema nicht behandelt werden.

Auch die von mir bevorzugte Formulierung, „homosexuell empfindend", ist vielleicht erklärungsbedürftig. Spreche ich von *homosexuellen Menschen,* dann verbinden viele Zuhörer/Leser damit gleich bestimmte *Aktivitäten.* Würde ich dagegen von heterosexuellen Menschen sprechen, würde niemand automatisch davon ausgehen, ich hätte auch eine Aussage über deren sexuelle *Aktivitäten* gemacht. Sage ich *homosexuell veranlagte Menschen,* verbinden manche damit bereits eine Stellungnahme dazu, wie Homosexualität entsteht. Auch von einer sexuellen *Orientierung* zu reden, ist wenig hilfreich: alle Menschen orientieren sich in Bezug auf Menschen beider Geschlechter.

Manche befürworten *homophil (Liebe* zu Gleichgeschlechtlichen) statt *homosexuell (Sex* mit Gleichgeschlechtlichen), um klar zu stellen: Es dreht sich nicht alles um Sex. Und das stimmt auch. Es kann tiefe freundschaftliche, liebevolle Beziehungen zwischen gleichgeschlechtlichen Menschen geben, die nicht in sexuellen Beziehungen ausgedrückt werden. Aber das ist keine Homosexualität. Vor allem für Männer wäre es wünschenswert, dass sie mehr tiefe Freundschaften mit anderen Männern haben könnten, ohne dass damit gleich der Anschein von Homosexualität verbunden ist.

Ich verwende also den Begriff „homosexuell empfindend". Damit meine ich Menschen, die sich sexuell primär zu Gleichgeschlechtlichen hingezogen fühlen, unabhängig davon, wie sie sich dann verhalten.

Unser Ziel – mein Ziel

Weil ich davon überzeugt bin, dass es uns als Gemeinden *doch* etwas angeht, was die Teilnehmer unserer Gemeinschaft und Mitglieder unserer Gemeinden glauben, tun und vertreten, setze ich mich dafür ein, dass Gemeinden dieses Thema ansprechen, so unangenehm und angstbesetzt es auch sein mag. Wir sollten das Thema ansprechen, bevor ein konkreter Anlass mit uns nahestehenden Menschen es schwierig macht, nüchtern und sachlich zu bleiben. Auf jeden Fall soll niemand an den Pranger gestellt oder in ein Getto gedrängt werden.

Was heißt es bei diesem Thema, Gott gegenüber treu zu sein?

Die wichtigsten Fragen für ein solches Gespräch sind meines Erachtens:

- Was heißt es bei diesem Thema, Gott gegenüber treu zu sein?
- Was hilft einzelnen Menschen und was dient der Gemeinschaft?
- Was verleiht der Gemeinde Überzeugungskraft (d. h. was macht uns erklärbar, einschätzbar, zu positiven Zeugen der frohen Botschaft)?

Als gläubige Menschen reicht es nicht aus, wenn wir nur in Kategorien wie Erfahrung, Bewältigung oder Verwirklichung reden. Es geht auch darum, anhand von biblischen und hermeneutischen Perspektiven zu fragen, was Verantwortung heißt. Auch Menschenrechte sind nicht das letzte Wort. Zumindest müssen wir in den Blick nehmen, welche Rechte (und Verpflichtungen) die Bibel uns zuschreibt, und uns nicht nur am weltlichen Grundgesetz orientieren. Diese Fragen müssen also biblisch und theologisch betrachtet werden.

Mein Ziel in diesem Kapitel ist, Einzelnen und Gemeinden Hilfestellung für ein Gespräch oder die Auseinandersetzung mit dem Thema anzubieten. Dabei will ich mich nicht festlegen, wie ich persönlich in diesem oder jenem konkreten Fall entscheiden würde. Mir ist wichtiger, dass wir lernen, mit Gottes Hilfe zu binden und zu lösen und in verantwortlicher Gemeinschaft miteinander zu leben, als dass wir alle zu allen Aspekten dieses umstrittenen Themas die gleiche Meinung vertreten. Deswegen nehme ich mir hier die Freiheit, Standpunkte zu betrachten, zu überlegen und nicht immer abzulehnen, zu verteidigen, zu nuancieren, zu bewerten, usw.

Die Vielfalt

Wie entsteht Homosexualität in einem Menschen? Wer sich darüber informiert, welche verschiedenen Ansichten und Positionen von Christen und/oder von Wissenschaftlern vertreten werden, kann über die Meinungsvielfalt nur staunen:

- Homosexuell empfindende Menschen wurden so geboren und müssen dieses Schicksal als eine schwere Last tragen;
- sie wurden so geboren und sind deswegen von Gott so gewollt;
- sie ererbten diese Veranlagung einfach und daher kann Homosexualität moralisch und ethisch nicht bewertet werden;
- sie haben falsche, sündhafte Entscheidungen getroffen und deswegen Falsches erlernt;
- sie sind hilflose Opfer (sie hatten zum Beispiel eine problematische Vaterbeziehung oder sie wurden sexuell vergewaltigt);
- sie sind unter Gottes Gericht gefallen und empfinden deswegen homosexuell;
- sie haben sich einfach so entwickelt, wobei wahrscheinlich mehrere Faktoren ins Spiel kamen.

Ich tendiere zur letzten Aussage, ohne mich bezüglich der verursachenden Faktoren festlegen zu wollen.

Welche Optionen stehen nun homosexuell empfindenden Menschen offen? Auch hier gehen die Meinungen weit auseinander. Mindestens die folgenden sind zu nennen:

- Es steht ihnen frei, zu praktizieren, was ihnen entspricht;
- in dauerhaften liebevollen Beziehungen dürfen sie ihre Sexua-

lität ausleben;

- sie dürfen ihre Sexualität nur in einer eheähnlichen lebenslänglichen Beziehung der Treue ausleben;
- sie dürfen auf keinen Fall sexuell aktiv sein, sondern sollen enthaltsam leben;
- sie sollen versuchen, ihre Orientierung zu ändern;
- sie sollen eine heterosexuelle Ehe eingehen und heterosexuell handeln, bis ihre Gefühle sich von selbst ändern;
- sie sollen sich eine Gemeinde suchen, die ihren Lebensstil akzeptiert.

Unsere Meinung darüber, wie Homosexualität entsteht, hat natürlich Auswirkungen darauf, welches Verhalten wir von betroffenen Menschen erwarten. Freilich sind auch Kombinationen der aufgelisteten Alternativen möglich. Deutlich wird jedenfalls, dass auch Christen in ihren Überzeugungen weit auseinander liegen.

Aber fragen wir einmal anders herum: Welche Optionen bieten sich den Gemeinden im Umgang mit homosexuell empfindenden Menschen? Hier einige Möglichkeiten – die ich nicht alle befürworten könnte:

- Fernhalten (d. h. wir wollen solche Einflüsse erst gar nicht unter uns haben);
- weder nachfragen noch ansprechen, d. h. das Thema ist Privatsache oder es ist uns unangenehm (wir reden ja auch nicht über Heterosexualität);
- die Menschen annehmen, obwohl wir uns klar gegen Homosexualität aussprechen;
- Raum schaffen, dass homosexuell empfindende Menschen sich bei uns wohlfühlen können, usw.

Die Vielfalt der Antworten auf diese Fragen ist erstaunlich. Dennoch treten die meisten Christen mit dem Anspruch auf, nicht nur ihre persönliche Meinung zu vertreten, sondern das, was sie von Gott oder von der Bibel her für richtig halten. Dabei wird klar: Das Thema ist gesprächsbedürftig!

Drei Standpunkte

Als Grundlage für das Gespräch einer Gemeinde zu diesem Thema möchte ich in Anlehnung an Formulierungen der *Division for Church in Society of the Evangelical Lutheran Church in America* drei Grundhaltungen weitergeben. Welche davon überhaupt für Christen in Frage kommen, wird meiner Erfahrung nach unterschiedlich bewertet. Es ist dennoch hilfreich, alle drei zu erwägen. Durch unsere Versuche, zu erklären, warum wir die eine oder andere Position für nicht biblisch halten, können wir nämlich oft auch unsere eigene Position klären.

Was bedeutet es, unseren Nächsten zu lieben, wenn er oder sie homosexuell empfindet?

Am Ausgangspunkt dieser Überlegungen steht die Frage: Was bedeutet es, unseren Nächsten zu lieben, wenn er oder sie homosexuell empfindet?

Standpunkt 1

Den Nächsten lieben heißt, *den Sünder zu lieben, aber die Sünde zu hassen.* Die Gemeinde soll auch Menschen lieben und annehmen, die homosexuell empfinden, und sie als Mitglieder willkommen heißen, homosexuelle Aktivitäten jedoch eindeutig ablehnen. Solche Aktivitäten werden als Verstoß gegen Gottes Gebote gesehen. Wir erwarten von homosexuell empfindenden Menschen also, dass sie auf alle sexuellen Aktivitäten verzichten. Von denen, die das nicht tun (also in diesem Bereich sündigen), erwarten wir Buße, im Wissen, dass Gott ihnen genau wie allen anderen Sündern vergeben wird.

Anmerkung: Hier wird die Neigung zu homosexuellen Aktivitäten eher als vom Sündenfall verursachte *Krankheit* oder *Verdrehung* (Perversion) verstanden. Viele, die diesen Standpunkt vertreten, meinen, Homosexualität könne geheilt werden, d. h. die betroffenen Menschen könnten zur Heterosexualität umkehren. Liebe heißt, sie auf ihrem Weg der Änderung zu ermutigen und zu unterstützen. Andere meinen, Homosexualität sei gewissermaßen gegeben und homosexuell empfindende Menschen müssten lebenslang enthaltsam (zölibatär) leben.

Standpunkt 2

Den Nächsten lieben heißt, gegenüber homosexuell empfindenden Menschen *barmherzig zu sein* und für diejenigen Verständnis zu haben, die nicht die Gabe haben, auf sexuelle Beziehungen zu verzichten. Darauf zu bestehen, dass diejenigen lebenslang sexuell abstinent sein sollen, deren homosexuelle Orientierung Teil ihrer Persönlichkeit ist, oder zu sagen, sie dürfen nie ausleben, was sie sexuell empfinden, ist nicht liebevoll. Wer gegenüber homosexuell empfindenden Menschen Nächstenliebe zeigen will, muss unter Umständen homosexuelle und lesbische Beziehungen in einem verbindlichen, festen und treuen Rahmen akzeptieren. Auf jeden Fall müssen wir für diejenigen Freiraum schaffen, die überzeugt sind, dass solche Beziehungen für sie in Ordnung sind.

Anmerkung: Wer diese Position einnimmt, behauptet meistens, dass diese Menschen *Opfer* einer zerbrochenen Welt sind. Obwohl wir nicht sagen können, dass ihr Schicksal Gottes ursprünglicher Absicht entspricht, müssen wir in einer gefallenen Welt realistisch sein und auch das akzeptieren, was nicht ideal ist. Weil Enthaltsamkeit nicht realistisch ist, sollten wir dauerhafte Beziehungen empfehlen. Darin können homosexuell empfindende Menschen ihr Schicksal besser verkraften als in Einsamkeit oder ständig wechselnden Partnerschaften. (Manche würden in fester Beziehung gelebte Homosexualität ähnlich wie Scheidung und eine erneute Heirat sehen: Sie entspricht nicht dem ursprünglichen Plan Gottes, ist aber aufgrund der Umstände unvermeidbar oder sogar notwendig.)

Standpunkt 3

Den Nächsten lieben heißt, homosexuell und lesbisch empfindende Menschen *offen zu unterstützen,* wenn sie in liebevollen, verbindlichen Beziehungen der Treue leben. Solche Beziehungen sind der Kontext, in dem sie ihre Liebe füreinander auch sexuell ausdrücken können. Wenn wir sie darin unterstützen, handeln wir der Liebe Gottes entsprechend. Jesus kämpfte gegen religiöse Regeln, die die Liebe zum Nächsten verhindern. Gottes rettendes und heilbringendes Handeln gibt homosexuell empfindenden Christen die Kraft, ihr Leben in verantwortlicher Freiheit zu gestalten, was treue und verantwortliche sexuelle Beziehungen mit einschließt. Man kann nicht erwarten, dass sie ihr Leben im Verborgenen, unehrlich und einsam führen und dabei von sich selbst, anderen und Gott getrennt bleiben.

Anmerkung: Wer diese Position vertritt, versteht Homosexualität als *eine Sonderform* der Sexualität, die für die Betroffenen ebenso natürlich und daher auch Gott-gesegnet sein kann, wie für andere eine heterosexuelle Partnerschaft. Homosexuell empfindende Menschen sind genauso wie heterosexuelle Menschen für ihre Sexualität verantwortlich. Die Gemeinde soll bereit sein, die Beziehungen zwischen gleichgeschlechtlichen Partnern zu segnen. Vertreter dieses Ansatzes bestreiten die Idee, dass die zahlenmäßig große Mehrheit automatisch definieren kann, was normal ist (im Sinne einer Norm). Linkshänder sind schließlich auch eine Minderheit, aber deswegen nicht „gegen die Natur". Außerdem gibt es auch in der Tierwelt homosexuelle Beziehungen.

Was haben diese drei Standpunkte gemeinsam?

Für manche liegen Welten zwischen diesen drei Positionen. Aber es gibt dennoch wichtige Gemeinsamkeiten. Alle drei Positionen lehnen ab, dass betroffene Menschen verachtet werden oder aus unserem Freundeskreis (oder unserer Familie) ausgeschlossen und in die Ecke gedrängt werden. Sie schließen auch aus, dass jeder einfach tun darf, was er will. Wahlloser Geschlechtsverkehr ist bei keinem der Standpunkte eine Option. *Es gibt also Richtlinien.* Es geht uns doch etwas an, was andere tun.

Alle angesprochenen Standpunkte gehen von der Überzeugung aus, dass Menschen für ihr Handeln verantwortlich sind, ganz gleich, wodurch sie geworden sind, wie sie sind. Dass Menschen ihre sexuellen Neigungen nicht selbst gewählt haben, spielt dabei keine entscheidende Rolle. Den drei Positionen ist auch gemeinsam: Wir alle sind dafür verantwortlich, wie wir auf betroffene Menschen reagieren, wie wir sie begleiten. Nicht zuletzt wird bei allen Standpunkten klar: Nächstenliebe gilt für alle! Ob Homosexualität nun als Sünde, als Krankheit, als Schicksal oder als alternativer Lebensstil betrachtet wird, ist weniger wichtig, als dass die betroffenen Menschen als von Gott geliebte Menschen gesehen werden, denen auch wir christliche Liebe schuldig sind.

Menschen sind für ihr Handeln verantwortlich, ganz gleich, wodurch sie geworden sind, wie sie sind

Was glauben wir?

Wenn wir ehrlich und offen miteinander sprechen, dann werden wir in den meisten Gemeinden alle oder fast alle der oben genannten Meinungen und Standpunkte vorfinden. Gerade weil viele sehr unsicher sind, sollten wir vielleicht lieber auf der Seite der Barmherzigkeit irren, vor allem dort, wo homosexuell empfindende Menschen schon von der Gesellschaft abgelehnt werden.

Was sagt die Bibel?

Endlich! So reagieren zweifellos manche Leser und fügen vielleicht noch hinzu: Was soll diese Diskussion über die Vielfalt an Meinungen? Die einzig relevante Meinung ist die biblische Lehre! Nach der Auffassung vieler ist in der Bibel alles deutlich geregelt. Was aber für den einen *deutlich geregelt* ist, ist für den anderen gar nicht so klar. Hier ein Überblick in acht Kategorien:

1. Mit nur einer einzigen *möglichen* Ausnahme werden homosexuelle Beziehungen in der Bibel ausschließlich negativ betrachtet.

Sie werden nie als angemessen dargestellt, nie gefeiert. Manche Ausleger sehen die Beziehung zwischen David und Jonathan aufgrund der Beschreibung ihrer Beziehung im Alten Testament als eine mögliche Ausnahme (vgl. 1. Samuel 18,1–4; 19,1; 20,17.41; 2. Samuel 1,26). Dass diese Männer homosexuell empfanden, lässt sich jedoch nirgends begründen und wird an anderen Stellen deutlich verneint. Außerdem müssen Handlungen und Äußerungen in kulturellen Zusammenhängen gedeutet werden, und vor diesem Hintergrund gibt es keine gute Begründung für die Behauptung, dass die biblischen Autoren hier eine homosexuelle Beziehung beschreiben und gut heißen wollten.

Wenn wir die Jonathan-David-Beziehung aus der Diskussion nehmen, dann redet die Bibel ausnahmslos negativ über homosexuelle Aktivitäten. Sie werden entweder ausdrücklich verboten (z. B. 3. Mose 18,22; 20,13) oder mit anderen Zielverfehlungen aufgezählt (z. B. 1. Korinther 6,9–11; 1. Timotheus 1,10), oder sie werden als Abweichung von der von Gott gewollten Norm bezeichnet (z. B. Römer 1,26/27).

2. Kein Text der Bibel spricht über homosexuelle *Orientierung.* Erst im 19. Jahrhundert wurde anerkannt, dass es eine homosexuelle Orientierung gibt, d. h. eine gleichbleibende sexuelle Anziehung nur zu gleichgeschlechtlichen Menschen. Egal was die Ursache dieser Orientierung auch sein mag, die betroffenen Menschen empfinden es so, als wäre diese Neigung Teil ihrer Persönlichkeit und nicht etwas, das sie selbst gewählt hätten.

Im Altertum wussten Menschen nichts von einer homosexuellen *Empfindung,* thematisierten diese auf jeden Fall nicht. Es gibt weder im Hebräischen noch im Griechischen Wörter, die unserem Wort „Homosexualität" entsprechen würden. In der Antike wurde davon ausgegangen, dass *heterosexuelle* Menschen durch den sexuellen Verkehr mit Gleichgeschlechtlichen eine Erweiterung ihrer Erfahrungen erleben wollten, was dann für sie gegen ihre Natur wäre.

Wie bewerten wir diese Behauptungen?

Diese beiden Behauptungen werden ganz gegensätzlich gesehen! Einige meinen, dass die fehlende Diskussion einer homosexuellen *Orientierung* und die ausschließlich negative Bewertung von homosexuellen Aktivitäten in der Bibel deutlich zeigen: Homosexualität ist immer Sünde! Die Bibel interessiere sich nicht dafür, ob Menschen homosexuell *empfinden* oder nicht. Die dazu gehörenden Aktivitäten seien so oder so Sünde. Alternative Deutungen der biblischen Texte seien nur vergebliche Versuche, die klare biblische Lehre für ungültig zu erklären.

Andere denken genau umgekehrt. Sie meinen, die Bibel spräche gar nicht zur Frage, ob liebevolle homosexuelle Beziehungen der Treue in Ordnung seien oder nicht, d. h. die fehlende Diskussion sowohl einer homosexellen *Orientierung* als auch einer liebevollen homosexuellen Partnerschaft zeigt deutlich, dass die Bibel sich nicht zu diesen Themen äußert. Die Bibel lehnt freilich viele Arten von sexuellen Sünden ab, sowohl heterosexuelle als auch homosexuelle, unter anderem Vergewaltigung, Kinderschändung, unkontrolliertes Nachgehen jeglicher sexuellen Triebe und sexuelle Praktiken als Teil eines Götzendienstes. Dass diese gegen Gottes Plan für Sexualität verstoßen, sei in der Bibel klar. In den Diskussionen in den verschiedenen Kirchen und auch in diesem Kapitel steht das außer Frage. Aber ob liebevolle treue homosexuelle Partnerschaften in Ordnung seien oder Sünde seien, dazu finden wir in der Bibel keine Aussage, auf jeden Fall keine direkte Antwort. So diese zweite Meinung.

Verbietet die Bibel treue homosexuelle Partnerschaften, weil sie jegliche Art homosexueller Beziehungen ablehnt? Oder lässt die Bibel diese Frage, die uns auf den Nägeln brennt, außer acht? Hier vertreten Ausleger ganz unterschiedliche Ansichten.

3. Die Reinheitsgebote des Alten Testamentes verbieten es einem Mann, „mit einem Mann [zu] schlafen, wie man mit einer Frau schläft“ (3. Mose 18,22; vgl. 20,13). Dies wird sogar als

„ein Gräuel“ vor dem Herrn bezeichnet. Für viele Bibelausleger sind diese beiden Stellen eindeutig und maßgebend. Wie könnte die Bibel unsere Frage deutlicher beantworten? Andere Ausleger meinen jedoch, dass der Kontext deutlich zeige, dass es sich hier um verkehrten Gottesdienst und nicht um homosexuelle Partnerschaften handle.

Israel sollte sich von den Gräueltaten der umliegenden heidnischen Völker fernhalten (vgl. 18,1–5). Diese praktizierten als Teil ihres falschen Gottesdienstes verschiedene sexuelle, auch homosexuelle, Aktivitäten. In den heidnischen Anbetungsstätten gab es sogar „Tempelprostituierte“ (männliche und weibliche).

Falls die erwähnten homosexuellen Praktiken tatsächlich mit falscher Anbetung zu tun hatten, dann wird die biblische Lehre hier wohl ungefähr wie folgt zu verstehen sein: Sexualität ist nicht Teil der Anbetung. Sie ist von Gott gedacht und gegeben, aber sie ist eine zwischenmenschliche Beziehung und keine Verbindung zur göttlichen Welt. Daher sind sexuelle Beziehungen als Vorbereitung oder Teil von Anbetung am falschen Platz. Sowohl das Alte als auch das Neue Testament sagen deutlich: Mit Tempel-Prostituierten zu verkehren, ist ein Gräuel vor dem Herrn und ein völlig verkehrtes Verständnis von Sexualität und Anbetung. Beide Arten (homosexuelle und heterosexuelle) sind deswegen als Teil der Anbetung Gottes verboten (vgl. auch 1. Korinther 6,15).

Die Frage ist also, inwiefern die klaren Verbote in 3. Mose auch *für uns* maßgeblich sind. Und ob diese Stellen auch zu Menschen sprechen, die in einer liebevollen homosexuellen Partnerschaft leben, das wird unterschiedlich bewertet.

Mancher meint: Die fehlende Begründung für das Verbot homosexueller Beziehungen ist gar nicht wichtig. Verboten ist verboten. Gott hat seine Gründe, ob wir sie nun nachvollziehen können oder nicht. Das klingt fromm, lässt sich aber nicht konsequent durchführen. Schließlich steht direkt zwischen den beiden erwähnten Stellen: „Dein Feld sollst du nicht mit zweierlei Arten besäen. Du sollst kein aus zweierlei Fäden gewebtes Kleid anlegen“ (vgl.

3. Mose 19,19). Welcher Landwirt hält die erste Hälfte noch für maßgebend? Und wer von uns praktiziert die zweite Hälfte, unsere Kleidung betreffend?

Wir müssen wohl Richard Hays Recht geben, wenn er schreibt: „So oder so gilt es für die Kirche zu erkennen, ob die traditionellen Regeln Israels für die neue Gemeinde der Nachfolger Jesu immer noch Gültigkeit haben. Um zu sehen, welche Entscheidungen die frühe Kirche in dieser Sache traf, müssen wir uns dem NT zuwenden." (Richard B. Hays, Homosexualität: Die ethische Sicht des Neuen Testaments, in: Walter Gasser und Russell Hilliard, Homosexualität verstehen, Teil 2. Medizinische, verhaltensgenetische und theologische Aspekte, VGB-Verlag, Zürich 1998). Es ist unumstritten, dass viele Reinheitsgebote des Alten Testamentes im Neuen vor allem für Nichtjuden aufgehoben und für nicht mehr gültig erklärt wurden. Gehören 3. Mose 18,22 und 20,13 auch dazu? Sind sie vielleicht irrelevant, weil es hier nicht um eine Partnerschaft der Treue geht? Bei beiden Fragen sind sich die Ausleger uneins.

4. Die Bibel redet relativ oft von der Sünde Sodoms. 1. Mose 19,1–13 erzählt die schreckliche Geschichte der Männer Sodoms, die zwei Engel vergewaltigen wollten, möglicherweise, um ihrer Verachtung gegen diese Fremden Ausdruck zu verleihen. Dass dieser Akt ein homosexueller wäre, ist klar. Dass es *nur deswegen* ein Verbrechen (V. 8) wäre, ist eindeutig falsch. Eine Vergewaltigung wäre so oder so ein Verbrechen, auch wenn Lots ebenso sündhaftes Angebot seiner jungfräulichen Töchter als Ersatz angenommen worden wäre und es zu einer heterosexuellen Vergewaltigung gekommen wäre. Diese Stelle hilft aus mancherlei Gründen kaum bei unserer Frage:

- Es ist klar, dass nicht alle „Einwohner der Stadt ... die Männer von Sodom, jung und alt, alles Volk von weit und breit" (V. 4) homosexuell empfanden. Ob überhaupt homosexuell empfindende Menschen darunter waren, kann nicht festgestellt werden.

- Es wird in der Bibel nie behauptet, dass die „Sünde von Sodom“ Homosexualität war (vgl. Jesaja 1,15–17; 3,9; Hesekiel 16,49; Judas 7; 2. Petrus 2,6–10 und 15 andere Stellen, die Sodom erwähnen). Im Alten Testament wird diese Sünde als soziale Ungerechtigkeit, als Hochmut und als Verstoß gegen die Regeln der Gastfreundschaft Fremden gegenüber verstanden. Im Neuen Testament wird zusätzlich auch verkehrte Sexualität erwähnt, und zwar, weil es um Menschen und Engel ging. Homosexualität wird nie eindeutig mit der Sünde von Sodom in Verbindung gebracht.
- Vergewaltigung ist immer Sünde. Dass dieser Text die Sündhaftigkeit von *Vergewaltigungen* darstellt, ist naheliegender, als dass er die Sündhaftigkeit *homosexueller Beziehungen* darstellt.
- Eine etwas ähnliche und noch schrecklichere Geschichte in Richter 19,2–26 bekräftigt die Behauptung, dass es Vergewaltigung und nicht Homosexualität ist, die in diesen Texten im Vordergrund steht.
- Die beiden Geschichten bezeugen, was auch Wissenschaftler beschreiben: Gewalttätige Männer sind sexuell am wenigsten wählerisch. Ob die Opfer ihrer Gewalttaten männlich oder weiblich sind, ist ihnen oft nicht das Wichtigste. (Die Mehrzahl der Männer, die Jungen sexuell missbrauchen, sind deren heterosexuelle Väter.)

5. Das Neue Testament zählt an einigen Stellen unter anderen Sünden auch verschiedene homosexuelle Aktivitäten auf. Es sind Dinge, die zur Welt und nicht zum Volk Gottes gehören. Zum Beispiel: „Weder Unzüchtige noch Götzendiener, weder Ehebrecher noch Lustknaben, noch Knabenschänder, noch Diebe, noch Habgierige, keine Trinker, keine Lästerer, keine Räuber werden das Reich Gottes erben“ (1. Korinther 9,9–11; 1. Timotheus

1,10). Was aber *malakoi* (Lustknaben? Der *„weibliche"* Mann bei homosexuellem Geschlechtsverkehr?) und *arsenokoitai* (Knabenschänder? Der *„männliche"* homosexuelle Partner?) nun genau bedeuten, wird unterschiedlich bewertet. Es ist wahrscheinlich, dass es hier um homosexuelle Beziehungen geht, aber unklar, ob auch liebevolle homosexuelle Partnerschaften als Sünde bezeichnet werden, falls die Autoren sich dieser Möglichkeit überhaupt bewusst waren.

6. Viele Ausleger sehen Römer 1,26/27, im Kontext gelesen, als die klarste biblische Lehre zum Thema Homosexualität: „Darum lieferte Gott sie entehrenden Leidenschaften aus: Ihre Frauen vertauschten den natürlichen Verkehr mit dem widernatürlichen; ebenso gaben die Männer den natürlichen Verkehr mit der Frau auf und entbrannten in Begierde zueinander; Männer trieben mit Männern Unzucht und erhielten den ihnen gebührenden Lohn für ihre Verirrung."

Doch ist auch in diesen Versen nicht Homosexualität das Hauptthema. Paulus schreibt davon, wie Menschen die Absichten Gottes verdrehen, wenn sie Gott nicht anerkennen. In diesem Zusammenhang verwendet er homosexuelle Beziehungen als Illustration. Und doch werden in dieser Stelle gleichgeschlechtliche Beziehungen thematisiert (zum einzigen Mal in der Bibel auch lesbische Beziehungen). Im Kern sagt Paulus: Weil die Menschheit im Allgemeinen Gott nicht anerkennt, Gott nicht richtig anbetet, liefert Gott sie aus, verkehrt zu denken, ihn verkehrt anzubeten und verkehrt zu handeln (unter anderem auch in homosexuellen Beziehungen).

Hier wird nicht behauptet, dass Homosexualität für einzelne Menschen das Gericht Gottes für ihre Sünden darstellt. Eher, dass zu einer Welt, in der die Sünde Gottes guten Plan verdreht, auch verkehrte Sexualität gehört. Paulus behauptet hier auch nicht, dass Homosexualität Gottes Zorn nach sich zieht. Paulus kehrt Ursache und Wirkung um. Moralische Perversion jeglicher Art ist das

Resultat von Gottes Zorn, nicht der *Grund* dafür. Dennoch sind viele Ausleger überzeugt, dass das Widernatürliche, wozu Gott die erwähnten Menschen auslieferte, die Homosexualität selbst ist. D. h. Gott hat Geschlechtsverkehr als Ausdruck der Beziehung zwischen einem Mann und einer Frau vorgesehen, alles andere entspricht nicht seiner Absicht.

Moralische Perversion jeglicher Art ist das Resultat von Gottes Zorn, nicht der Grund dafür

Andere Ausleger sehen auch in diesem Kapitel keine klaren Richtlinien für Menschen, die eine homosexuelle Partnerschaft *nicht als widernatürlich* empfinden. Um so mehr, wenn ihre Partnerschaft überhaupt nichts mit ihrem Gottesbild oder ihrer Anbetung zu tun hat. So gelesen, sagt dieser Text auch nichts über liebevolle homosexuelle Partnerschaften. Was Paulus negativ darstellt, ist das Entbrennen in Begierde (V. 27) und das Befriedigen dieser Begierde, wo, wie und wann immer jemand dies gerade will. Paulus zeigt, dass die widernatürlichen Wege der Menschheit nicht nur eine verkehrte Sexualität einschließen, sondern auch Habgier, Neid und Streit (vgl. Römer 1,29). All dies zeigt, dass Menschen Gott nicht richtig anerkannten und anbeteten.

Falls es in diesem Text aber doch um Homosexualität als solche geht, dann macht Paulus an diesem Beispiel deutlich, dass die gottlose Welt zur verkehrten Welt wird. Dann liefert der Text aber immer noch keinen Grund, Homosexualität als etwas Schlechteres zu betrachten als Habgier, Neid usw.

7. Das Thema Homosexualität wird von Jesus selbst entweder gar nicht oder nur in Matthäus 19,12, und zwar indirekt, erwähnt. Falls es sich bei dieser Stelle um homosexuell empfindende Menschen handelt (was nicht sicher ist), dann wäre aus der Sicht Jesu die angemessene Alternative zur „Heiratsunfähigkeit“ nicht eine homosexuelle Partnerschaft, sondern Enthaltsamkeit.

8. Falls 1. Mose 1 und 2 den (einzigen) angemessenen Rahmen für alle sexuelle Beziehungen definieren und begrenzen wollen, d. h. zwischen einem Mann und einer Frau in einer Beziehung, in der ein Mann „Vater und Mutter verlässt und sich an seine Frau bindet", dann sollte klar sein, dass dieses Ein-Fleisch-Werden zu einer heterosexuellen Ehe gehört. Dies scheint die Annahme vieler biblischer Stellen zu sein (Matthäus 5,27/28; 19,4–6.12; 1. Korinther 7; Epheser 5,21–23).

Es gibt jede Menge Zielverfehlungen im Bereich Sexualität, heterosexuelle wie homosexuelle

Unter dem Strich: Es wird oft behauptet, dass die Bibel *deutlich* zum Thema „Homosexualität" redet. Diese Behauptung lässt sich jedoch nur schwer aufrechterhalten, wenn wir den Kontext der einzelnen Stellen beachten. Das heißt natürlich nicht, dass wir nicht feste Überzeugungen gewinnen könnten. Wir sollten jedoch nicht behaupten, dass jede andere Überzeugung biblisch gesehen eindeutig und selbstverständlich falsch ist. Ich habe kein Recht, zu behaupten, dass Menschen mit anderen Überzeugungen die Bibel weniger ernst nehmen, weniger ehrlich mit sich selbst sind oder weniger logisch denken können. Wir lesen die Bibel mit unterschiedlichen Brillen und deshalb sind wir uns auch nicht einig, welche Verse nun als „klare Stellen" Vorrang haben sollen. Bei der Bibelauslegung gehen wir auch von verschiedenen hermeneutischen Prinzipien aus. Die Prinzipien, mit denen wir die Brücke zwischen dem Text damals und unserer Situation jetzt und hier bauen, variieren also.

Aus meiner Sicht wären der erste, sechste und achte Punkt der oben erwähnten Überlegungen am stichhaltigsten, wollte jemand argumentieren, dass die Bibel alle Arten von homosexuellen Beziehungen als nicht Gottes Willen entsprechend beschreibt. Zielverfehlungen im Bereich Sexualität gibt es jede Menge, sowohl heterosexuelle als auch homosexuelle. Die Bibel gibt für *heterosexuelle* Beziehungen positive Anweisungen, wie sie angemessen praktiziert werden sollen. Wo immer *homosexuelle* Aktivitäten erwähnt werden, werden sie negativ bewertet. Ist das nur zufällig so oder ist das bezeichnend? Es scheint, als wollte die Bibel sagen: Gottes ursprünglicher Plan schließt sexuelle Beziehungen zwischen gleichgeschlechtlichen Menschen nicht ein. Solche Beziehungen bezeugen, dass wir in einer gefallenen Welt leben.

Anregungen für die weitere Diskussion

Wir tun uns einen Gefallen, wenn wir bei Gesprächen zu diesem Thema einige Dinge wahrnehmen und Grundregeln beachten.

1. Wir reden über und mit Menschen, die Gott liebt. Auch wenn wir nach Wahrheit und Richtlinien suchen, auch wenn wir so sachlich wie möglich bleiben wollen, so reden wir dennoch über Menschen, die Gott liebt. Es ist manchmal schwierig, die Kategorien *wir* (d. h. die Heterosexuellen) und *sie* (d. h. die Homosexuellen) zu vermeiden, wenn ich selbst mich als heterosexuell bezeichne und wenn ich grammatisch korrekt formulieren will. Aber wenn Gespräche über dieses Thema immer nur in den Kategorien „wir" und „sie" geführt werden, dann grenzen wir „die anderen" aus; dann reden wir immer nur *über sie* und nicht *mit ihnen.* Falls wir keine Ahnung haben, über welche Menschen wir reden, dann sollten wir vielleicht erst einige kennen lernen.

2. Einseitige Argumentationen bringen uns nicht viel weiter. Immer nur die Ausleger oder Wissenschaftler zu zitieren, die die eigene Position unterstützen, oder so zu reden, als wären alle anderen Möglichkeiten lächerlich, ist nicht hilfreich und überzeugt niemanden.

3. Schlechte Argumente untergraben ein Argument. Ich habe oft Aussagen wie diese gehört:

- Homosexualität ist *deswegen* ausgeschlossen, weil es so keine

Fortpflanzung geben kann.

- Alle Gebote des Alten Testaments gelten auch für uns.
- Der situative Anlass für ein biblisches Verbot ist irrelevant.
- Was immer jemand als erfüllend empfindet, wird auch (für ihn) in Ordnung sein.
- Jeder darf selbst entscheiden, was für ihn richtig ist.
- Homosexuell empfindende Menschen sind Gewalttäter.

Solche Aussagen sind falsch oder unbiblisch oder unangemessene Vorurteile, oder sie können nicht konsequent zu Ende gedacht werden. Dadurch wird keine Argumentation untermauert.

4. Ehrlichkeit und Konsequenz sind *wertvolle Güter* dieses Gespräches. Peter J. Foth hat das einmal so formuliert: „Jeder prüfe sich selbst, ob er nicht nur dann die Bibel wörtlich zitiert, wenn sie ihm ein vorweg gewünschtes Ergebnis bestätigt, sie aber dann sinngemäß oder modern auslegt, wenn er zu einem anderen Ergebnis zu kommen wünscht. Unsere methodische Sauberkeit und Ehrlichkeit ist gefragt."

5. Ein Grundkurs in biblischer Hermeneutik würde uns gut tun! Die Frage, *was* in einem Text steht, reicht nicht aus, wenn wir biblische Antworten suchen. Wir sollten auch fragen, *warum* etwas da steht. Was sagt die Bibel ansonsten? Und was, wenn wir zu verschiedenen Interpretationen gelangen?

6. Überzeugungen zu besitzen, ob etwas Sünde ist, ist nicht anmaßend. „Maß dir nicht an, für jemand anderen zu entscheiden, was für ihn Sünde ist!" Solche Ermahnungen werden manchmal formuliert, sind aber nicht fair. Wenn ich davon überzeugt bin, dass etwas Sünde ist, dann *entscheide* ich nicht, was für einen Menschen Sünde ist. Ich beziehe nur einen Standpunkt dazu, was *Gott* zu einem Thema sagt. Und das ist durchaus legitim, auch wenn andere zu anderen Überzeugungen gelangen.

7. Angesichts der vielen schwierigen Fragen brauchen wir Flexibilität, Zurückhaltung und vor allem Geduld. Überzeugung darf sein! Überheblichkeit über die selbstverständliche Richtigkeit unserer Überzeugung ist allerdings sowohl unangebracht als auch nicht hilfreich.

Meine persönlichen Überzeugungen

Überzeugung darf sein!

Ich möchte meine persönlichen Überzeugungen nicht in den Mittelpunkt stellen. Das Ziel dieses Kapitels ist, einen Beitrag zum hilfreichen Gespräch anzubieten. Dennoch kann diese Absicht vielleicht unterstützt werden, wenn ich meine eigenen derzeitigen Überzeugungen formuliere, damit andere überlegen können, ob und warum sie meine Sichtweise teilen oder auch nicht.

Nach meiner Meinung verstößt Geschlechtsverkehr zwischen gleichgeschlechtlichen Partnern gegen Gottes Schöpfungsordnung. Männlichkeit und Weiblichkeit entstehen nicht durch Zufall, sondern sind Teil des Schöpfungsplanes Gottes. Der Unterschied zwischen Mann und Frau ist der Grund, warum sie ein Fleisch werden. Die Normen für die Menschheit sind nicht nur Heterosexualität, sondern auch die Einehe oder, als eine ebensogute Alternative, sexuelle Enthaltsamkeit. Wie bereits erwähnt, überzeugen mich die oben genannten Punkte eins, sechs und acht am meisten.

Wer wie ich zu einer solchen Überzeugung gelangt ist, tendiert natürlich dazu, diese *nicht nur* mit diesen drei Argumenten, sondern auch anders zu begründen. Es findet dann eine Kettenreaktion statt. Wenn die Punkte eins, sechs und acht jemanden davon überzeugen, dass alle homosexuellen geschlechtlichen Beziehungen (auch in verbindlichen und treuen dauerhaften Beziehungen) gegen Gottes Willen verstoßen, dann behauptet er/sie normalerweise auch:

- dass die Verbote des Alten Testaments nicht nur mit kultischer

Tempel-Prostitution zu tun haben, sondern allgemein mit Homosexualität (siehe Punkt 3);

- dass die „Sünde Sodoms" auch Homosexualität und nicht nur Feindseligkeiten gegen Fremde oder Geschlechtsverkehr mit Engeln meint (siehe Punkt 4);
- dass „Homosexualität" deswegen auf den „Sündenlisten" des Neuen Testamentes zu finden ist, weil sie *immer* sündhaft ist (siehe Punkt 5), usw.

Wenn ich von etwas überzeugt bin, dann suche ich schnell überall Bestätigungen für meine Position. Und doch können wir eine Kette nicht dadurch verstärken, dass wir schwächere Kettenglieder hinzufügen. Aus diesem Grund möchte ich mich auf die Überzeugungskraft der Punkte eins, sechs und acht beschränken. Sie überzeugen mich, dass Homosexualität nicht als angemessener alternativer Lebensstil bezeichnet werden kann. Eine Ehe ist der klarste und vollständigste Ausdruck der sich ergänzenden Aspekte des Gottesbildes und der Beziehung zwischen Gott und seinem Volk.

Ich nehme aber auch wahr, dass Gemeinden oft inkonsequent sind, wenn sie homosexuelle Beziehungen verurteilen, aber andere biblische Anweisungen in Bezug auf heterosexuelle Beziehungen ignorieren.

Zum Weiterlesen:

- Nicky Gumbel, Heiße Eisen angepackt, C. M. Fliß, Hamburg 1995
- Richard B. Hays, Homosexualität: Die ethische Sicht des Neuen Testaments, in: Walter Gasser und Russell Hilliard (Herausgeber), Homosexualität verstehen, Teil 2. Medizinische, verhaltensgenetische und theologische Aspekte, VGB-Verlag, Zürich 1998
- John Stott, Christsein in den Brennpunkten unserer Zeit, Band 4, Verlag der Francke-Buchhandlung, Marburg 1988
- Helmut Thielicke, Sex – Ethik der Geschlechtlichkeit, J. C. B. Mohr, Tübingen 1966

Ein letzter Hinweis: Egal, was wir meinen – es wird wohl in den meisten Gemeinden Menschen mit anderen Überzeugungen geben. Weil bei diesem Thema vieles unklar ist, nicht nur in der Gesellschaft oder in der Wissenschaft, sondern auch unter Bibelauslegern, sollten wir barmherzig und offenherzig sein, Konsens suchen, aber auch eine Vielfalt an Ansichten erwarten. Ich könnte zum Beispiel Teil einer Gemeinde sein, wo nicht alle meine Meinung zu diesem Thema teilen. „Sollte die Kirche beginnen, [homosexuelle] Gemeindeglieder durch Ausschluss aus der Gemeinde zu disziplinieren, müsste sie zuerst bei anderen, weit wichtigeren Fragen eine Grenze ziehen, zum Beispiel bei Gewalt und Materialismus“ (Richard Hays, S. 43).

Gesprächs- und Denkanstöße:

1. Wie kommt es, dass Wissenschaftler, Bibelausleger und „ganz normale Christen“ so unterschiedliche Überzeugungen zum Thema „Homosexualität“ vertreten?
2. Wie reagieren Sie auf die Meinung des Autors, die biblische Bewertung von Homosexualität sei weniger eindeutig als oft behauptet?
3. Kenne ich persönlich homosexuell empfindende Menschen? Beeinflusst mein Umgang mit ihnen meine Überzeugungen bezüglich dessen, was richtig ist und was nicht?

Und in der Welt?

Meines Erachtens haben wir als Christen nicht die Aufgabe, unsere Variante christlicher Ethik zur Gesetzgebung unseres Landes zu machen. Als Teil der christlichen Gemeinschaft versuchen wir aus freier Entscheidung, einer christlichen Ethik zu folgen. Wir versuchen aber nicht, diese Ethik mit gesetzlichem Druck und unter Androhung von Strafe der allgemeinen Bevölkerung aufzudrängen. Das heißt konkret: Wenn Gesetze entworfen werden, die in einem bestimmten Rahmen homosexuelle Beziehungen erlauben und gesetzlich regeln, dann müssen Christen nicht unbedingt dagegen sein, nicht einmal, wenn sie überzeugt sind, dass solche Beziehungen nicht dem Willen Gottes entsprechen. Im Gegenteil: Gesetze, die Menschenrechte unterstützen, sogar das Recht, als Nichtchristen auch nichtchristlich leben zu dürfen, sind für die Welt in Ordnung. Unsere Aufgabe ist nicht, die Welt durch die Gesetzgebung christlicher zu machen. Wir versuchen, als Kontrastgesellschaft in dieser Welt zu leben und dabei die Werte und Normen des Reiches Gottes zu bezeugen. Für uns als Christen ist der Wille Gottes der höchste Maßstab und nicht die Gesetzgebung.

9. GELD UND BESITZ

Als Christen behaupten wir, dass alles Gott gehört. Das schließt auch uns selbst und unseren Besitz ein. Geld, Einfluss, Macht … Wie können wir lernen, Gott und nicht dem „Mammon" zu dienen? Darauf richten wir in diesem Kapitel den Blick.

Ein Traum

Eines Tages, als ich mich gerade bequem in meinem Wohnzimmersessel entspannen wollte, kam Gott zu mir. Überall um mich herum waren sichtbare Zeichen meines Wohlstandes und, wie ich gerne sagte, Zeichen von Gottes Segen. Und jetzt war er bei mir. Gerade wollte ich mich bei ihm für all die schönen Dinge bedanken, da stellte er die etwas beunruhigende Frage: „Was würdest du mir geben, falls ich es von dir wollte?" Ich zuckte zusammen. Was hatte er mit mir vor? Dann schaute ich mich um und entdeckte gleich mehrere Dinge, auf die ich gerne verzichten und die ich Gott gerne geben würde, falls er es von mir verlangte. Ich stapelte die Sachen, recht viele eigentlich, mitten in meinem Wohnzimmer auf.

Ich hielt inne und schaute Gott erwartungsvoll an, aber er wartete noch. In Ordnung, dachte ich, ich kann auf noch mehr verzichten, falls Gott das von mir verlangt. Der Berg wuchs, die Regale, die Ecken und Winkel meines Zimmers wurden allmählich immer leerer, während ich die Dinge zusammentrug, die ich entbehren konnte. Immer noch wartete Gott. Allmählich fing es an, mir schwer zu fallen, als ich langsam einen Schatz nach dem anderen anschleppte. Gott wartete weiter.

Lange hielt ich meinen letzten Schatz in der Hand, während ich überlegte: Könnte ich Gott das alles wirklich überlassen? Was, wenn er tatsächlich alles nähme? Das letzte Stück, einen wertvollen Schatz, warf ich nicht auf den Haufen. Ich ließ ihn schnell unter ein paar anderen Dingen verschwinden und hoffte, Gott würde es nicht bemerken.

„Hier, Gott! Das alles würde ich dir zur Verfügung stellen, *falls du etwas davon wolltest."* Die Stunde der Wahrheit war gekommen. Ich hoffte natürlich, Gott würde nun milde lächeln: „Danke, Tim, du hast den Test mit Bravour bestanden. Ich wollte ja nur mal wissen, was du zu geben bereit wärst. Aber natürlich kannst du alles behalten ..." Oder würde er vielleicht doch ernst machen: „Danke, Tim, gut gemacht. Dann nehme ich also mal den ganzen Haufen ..."?

Weder noch. Er kam langsam näher, sah sich alles in Ruhe an. Dann ging er um den Berg herum und blieb genau da stehen, wo ich meinen letzten Schatz verborgen hatte. Seine Hand griff danach, und er sagte: „Ich denke, ich nehme nur *das!"*

Im Traum schrie ich laut auf: „Nein, Herr! Du kannst wirklich alles haben, aber nicht *das!"* Gott antwortete: „Mein Kind, ich will nicht dein Alles nehmen; ich will nur dein *Das.* Ich will nur, was du mir nicht geben willst. Alles andere gehört mir schon."

Was gehört mir? Was gehört Gott? Wie gehe ich mit meinem Besitz um? Und wie mit seinem? Es erstaunt mich immer wieder, wie offen und häufig die Bibel über Geld redet und wie zurückhaltend und selten wir es tun! Welche Prinzipien für den Umgang mit Geld und Besitz können wir aus der Bibel gewinnen? Sind die uralten biblischen Richtlinien in unserer komplizierten Marktwirtschaft überhaupt noch relevant? Es ist das Ziel dieses Kapitels, einige Prinzipien der Bibel aufzuzeigen und zum Gespräch darüber einzuladen, wie sie in die Tat umzusetzen sind.

Alles gehört Gott

Was mir gehört, gehört in erster Linie Gott. Das ist das biblische Verständnis von Besitz, von Geld, von allem, was wir gerne als unser privates Eigentum betrachten. Alles gehört Gott! „Dem Herrn gehört die Erde und was sie erfüllt, der Erdkreis und seine

Bewohner“ (Psalm 24,1). „Siehe, dem Herrn, deinem Gott, gehören der Himmel, der Himmel über den Himmeln, die Erde und alles, was auf ihr lebt“ (5. Mose 10,14). Aus diesem Bekenntnis sind vor allem zwei wichtige Prinzipien abzuleiten.

1. Wir dürfen alles als gutes Geschenk Gottes an uns genießen! Gottes Volk ist ein dankbares Volk, das von Gott versorgt wird und ihn dafür ehrt. Gott ist ein großzügiger Gott. Wir haben viel, *weswegen* und *womit* wir feiern können. Paulus argumentierte zum Beispiel: „Alles, was auf dem Fleischmarkt verkauft wird, das esst, ohne aus Gewissenhaftigkeit nachzuforschen. Denn *dem Herrn gehört die Erde und was sie erfüllt“* (1. Korinther 10,25/26) und: „Alles, was Gott geschaffen hat, ist gut, und nichts ist verwerflich, wenn es mit Dank genossen wird“ (1. Timotheus 4,4). Das ist die eine Seite: Alles gehört Gott, und er beschenkt uns aus seinem Reichtum, um unsere Bedürfnisse zu stillen und, weit darüber hinaus, um uns das Leben schön zu machen.

Wir dürfen alles als gutes Geschenk Gottes genießen!

2. Wir sind Treuhänder Gottes, die mit *Gottes Besitz* als gute Haushalter umgehen sollen. Dies ist die andere Seite. Es gibt kein absolutes Privateigentum, keinen Lebensbereich, bei dem wir zu Gott sagen könnten: „Du kannst alles haben, aber nicht *das.“* Das heißt, die Sachen, die Gott *mir* schenkt, gehören immer noch ihm. Wenn Gott diese Dinge durch mich *anderen Menschen* schenken möchte, dann kann ich nicht sagen: „Aber das gehört doch mir!“ Der englische Schriftsteller C. S. Lewis sagte einmal: „Nothing that you have not given away will ever be really yours“ (sinngemäß: „Nichts von dem, was du nicht weggegeben hast, wird jemals wirklich dein sein“).

Genießen und teilen

Es ist Gnade, dass Gott uns so reichlich beschenkt. Dies bezeugt die Bibel ganz deutlich. Wenn Gott schon die Vögel versorgt, wieviel mehr uns: „Ihr seid mehr wert als viele Spatzen.“ „Wenn Gott schon das Gras so prächtig kleidet ... wieviel mehr dann euch.“ Wir brauchen uns keine Sorgen zu machen (Lukas 12,7 und 22–34; Matthäus 6,25–34).

Genauso deutlich sagt die Bibel aber auch: „Wenn wir Nahrung und Kleidung haben, soll uns das genügen“ (1. Timotheus 6,8). Gott schenkt nicht allen seinen Kindern BMWs und tolle Urlaubsreisen nach Mallorca. Wer etwas im Überfluss besitzt, teilt mit anderen, die zu wenig haben. Paulus argumentierte, dass ein Ausgleich entstehen soll zwischen denen, die jetzt gerade im Überfluss leben, und denen, die Mangel leiden (2. Korinther 8,13–15). Wir haben empfangen, damit wir weitergeben können.

Gott schenkt nicht allen seinen Kindern BMWs und tolle Urlaubsreisen nach Mallorca

In 5. Mose 15,11 machte Gott den Israeliten deutlich: „Die Armen werden niemals ganz aus deinem Land verschwinden. Darum mache ich dir zur Pflicht: Du sollst deinem notleidenden und armen Bruder, der in deinem Land lebt, deine Hand öffnen.“ Im gleichen Zusammenhang sagte Gott sogar: „Eigentlich sollte es bei dir gar keine Armen geben; denn der Herr wird dich reich segnen in dem Land, das der Herr, dein Gott, dir als Erbbesitz gibt und das du in Besitz nimmst“ (5. Mose 15,4/5). Armut gibt es hauptsächlich deswegen, weil die Menschen nicht gerecht miteinander teilen. Im Alten Testament hört Israel und im Neuen die glaubende Gemeinschaft den Plan Gottes für den Kampf gegen Armut (miteinander teilen) und gleichzeitig auch Gottes Verheißung: „Wer dem Armen gibt, hat keinen Mangel“ (Sprüche 28,27).

Und wir?

Unsere typische Antwort darauf? – Das ist alles viel zu sehr vereinfacht. Die Welt ist heute wesentlich komplizierter. Wir brauchen dieses und jenes. Man kann nicht einfach alles auf heute übertragen, was im Alten Testament steht, nicht einmal alles vom Neuen. Die Anweisungen der Bibel wurden an andere Menschen in völlig anderen Verhältnissen gerichtet. Alle Anweisungen der Bibel auf unsere moderne Marktwirtschaft und sogar direkt in unsere politisch kompliziertere Welt zu übertragen, das ist in den meisten Fällen unmöglich, wenn nicht sogar sinnlos.

Auf solche Einwände antworte ich: Das stimmt alles! Ja, wir brauchen schlaue Köpfe, die erkennen können, was *wirklich* hilft. Nicht alles ist direkt übertragbar. Aber ich behaupte auch: Und trotzdem sind diese grundsätzlichen Prinzipien ungeheuer wichtig, denn sie geben uns die richtige Motivation, im Sinne Jesu mit Geld und Besitz umzugehen:

1. Was *uns* gehört, gehört eigentlich *Gott.*
2. Was er uns schenkt, *genießen* und *teilen* wir.

Alttestamentliche Einrichtungen

Gott überließ es den Israeliten nicht völlig selbst, sich auszudenken, wie sie diese wichtigen Prinzipien in die Praxis umsetzen sollten. Er gab Israel konkrete Anweisungen, wie sie diese Prinzipien berücksichtigen und verwirklichen sollten.

Der Zehnte. Alles gehört Gott und ganz besonders der Zehnte. Auch wenn es uns heute freigestellt ist, den Zehnten zu geben, so war dies für die Israeliten nicht so, sondern es wurde von ihnen verlangt. Der Zehnte musste zusätzlich zu anderen Steuern und Abgaben bezahlt werden. Im Neuen Testament kritisierte Jesus die *Gesetzlichkeit* der Scheinheiligen, die den Zehnten von Minze, Dill und Kümmel gaben, aber dabei Gerechtigkeit, Barmherzigkeit und Treue außer acht ließen (Matthäus 23,23). Das *Prinzip* des Zehnten-Gebens wurde jedoch im Neuen Testament nie aufgehoben.

In der Tat wurden damals oft gerade *durch* den Zehnten Gerechtigkeit und Barmherzigkeit praktiziert. Das Geld oder aber Tiere und Produkte sollten nicht nur ein religiöses System aufrecht erhalten. Damit sollte nicht nur der Tempel dekoriert oder neue Instrumente für die Sänger gekauft werden. Der Zehnte war auch bestimmt für „die Leviten, die ja nicht wie du Landanteil und Erbbesitz haben, die Fremden, die Waisen und die Witwen, die in deinen Stadtbereichen wohnen“ (5. Mose 14,29). Wer keine eigene Ernte besaß, bekam den Zehnten und andere Gaben.

Gott schenkte im sechsten Jahr eine Ernte, die für das sechste und siebte Jahr ausreichte

Zinslose Darlehen. Wenn ein Israelit verarmte und sich Geld leihen musste, dann sagte das Gesetz: „Nimm von ihm keinen Zins und Wucher!“ (3. Mose 25,36). Der Grund dafür lag darin, dass Freiheit und Landbesitz als *Geschenke* Gottes betrachtet wurden. Israel würde nie in der Lage sein, die Geschenke Gottes zu vergelten. Wie könnten die Reichen dann angesichts der Gnade Gottes auch noch die Armen ausnutzen und von ihrer Armut profitieren?

Der Sabbat. Sechs Tage der Woche sollten für die Israeliten Arbeitstage sein, der siebte Tag aber gehörte ganz besonders Gott. Diesen Tag zu heiligen hieß, vor allem und allen Gott als Schöpfer anzuerkennen. Es hieß, Gott zu vertrauen, dass er auch die Bedürfnisse für den siebten Tag erfüllen würde (z. B. indem er in der Wüste am Tag vor dem Sabbat für zwei Tage Manna schenkte). Der Sabbat bedeutete Ruhe für Mensch und Tier, damit niemand ausgenutzt wurde und damit Menschen nicht zu „Worcaholics“ (Arbeitssüchtigen) würden. Er schuf ganz besonders die Gelegenheit, wöchentlich Anbetung und Gemeinschaft einzuplanen. Und so, wie Jesus den Sabbat nutzte, schuf dieser Tag auch die Gelegenheit, für andere Gutes zu tun. Unsere ganze Zeit, unsere ganze Woche, unsere Arbeit und deren Ertrag, sie alle gehören Gott und dies wird durch den siebten Tag symbolisiert und gefeiert. Durch das Halten des Sabbats bringen wir dies wöchentlich neu zum Ausdruck.

Das Brachjahr. Gott schenkte nicht nur am sechsten *Tag* genug für den sechsten und siebten *Tag,* sondern Gott schenkte auch im sechsten *Jahr* eine Ernte, die für das sechste und siebte *Jahr* ausreichte. Deswegen sollte Israel dann das Land brach liegen lassen. „Für das Land soll es ein Jahr der Sabbatruhe sein" (3. Mose 25,5). Nicht nur das: Falls jemand in Armut und Schulden geriet und nur als Sklave überleben konnte, so sollte er in diesem siebten Jahr freigelassen werden. Die ungerecht gewordenen Verhältnisse sollten überwunden und neue Chancen geschenkt werden. Die Bibel nennt dies „Gerechtigkeit", auch wenn wir es vielleicht Barmherzigkeit nennen würden. Wir schulden einander neue Chancen, sagt Gott. Denn wir selbst und alles, was wir besitzen, gehören Gott.

Das Jubeljahr. Noch radikaler war der Neuanfang, der alle 50 Jahre gestattet werden sollte. 3. Mose 25 beschreibt die radikalen Änderungen, die im 50. Jahr mit dem Ertönen des Signalhorns am Versöhnungstag eintreten sollten (V. 9). „Ruft Freiheit für alle Bewohner des Landes aus! Es gelte euch als Jubeljahr. Jeder von euch soll zu seinem Grundbesitz zurückkehren, jeder soll zu seiner Sippe heimkehren" (V. 10). Alle Sklaven sollen frei sein, alle Schulden erlassen, alles Land, das inzwischen in den Besitz der Wohlhabenderen gekommen war, zurückgegeben werden. Die wirtschaftlichen Verhältnisse sollten wieder neu und fair verteilt werden.

Solche Anweisungen gehen uns gegen den Strich. „Unfair! Das gehört mir! Ich habe es rechtmäßig erworben!" Gott sah das anders. Was Landbesitz betrifft: „Das Land darf nicht endgültig verkauft werden; denn das Land gehört mir und ihr seid nur Fremde und Halbbürger bei mir" (V. 23). Was Sklaven angeht: „Denn sie sind meine Knechte; ich habe sie aus Ägypten heraus geführt; sie sollen nicht verkauft werden, wie ein Sklave verkauft wird" (V. 42). Gott ist der Befreier und das Land gehört ihm. Was

Gott uns schenkte, will er jetzt jemand anderem schenken. Wir waren nur Haushalter Gottes, die das Land für ihn verwalteten.

Es gibt keinen Beweis dafür, dass Israel das Jubeljahr je tatsächlich durchführte. Das ändert aber nichts an der Tatsache, dass diese Ordnung wichtige, in die Praxis umzusetzende Prinzipien enthält. Das bezeugte auch der Prophet Jesaja, als er das Prinzip des Jubeljahrs aufgriff und als „eschatologisches Prinzip" einsetzte. Er prophezeite, dass mit dem Kommen des Messias und des Gottesreiches das echte Jubeljahr eintreten würde (Jesaja 61,1–3). Und so wählte Jesus das Jubeljahr als ein wichtiges Symbol seines Dienstes, indem er Jesaja zitierte und dann sagte: „Heute hat sich das Schriftwort ... erfüllt" (Lukas 4,18–21). Er versuchte keineswegs, von jemandem Land zu nehmen und einem anderen zu geben, aber er verwirklichte die dahinterliegenden Prinzipien auf vielfältige Art und Weise. Wir, die wir zum Reich Gottes gehören, sind aufgefordert, das Gleiche zu tun.

Jesus redete viel häufiger über Geld als über den Himmel

Ein paar Stichproben aus dem Neuen Testament

Selbst kurz zu erwähnen, was das Neue Testament alles zu diesem Thema beiträgt, würde bereits den Rahmen dieses Kapitels sprengen. Jesus redete viel häufiger über Geld als über den Himmel. Vor allem im Lukasevangelium wird stark betont, dass die Nachfolge auch unseren Umgang mit Geld und Besitz betrifft. Durch verschiedene Gleichnisse lehrt Jesus unter anderem:

- dass Gottes Gnade der Grund dafür ist, dass wir großzügig teilen sollen;
- dass Gott auch den Menschen vergibt und sie annimmt, die sein Vermögen verschwenden;
- dass Gott Schulden erlässt und dass dies uns motivieren sollte, auch unseren Mitmenschen ihre Schulden zu erlassen;
- dass wir als gute Treuhänder Gottes investieren sollen, was er

uns anvertraut;

- dass das Anhäufen von Besitz Gottes Gericht nach sich ziehen kann;
- dass die Lehre von Mose und den Propheten zu diesem Thema noch gültig ist.

Zusätzlich zu vielen Gleichnissen beinhalten die Evangelien auch mehrere Erzählungen, durch die wir lernen sollen, großzügig zu sein und Gott zu vertrauen, dass er unsere Bedürfnisse erfüllt.

„Wie schwer ist es für Menschen, die viel besitzen, in das Reich Gottes zu kommen" (Lukas 18,24). Jesus sagte dies ganz eindrücklich und es bestätigte sich immer wieder. Im Zusammenhang gelesen meinte Jesus: „Es ist eigentlich für alle Menschen ganz und gar unmöglich, ins Himmelreich zu kommen ... und für die Reichen noch schwieriger!" Als ob er sagen wollte: „Das Himmelreich kann man nur geschenkt bekommen, niemals sich verdienen." Aber die Reichen haben es besonders schwer, die Hände zu öffnen und das Geschenk anzunehmen, vor allem, wenn klar wird, dass Teilhabende am Reich Gottes mit ihrem Besitz ganz anders umgehen als die Welt. Denn er gehört letztendlich nicht uns, sondern Gott. Und wenn Gott will, dass die Armen davon profitieren, dann dürfen wir uns nicht weigern.

Wir finden in der Bibel auch das Vorbild der Urgemeinde, die freiwillig und entschlossen ihren Besitz teilte und jedem so viel gab, wie er benötige. „Keiner nannte etwas von dem, was er hatte, sein Eigentum, sondern sie hatten alles gemeinsam ... Es gab auch keinen unter ihnen, der Not litt" (Apostelgeschichte 4,32.34). Das nannten sie *Koinonia* (gemeinsames Teilhaben am Leben der anderen).

Die Texte, in denen Paulus über die Sammlung für Jerusalem redet (siehe vor allem 2. Korinther 8,6–15), zeigen, wie wir über Geld, Überfluss und die Armut der anderen denken und dann entsprechend handeln sollen. Paulus nannte das Opfer ein *Liebeswerk.* Es war keine Pflicht, kein Gesetz. Es war eine Gelegenheit, Gemeinschaft, Gerechtigkeit und Barmherzigkeit auszuüben. Es war eine Gelegenheit, das in den Mittelpunkt zu stellen, worauf es Jesus zufolge ankommt (Matthäus 23,23)!

Viele andere Aussagen über Geld und Besitz, über Prioritäten, über das Geben von Almosen, über Gewaltverzicht (auch wenn wir dadurch unser Vermögen verlieren) usw. sind in der Bergpredigt zu finden, die in diesem Buch an anderer Stelle betrachtet wird (siehe Seite 63).

Wie funktioniert das in heutigen Zeiten von Marktwirtschaft und Sozialstaat?

Vieles hat sich geändert, schon vom Alten bis zum Neuen Testament und erst recht bis heute. Im Alten Testament war „das Volk“ sowohl Glaubensgemeinschaft als auch Nation. Es gab keine große Trennung zwischen dem Zehnten und Steuern – beide waren Pflicht. Und ob das Geld für „religiöse Zwecke“ oder für soziale Bedürfnisse eingesetzt wurde, war letztendlich gleichgültig. Im Neuen Testament entsteht eine größere Freiwilligkeit, so dass Paulus an die Gemeinden appellieren musste: Bitte helft doch, die anderen leiden an Armut! Anders als die Urgemeinde erwarten wir einiges an sozialem Ausgleich vom Staat.

Dazu kommen Überlegungen, inwieweit bestimmte Ordnungen nur in bäuerlichen Kulturen relevant waren und wie sie heute bei uns aussehen könnten, wo die wenigsten Landwirte sind. Aber auch Landwirte werden einwenden, dass einige der radikalen Forderungen in unserem Klima, bei unseren Böden oder mit unseren Feldfrüchten viel schlechter funktionieren als damals. Inwieweit sind die Ordnungen (z. B. zinsfreie Darlehen) noch sinnvoll, wenn es meistens nicht die Armen sind, die Geld leihen, sondern die Unternehmer, und dies in einem Wirtschaftssystem, das auf Wachstum angewiesen ist und eine gewisse Inflation erwartet?

Es kommen weitere Fragen hinzu, die damals nicht in Betracht kamen. Die Menschheit hatte damals weder das Wissen noch die Kapazität, die Umwelt schädlich zu belasten, zumindest nicht annähernd so, wie wir es heute können und tun. Wann gilt es,

Entscheidungen zu treffen, die wirtschaftlich von Nachteil wären, aber umweltschonend sind? Damals mussten sich die Leute keine Gedanken machen, ob sie durch den Erwerb dieses oder jenes Produktes Ungerechtigkeit auf der anderen Seite des Globus‘ unterstützen. Heute ist das schon relevant.

Gerade weil sich so viel geändert hat, entstehen ernst zu nehmende Fragen, wie die biblische Lehre umgesetzt werden sollte. Dazu brauchen wir ein offenes Gespräch. Bibelausleger brauchen Hilfe von denen, die unsere Marktwirtschaft verstehen, sonst fordern wir an den falschen Stellen eine zu wörtliche Umsetzung. Unternehmer brauchen Hilfe von denen, die biblische Prinzipien erarbeiten, weil sie sonst leicht meinen könnten, alles, was wirtschaftlich sinnvoll sei, sei auch in Ordnung. Wir alle brauchen einander, damit wir lernen, mit den Texten und mit den relevanten Fragen ehrlich umzugehen. Wir können uns damit gegenseitig helfen, sinnvolle Entscheidungen zu treffen, wie die biblischen Prinzipien unser Leben, unseren Verdienst, unser Kaufen und Verkaufen, unser Sparen und Spenden beeinflussen sollen.

Gibt es vielleicht Dinge, die wir boykottieren sollten?

Vielleicht sind die schwierigen Fragen noch nicht einmal die, die direkt mit Geld zu tun haben. Vielleicht geht es eher um die Dinge, die wir mit Geld kaufen können: Zeit, Macht, Luxus? Gibt es vielleicht Dinge, die wir boykottieren sollten, zum Beispiel einige Arten des Aktienhandels, Luxusgüter, umweltbelastende Produkte? Wir müssen eine „hermeneutische Brücke“ schlagen, damit wir biblische Prinzipien sinnvoll in unsere heutige Situation umsetzen können.

Dazu brauchen wir wesentlich mehr Offenheit, um über das Thema „Geld“ sprechen zu können. Was wäre eigentlich so schlimm daran, wenn die Mitglieder meines Hauskreises wüssten, wieviel ich verdiene, welche finanziellen Entscheidungen ich treffen muss, wo ich gut Rat gebrauchen könnte? Es wäre doch gut, wenn sie auch wüssten, wo meine Schwachstellen bei diesem

Thema liegen. Finde ich es schwierig, Gott zu vertrauen, dass er meine Bedürfnisse erfüllt? Komme ich in Versuchung, etwas unehrlich zu verdienen (oder nicht alles zu versteuern)? Bin ich arbeitssüchtig? Ist mein Geldbeutel mein *„Das“* (das ich Gott nicht geben möchte)? Wir können einander unterstützen, wenn wir an unseren Schwachstellen arbeiten.

Unser Leben ist eine Antwort auf Gottes Gnade

Anders als die Welt

Paulus schreibt: „Angesichts des Erbarmens Gottes ermahne ich euch, meine Brüder, euch selbst als lebendiges und heiliges Opfer darzubringen, das Gott gefällt; das ist für euch der wahre und angemessene Gottesdienst. Gleicht euch nicht dieser Welt an, sondern wandelt euch und erneuert euer Denken, damit ihr prüfen und erkennen könnt, was der Wille Gottes ist: was ihm gefällt, was gut und vollkommen ist“ (Römer 12,1/2).

Hier macht Paulus klar. Unser Leben ist eine Antwort auf Gottes Gnade. Dazu gehört eine Antwort mit unserem Geld, mit unserem Besitz, mit unserer Zeit, unserer Macht und unseren Möglichkeiten. Sie alle gehören zu dem Leben, das wir Gott schulden. Dieser Text macht auch klar: Selbstaufopferndes Leben gefällt Gott besser als religiöse Zeremonien. Wir können tausend Gottesdienste besuchen, aber wenn Jesus nicht auch Herr über unseren Geldbeutel ist, dann ist Gott vermutlich weniger von unseren Gottesdienstbesuchen beeindruckt, als wir denken. Paulus erwähnt hier auch, dass es zwischen „uns“ und „der Welt“ deutliche Unterschiede gibt – äußerliche Unterschiede und dahinterliegende Denkweisen. Unter anderem soll das beim Thema „Geld“ sichtbar werden. In *jedem* Bereich, auch diesem, ist es wichtig, den Willen Gottes zu erkennen. Wie können wir dies alles in einer verbindlichen Gemeinschaft ausarbeiten?

Wie fangen wir damit an?

Im Folgenden möchte ich vorschlagen, wie dieses Thema in einer Gemeinde diskutiert werden könnte. Ich habe es selbst ausprobiert und sehe darin viel Potenzial.

Zunächst bearbeiten alle gemeinsam die oben angegebenen Texte und Themen. Dabei kann gleich bei jedem Text überlegt werden, welches die dahinterliegenden Prinzipien sind und wie sie realisiert werden könnten. Dann werden Arbeitsgruppen gebildet, jede mit einem bestimmten Themenbereich. Die Ergebnisse werden anschließend im Plenum vorgetragen. Hier die möglichen Fragen:

1. *Gruppe: „Ich bin Unternehmer"*
(Für Selbstständige, Geschäftsführer, Landwirte etc.)
- Ist diese Einstellung in Ordnung: „Verdient soviel wie möglich, damit ihr mehr habt, um großzügig sein zu können!"?
- Wo sind die „Grauzonen" in Bezug auf christliche Geschäftspraktiken?
- Gehen wir mit unseren Angestellten anders um als in der Wirtschaft üblich?
- Müssen wir damit rechnen, dass wir weniger „erfolgreich" als die Welt sein werden, wenn wir nach christlichen Maßstäben handeln?

2. *Gruppe: „Ich möchte meinen Beitrag leisten"*
(Für die, die sich Gedanken machen wollen, was wir zur Gerechtigkeit und zum Ausgleich in der Welt beitragen können.)
- Was sind akute Notsituationen in unserem Land und in anderen Ländern, wo Hilfe nötig ist?
- Welche Einstellungen sind wichtig, wenn wir Teil der Lösung und nicht Teil des Problems sein wollen?
- Wie können wir und unsere Gemeinde diese erlernen?
- Welche Organisationen können uns dabei helfen?

Zum Weiterlesen:

- Richard J. Foster, Tabu – Geld, Sex und Macht im Leben von Christen, R. Brockhaus, Wuppertal 2002
- Bernhard Ott, Schalom – Das Projekt Gottes, Agape, Weisenheim am Berg 1996
- Ronald J. Sider, Der Weg durchs Nadelöhr. Reiche Christen und Welthunger, Aussaat, Wuppertal 1986
- John Stott, Christsein in den Brennpunkten unserer Zeit, Band 3, Verlag der Francke-Buchhandlung, Marburg 1988
- John White, Die goldene Kuh. Materialismus in der Gemeinde Jesu des 20. Jahrhunderts, Verlag der Francke-Buchhandlung, Marburg 1981

3. Gruppe: „Ich möchte lernen, nach christlichen Maßstäben einzukaufen“

(Für diejenigen, die gerne einkaufen gehen oder in ihrer Familie dafür zuständig sind.)

- Was spricht dagegen, dass wir Luxusgüter kaufen?
- Was sind überhaupt Luxusgüter (für mich? für andere?)?
- Wieviel mehr sollte man zu bezahlen bereit sein, um umweltbewusster einzukaufen? Was heißt umweltbewusst einkaufen?
- Wie können wir unseren „Schalomstand“ (d. h. Wohlstand nach Gottes Sinn) genießen, ohne ein schlechtes Gewissen haben zu müssen?

4. Gruppe: „Wie können wir in unserer Gemeinde besser Koinonia *pflegen?“*

(Für die, die sich das wünschen und dazu beitragen wollen.)

- Was läuft jetzt schon bei uns, das „Ausgleich“ schafft und „Gerechtigkeit“ fördert?
- Welche guten (oder auch schlechten) Erfahrungen haben wir bisher gemacht?
- Wie passt das, was wir tun (können), ins größere Bild (d. h. in Bezug auf das, was der Staat tut, was unser Gemeindeverband tut, usw.)?
- Welche konkreten Vorschläge möchten wir unserer Gemeinde machen?

Eine wahre Geschichte zum Schluss

Als Student ohne großes Kapital war ich frisch von der Schule in eine Gemeinde gekommen. Ich entdeckte bald, dass diese Gemeinde eine andere Einstellung zu Geld hatte, als ich es gewohnt war. Bei diesem Thema herrschte Großzügigkeit, Gerechtigkeit, Offenheit.

Damals gab es dort (1978 in einer Boomtown im Norden Kanadas) fast keine andere Wohnmöglichkeit, als sich ein Containerhaus zu kaufen und es auf einen gemieteten Platz zu stellen. Nun hatte ich aber nicht die notwendigen 2.000 Dollar für eine Anzahlung. Ein Bruder aus der Gemeinde verfügte aber über so viel Geld. Er kam mit einem Scheck in der Hand zu mir: „Das ist für dich. Es gehört jetzt dir. Zahle es zurück, sobald du dazu in der Lage bist. Aber nicht mir, sondern gib das Geld unter den gleichen Bedingungen an jemanden weiter, der es braucht."

Also kaufte ich mir ein solches Containerhaus. Nach sechs Monaten hatte ich das Geld zusammengespart und konnte die 2.000 Dollar weitergeben. Damit kaufte sich dann ein anderer ein Containerhaus. Später dann noch jemand. Vielleicht wird das Geld heute immer noch herumgereicht ... Irgendwann wusste ich nicht einmal mehr, wohin dieses Geld gerade floss und wer zuletzt bezahlt hatte. Aber in meinem Leben hat dieses Geld schon 26 Jahre lang Zinsen getragen. Die neue Einstellung, die ich durch diese Begebenheit zu diesem Thema bekam, trägt jedenfalls immer noch Früchte!

Gesprächs- und Denkanstöße:

1. Was ist mein *„Das"* – das, was ich Gott nicht so gerne zur Verfügung stellen möchte und das deswegen noch nicht richtig *ihm* gehört?
2. Welche der alttestamentlichen Einrichtungen, die zu sozialer Gerechtigkeit und zum Ausgleich beitragen sollten, können wir heute noch in kulturell und wirtschaftlich angemessener Form gebrauchen und praktizieren?
3. Welche guten Erfahrungen mit finanzieller Großzügigkeit haben wir gemacht, die in unserem Leben Zinsen tragen?

EINSTELLUNGEN

10. DER HEILIGE GEIST UND WIR: APOSTELGESCHICHTE 15

Dieses Kapitel vermittelt uns Einblicke in die Urgemeinde, als sie mit schwierigen Fragen konfrontiert wurde. Wie gelang es den Christen damals, Einheit zu bewahren und am Ende zu sagen: „Der Heilige Geist und wir haben beschlossen" (Apostelgeschichte 15,28)?

Nach all diesen Überlegungen bleiben natürlich noch einige Fragen offen. Wie schaffen wir es als Gemeinden, gute Entscheidungen zu treffen? Wie gehen wir mit unserer Uneinigkeit um, mit unseren unterschiedlichen Überzeugungen? Wie vermeiden wir es, dass Diskussionen und die häufig vergeblichen Versuche, einen Konsens zu finden, uns auseinanderreißen?

Natürlich wollen wir versuchen, die verschiedenen Themen im Sinne Jesu anzugehen (siehe vor allem Kapitel 2 und 4). Natürlich wollen wir entdecken, wie die Bibel uns leiten will und welche biblischen Prinzipien für unsere ethischen Entscheidungen wichtig wären (siehe vor allem Kapitel 1, 3 und 5). Sicher wollen wir lernen, so über konkrete ethische Themen zu reden, dass wir nicht nur unsere vorgefertigten Meinungen durchsetzen, sondern gemeinsam die Bibel lesen und miteinander entdecken, wie das, was die Bibel sagt, am besten in unserer Situation in die Praxis umgesetzt werden kann (siehe vor allem Kapitel 6 bis 9).

Aber wie machen wir das? Es gelingt uns nicht immer so gut. Wir streiten eher, als dass wir einen Konsens finden. Wir verlassen die Diskussionen frustriert und deprimiert. Am Ende tut jeder sowieso, was er will. Ein schöner Traum – dieser Konsens. Aber die Realität sieht anders aus. Oder?

In diesem Kapitel wollen wir beobachten, wie die Urgemeinde sich um einen Konsens bemühte. Wir betrachten dazu Lukas‘ Darstellung des sogenannten Apostelkonzils in Jerusalem. Dort traf die versammelte Gemeinschaft wichtige Entscheidungen. Streitfragen hatten die Einheit der Gemeinde bedroht und die Ergebnisse der Konferenz bewahrten die Einheit. Es ist eine herausfordernde und Mut machende Geschichte, die uns heute noch ansprechen kann. Ich wünsche uns, dass unsere gemeinsamen Überlegungen zu den aktuellen Fragen unserer Zeit ebenso gelingen.

Es ist das Bild einer Gemeinde, die in Einheit und Freude zusammenlebt

Die Urgemeinde schaffte es!

Lukas vermittelt ein idyllisches Bild der Urgemeinde. „Tag für Tag verharrten sie einmütig im Tempel, brachen in ihren Häusern das Brot und hielten miteinander Mahl in Freude und Einfalt des Herzens. Sie lobten Gott und waren beim ganzen Volk beliebt. Und der Herr fügte täglich ihrer Gemeinschaft die hinzu, die gerettet werden sollten“ (Apostelgeschichte 2,46/47).

Es ist das Bild einer Gemeinde, die in Einheit und Freude zusammenlebt. Die frühen Christen liebten einander, teilten miteinander, was sie hatten, versammelten sich und feierten in jubelnder Freude. Das gemeinsame Mahl symbolisierte ihre Einheit und diese Einheit war ein beeindruckendes Zeugnis. Andere wollten auch so einer Gemeinschaft angehören.

Das war am Anfang! Die Gemeinde wuchs, Menschen mit den verschiedensten Hintergründen kamen zusammen und es entstanden Probleme. Einige in der Gemeinde betrogen die Gemeinschaft (Apostelgeschichte 5,1–11). Es gab Streit zwischen verschiedenen ethnischen Gruppen (Apostelgeschichte 6,1). Einmal teilte Petrus zünftig aus: „Zur Hölle mit dir und deinem Geld!“ So könnte Apostelgeschichte 8,20 übersetzt werden. Dann wieder musste er einstecken: „Als nun Petrus nach Jerusalem zurückkehrte, machten sie ihm Vorwürfe“ (Apostelgeschichte 11,2). Das Evangelium breitete sich um das Mittelmeer herum aus und die Gemeinde entdeckte, dass es nicht leicht war, die Einheit zu bewahren – in jener pluralistischen Welt, in der Menschen aus den verschiedensten Hintergründen und mit den unterschiedlichsten Überzeugungen zum Glauben kamen. Nein, die Urgemeinden hatten es kein bisschen leichter als wir.

Aber sie ließen sich von den Schwierigkeiten nicht überwältigen. Sie lernten Flexibilität. Sie entdeckten, was unveränderlich ist und was sich wohl ändern darf und muss. Die frühen Christen setzten großes Vertrauen in den Geist Gottes. Sie studierten die Schriften, hörten Jesu Worte erneut, und sie hielten am Kern des Evangeliums fest. Sie berieten, was es heißt, Jesus in den verschiedensten Situationen und Zusammenhängen als Herrn zu bekennen. Sie sahen, was Gott unter ihnen tat, und sie lernten davon. Und dann waren sie radikal gehorsam, koste es, was es wolle. Sie stellten eine Kontrastgesellschaft dar, sowohl in der jüdischen als auch in der heidnischen Welt. „Ob es vor Gott recht ist, mehr auf euch zu hören als auf Gott, das entscheidet selbst“ (Apostelgeschichte 4,19), forderten sie die Machthaber heraus. Wer sie ansah, staunte und merkte, dass diese Menschen mit Jesus gewesen waren.

Aber dann kam eine große Streitfrage auf, die die Einheit der Gemeinde derart bedrohte, dass eine Art Krisenkonferenz (oder Friedensgespräch) in Jerusalem einberufen wurde. Es wurde heftig diskutiert und sogar gestritten, aber am Ende konnten sie gemeinsam sagen: „Der Heilige Geist und wir haben beschlossen“ (Apostelgeschichte 15,28). Wie haben sie das geschafft?

Die Situation

Die Gemeinde in Antiochien war schon früher fortschrittlicher, evangelistischer und experimentierfreudiger als andere Gemeinden gewesen (siehe Apostelgeschichte 11,19–30; 13,1–3; 14,26–28). Die vom Hintergrund her zu den Pharisäern gehörenden Gläubigen in Jerusalem waren wesentlich konservativer. Als sie entdeckten, dass in Antiochien Nichtjuden direkt in die Gemeinde aufgenommen wurden, ohne dass sie die geltenden Gesetze und Traditionen der Juden annehmen mussten, waren sie entsetzt. Sie sandten eine Delegation nach Antiochien. Wir lesen: „Nach großer Aufregung und heftigen Auseinandersetzungen zwischen ihnen und Paulus und Barnabas entschloss man, Paulus und Barnabas und einige andere von ihnen sollten wegen dieser Streitfrage zu den Aposteln und den Ältesten nach Jerusalem hinaufgehen" (Apostelgeschichte 15,2).

In dieser Streitfrage bildeten sich zwei Fronten. Auf der einen Seite waren die jüdischen Lehrer von Jerusalem. Sie waren sich sicher: Nichtjuden können durchaus Christen werden, aber nur, wenn sie zuerst Juden werden. Es gibt keinen zweiten Weg. Alle kommen durch das gleiche Tor zum Glauben an Jesus. Diese Gläubigen vertraten die Überzeugungen des konservativen Judaismus.

Auf der anderen Seite standen Paulus und Barnabas, Vertreter der fortschrittlicheren Gemeinde in Antiochien. Sie vertraten die Meinung der Christen, die durch die Christenverfolgung seitens der Juden in Jerusalem zerstreut worden waren (siehe 11,19). Gab es da vielleicht noch alte Verletzungen? Sie waren sich sicher: Gott war mächtig am Werk gewesen, als so viele Nichtjuden zum Glauben kamen. Wir müssen die annehmen, die Gott annimmt, so wie Jesus die Zöllner und Sünder annahm. Das ganze Evangelium steht auf dem Spiel, wenn jetzt verlangt werden soll, dass die Nichtjuden auch alle Traditionen der Juden übernehmen müssen.

Worum ging es bei dieser Konferenz?

1. Es ging um eine grundlegende *theologische* Entscheidung: Unter welchen Bedingungen kommt ein Mensch in eine versöhnte Beziehung mit Gott? Die Frage war konkret: Müssen sie beschnitten werden (15,1)? Die Beschneidung war eine der notwendigen Zeremonien, womit Nichtjuden als Proselyten zum Judentum

übertreten durften. Die grundsätzliche Frage hieß also: Müssen Nichtjuden erst Juden werden?

2. Es ging um die *ethischen* Implikationen der Beantwortung dieser Fragen, denn mit der Beschneidung würden sich die Nichtjuden verpflichten, am Gesetz des Mose festzuhalten (15,5) und alle jüdischen Vorschriften zu befolgen.

3. Es ging um *ethnische* Entscheidungen, denn, falls die Nichtjuden *nicht* am Gesetz Mose festhalten müssten, dann würde man diese Gesetze für rein ethnisch und nicht für grundsätzlich ethisch erklären (siehe 15,19 ff.).

Ja, es stimmt: Es gibt nur einen Weg

4. Es ging um *praktische* Lösungen, denn die Einheit der Gemeinde musste bewahrt werden. Sollten die Judaisten leer ausgehen (würde man also von Nichtjuden keinerlei Anpassung erwarten), dann wäre eine weitere Gemeinschaft zwischen gläubigen Nichtjuden und gläubigen, konservativen Juden kaum mehr möglich (siehe die folgende Auslegung der Verse 15,19–21).

5. Vor allem *für uns* heute geht es auch um die *Methoden* der Entscheidungsfindung. Was können wir davon lernen, wenn wir in heftige Auseinandersetzungen verstrickt sind?

Die Ergebnisse

Die theologische Frage

Die grundlegende theologische Frage wurde zuerst geklärt. Paradoxerweise beschloss man, dass die Konservativen in Jerusalem gleichzeitig recht und unrecht hatten. Ja, es stimmt: Es gibt nur einen Weg. Alle kommen durch das gleiche Tor zu Jesus. Da hatten sie recht. Aber durch welches Tor? Da hatten sie nicht recht. Niemand kann gerettet werden, indem er oder sie als treuer Jude lebt. Das Jude-Sein ist nicht mehr das Ausschlaggebende. Daher ist es nicht notwendig, sich beschneiden zu lassen und zum Judentum überzutreten. Petrus erklärte: „Wir (an Jesus glaubende Juden) glauben im Gegenteil, durch die Gnade Jesu, des Herrn, gerettet zu werden, auf die gleiche Weise wie jene (die Heiden)“

(Apostelgeschichte 15,11). Gott hatte dies vorher schon so beabsichtigt (siehe 15,7) und die Urgemeinde erkannte es jetzt auch.

Wohlgemerkt, durch Gottes Handeln an den *Nichtjuden* lernten die *Juden* auch etwas über ihr *eigenes* Heil. Die Juden erkannten, dass ihr Heil mit ihrem Jude-Sein, mit ihrer Beschneidung und ihrem Festhalten am Gesetz des Mose nichts zu tun hat. Das Heil kommt durch den Glauben an Jesus und durch die Gnade Gottes. Beide, Nichtjuden und Juden, kommen so zum Glauben. Es gibt nur einen Weg!

Das Heil kommt durch den Glauben an Jesus und durch die Gnade Gottes

Die ethische Frage

Aber was heißt das? Dürfen die Nichtjuden deshalb das ganze Gesetz Mose mit allen Bestimmungen zur Seite schieben? Ist nichts mehr gültig? Hier kommen wir zu einer Auslegungsschwierigkeit in Apostelgeschichte 15. Wie sollen die vier Einschränkungen für die Nichtjuden, die in Vers 20 und später noch einmal in Vers 29 aufgelistet werden, verstanden werden? Die Einheits-übersetzung überträgt den Text so: „Darum halte ich es für richtig, den Heiden, die sich zu Gott bekehren, keine Lasten aufzubürden; man weise sie nur an, Verunreinigung durch Götzen(opferfleisch) und Unzucht zu meiden und weder Ersticktes noch Blut zu essen" (15,19/20). Es gibt aber auch andere Übersetzungsmöglichkeiten. Stellen Götzen(opferfleisch), Unzucht (griechisch *porneia),* Ersticktes und Blut etwa die allerschlimmsten Dinge dar, die sogar die Nichtjuden vermeiden müssen, auch wenn sie alle anderen Ge- und Verbote der Thora nicht beachten müssen? Nein, diese vier Einschränkungen können kaum eine Liste der allerschlimmsten Sünden darstellen. Sollte töten, lügen, stehlen usw. weniger Sünde sein, als das Fleisch eines erstickten Tieres zu essen? In unseren Bibeln weisen schon die Übersetzungsunterschiede und die Klammern der Übersetzer darauf hin, dass die Ausleger es schwierig finden, diese Auflistung zu verstehen.

Nach meiner Überzeugung wurden mit dieser Liste die folgenden Ziele verfolgt:

1. Es sollte den *Nichtjuden* nicht zu schwer gemacht werden (siehe V. 19). Deswegen stehen nicht zehn oder 20, sondern nur vier Dinge auf der Liste.

2. Es sollte auch den *Juden* nicht zu schwer gemacht werden. Damit die Juden mit den Nichtjuden Gemeinschaft haben könnten, sollten diese bereit sein, einige Dinge zu vermeiden, die für die Juden am meisten Anstoß erregten (siehe V. 21). Die Nichtjuden sollten bereit sein, ihre Freiheit um der Gemeinschaft willen einzuschränken.

Die Nichtjuden sollten bereit sein, ihre Freiheit um der Gemeinschaft willen einzuschränken

3. Die Neubekehrten sollten geschützt werden. Manche dieser Dinge stellten einen Teil ihres früheren Götzendienstes dar. Sie zu vermeiden, würde helfen, nicht so leicht in ihr altes Leben zurückzufallen.

4. Die Evangelisation sowohl unter den Heiden (siehe V. 19) als auch unter den Juden (siehe V. 21) sollte gefördert werden. Die Bereitschaft der Gemeinde, trotz Meinungsunterschieden zur Bewahrung von Einheit und Gemeinschaft die eigenen Freiheiten zu beschränken, eigene Überzeugungen zurückzustellen, wirkt zeichenhaft. So zeigt sich das Wesen des Evangeliums und die Gemeinde gewinnt Anziehungskraft.

Ich denke nicht, dass mit dieser kurzen Liste überhaupt versucht werden sollte, grundsätzliche und unveränderbare ethische Richtlinien aufzustellen. Dafür ist sie zu unvollständig. Es fehlen zum Beispiel die Zehn Gebote, die überall in der Bibel sowohl für Juden als auch für Nichtjuden zentral bleiben. Und deshalb verstehe ich in diesem Text *porneia* (Unzucht) auch nicht als „Sünde im sexuellen Bereich“. Der griechische Begriff *porneia* kann auch bedeuten: „Heirat innerhalb von für Juden verbotenen Verwandtschaftsgraden“. So verstanden passt *porneia* gut in diese

Liste. Sie führt ja nicht Dinge auf, die prinzipiell verboten bleiben müssen, sondern Dinge, die in dieser Situation am besten vermieden werden sollten. Dadurch konnten die oben vorgeschlagenen Ziele verfolgt werden. Was unveränderbar ethisch „richtig“ oder „falsch“ ist, das wird mit dieser Liste erst gar nicht angesprochen.

Nachfolger Jesu haben ein Leben nach den Maßstäben des Reiches Gottes zu führen

Alle Sünden im sexuellen Bereich sollen von den Nichtjuden genauso wie von den Juden natürlich vermieden werden, aber nicht etwa, weil „Unzucht“ *(porneia)* auf dieser kurzen Liste steht, sondern weil die Nichtjuden genauso wie die Juden *alle Sünde* vermeiden sollen. Es ist die stillschweigende Annahme der ganzen Konferenz, des ganzen Kapitels sowie des ganzen Neuen Testaments, dass *alle Nachfolger* Jesu, egal aus welchen ethnischen Gruppen sie zum Glauben kommen, ein ethisches Leben, ein Leben nach den Maßstäben des Reiches Gottes zu führen haben. Nirgends im Neuen Testament finden wir *ethische* Anweisungen, die nur für Juden oder nur für Nichtjuden gelten würden. Alle Christen, ob Juden oder Nichtjuden, sollen ein ethisches Leben führen. Diese Liste aber definiert nicht, was es heißt, ein christliches ethisches Leben zu führen.

Die ethnische Frage

Die Juden mussten entdecken, dass vieles, was sie für *ethische* Fragen gehalten hatten, als rein *ethnische* Fragen zu verstehen war. Ob jemand beschnitten wird, ob man an den Essensvorschriften des Alten Testamentes festhält, ob andere Reinheitsgebote eingehalten werden, dies sind nicht *ethische* Fragen, sondern *ethnische!* Diese Konferenz hatte als bleibende Auswirkung zur Folge, dass kulturell unterschiedliche Gruppen der Gemeinde auch unterschiedlich leben dürfen. Aber diese Unterschiede dürfen nicht als *ethisch,* erst recht nicht als *heilsnotwendig* betrachtet werden. Sie sind rein ethnisch.

Wir kommen durch Gottes Gnade in eine versöhnte Beziehung mit Jesus. Wir lernen gemeinsam, wie ein ethisches Leben aussieht. Alles andere ist ethnisch, kulturell, freigestellt. Das heißt, wir leben unterschiedlich. Unsere bevorzugte Art des Gottesdienst-Feierns ist unterschiedlich. Wir halten ganz verschiedene Dinge unserer eigenen kulturellen und gemeindlichen Tradition aufrecht. Wir passen uns, manche mehr, manche weniger, der heutigen Kultur an. Wir sind bereit, der Gemeinschaft und des Zeugnisses der Gemeinde zuliebe eigene Freiheiten zu beschränken. Vor allem nehmen wir uns mit unseren Unterschieden gegenseitig an.

Wenn wir nie bereit sind, Entscheidungen zu treffen, dann irren wir auf der anderen Seite

Die praktische Frage

Die Gemeinde war bereit, praktische gemeinschaftsfördernde Lösungen zu finden. Die vier ausgesuchten Einschränkungen mussten sehr wahrscheinlich ausdiskutiert werden. Sie waren Verhandlungssache und sie wurden als fairer Kompromiss verstanden. Die Teilnehmer der Konferenz hielten diese Entscheidung für anlassbezogen und situationsbedingt. Weniger als zehn Jahre später lehrte Paulus, dass Götzenopferfleisch zwar immer noch zu vermeiden sei, aber nur *unter bestimmten Umständen.* „Es kommt darauf an!“ Falls es keinen Anstoß mehr erregt, wenn jemand Fleisch vom Markt isst, das vorher den Götzen geweiht wurde, dann muss es auch nicht unbedingt vermieden werden (siehe 1. Korinther 8,9–11; 10,23–33; Römer 14,13–23).

Paulus verstand die Gründe für die vier Einschränkungen von Jerusalem, und er setzte die gleichbleibenden Prinzipien dann in einer anderen Situation neu um. Davon sollten auch wir uns leiten lassen. Zu jeder Zeit und in jeder kulturellen Situation sind wir aufgefordert, neu zu beurteilen: Was macht es für die neu Dazukommenden leichter und nicht schwerer? Welche Einschränkungen sind notwendig, damit es für die Konservativeren nicht zu schwer ist? Wie können Gläubige geschützt werden, damit sie nicht in ihr altes Leben zurückfallen? Wie gewinnt die Gemeinde an Überzeugungskraft? Wenn auf unseren Listen 20 Dinge stehen, dann irren wir auf der einen Seite. Wenn wir niemals bereit sind, Entscheidungen zu treffen, gemeinsam einengende Abmachungen zu tragen, die der Gemeinde und ihrer Mission dienen, dann irren wir auf der anderen Seite.

Wir brauchen ein Gesprächsklima, in dem alle sprechen können

Wie haben sie das damals alles geschafft?

Nachdem wir etwas von den Ergebnissen des Jerusalems Konzils gelernt haben, schauen wir uns kurz ihre Vorgehensweise an. Was können wir davon lernen? Ich möchte die folgenden Punkte vorschlagen.

1. Sie kamen zusammen, auch wenn es viel Zeit und Energie kostete. Es war eine Dreitagereise von Antiochien hinauf nach Jerusalem. Aber die Einheit der Gemeinde war und ist wichtig. Manchmal verliert eine Gemeinde sehr viel Zeit und verzettelt ihre Energien, wenn die Mitglieder ewig über alles Denkbare diskutieren möchten. Aber das Gegenteil stimmt auch. Manchmal können wir es uns nicht leisten, das Gespräch zu beenden, ehe wir gelernt haben, ehrlich miteinander zu reden, aufeinander zu hören, Gottes Führung zu entdecken und einen gemeinsamen Weg zu finden.

2. Alle durften und konnten sprechen. Auch wenn Apostel und Älteste eine führende Rolle spielten, so gibt der Text doch zu verstehen, dass die ganze Gemeinde beteiligt war (siehe die Verse 4 und 12: „Da schwieg die ganze Versammlung"). Dass sie schwiegen, bedeutet, dass sie vorher geredet hatten und jetzt überzeugt worden waren. Wenn sich bei uns nur die Redegewandten trauen, ihre Meinung zu äußern, dann müssen wir ein Gesprächsklima wachsen lassen, in dem alle sprechen dürfen und können.

3. Sie wiederholten, was Gott in der Vergangenheit getan hatte. Sie glaubten wirklich, dass das, was Gott in der Vergangenheit getan hatte, ihnen Gottes Willen zeigte. Sie hatten das Vertrauen, dass Gott sich in der Geschichte offenbart (siehe 15,7: „Gott hat schon längst hier bei euch die Entscheidung getroffen, dass die Heiden durch meinen Mund das Wort des Evangeliums hören und zum Glauben gelangen sollen“). Für uns: Unsere Tradition ist wichtig! Sie ist nicht zu verwerfen. Gott hat sich darin schon früher offenbart und uns geleitet.

Wir erkennen, dass wir nicht die ganze Wahrheit erkannt haben

4. Sie erkannten das Neue, das Gott jetzt tat (siehe 15,12: „welch große Zeichen und Wunder Gott durch sie unter den Heiden getan hatte“). Das ist die andere Seite. Unsere Tradition darf uns nicht gefangen nehmen, darf nicht neue Wege ausschließen. Wir lernen, denn Gott führt uns neue Wege. Wir erkennen, dass wir früher nicht die ganze Wahrheit erkannt haben, und so werden wir auch davor geschützt, unsere jetzigen Überzeugungen für die ganze Wahrheit zu halten!

5. Sie betrachteten die Heilige Schrift (siehe 15,15: „Damit stimmen die Worte der Propheten überein, die geschrieben haben“). Was Gott in der Geschichte tat und was er in der Gegenwart tut, können wir schrecklich missverstehen, wenn wir die Bibel nicht aufmerksam betrachten. Für sie kam die Bibel erst spät ins Gespräch, für uns muss dies früher geschehen – weil wir das Neue Testament bereits besitzen. Die Apostel, die sich an dem Gespräch beteiligten, waren ja gerade die Menschen, die später das Neue Testament schrieben. Wenn wir das Neue Testament betrachten, dann haben wir diese Apostel gewissermaßen auch bei unserem Gespräch dabei.

6. Sie versuchten, es für Neue leichter, nicht schwerer zu machen (siehe 15,19/20: „Darum halte ich es für richtig, den Heiden, die sich zu Gott bekehren, keine Lasten aufzubürden; man weise sie nur an ...“). Das sollte auch unsere Priorität sein. Später erwartete Paulus eine große Anpassungsfähigkeit und Bereitschaft, sich einschränken zu lassen, aber nicht von denen, die neu dazu kamen, den Unreifen, sondern von den anderen, den Reiferen (vgl. Römer 14,13–23). Es ist ein Zeichen der Reife, wenn diejenigen, die schon lange in der Gemeinde sind, auch bereit sind, den Weg für neu Dazukommende zu ebnen und von ihnen nur wenig Anpassung zu verlangen.

7. Sie hielten die Interessen beider Gruppen für wichtig. Das ist dann die andere Seite. Nicht nur die eine Gruppe, sondern auch die andere musste bereit sein, sich einschränken zu lassen. So funktioniert Gemeinschaft. Sie suchten Lösungen, bei denen niemand sagen musste: Ich gewinne, du verlierst. Auch nicht: Du gewinnst, ich verliere. Erst recht nicht: Wenn ich verliere, dann musst du auch verlieren! Sondern: Ich gewinne, du gewinnst. Wenn wir mit- und voneinander lernen, uns gegenseitig anpassen, dann gewinnen wir eine tolle, überzeugende Gemeinschaft. Dann habe ich nicht verloren, wenn ich meine persönlichen Überzeugungen zurückstelle oder meine Freiheit einschränke.

8. Sie sagten nicht: „Der Heilige Geist und wir haben beschlossen", ehe sie nicht tatsächlich miteinander übereinstimmten! Natürlich wollen wir den Heiligen Geist in unseren Gesprächen willkommen heißen. Aber wenn wir vorschnell behaupten: „Der Heilige Geist und ich sind der Meinung", dann machen wir es anders als die Gemeinde damals. Wie konnten sie wissen, dass das, was sie entschieden hatten, der Führung des Heiligen Geistes entsprach? Ich denke in erster Linie, weil sie die richtigen Schritte durchgeführt hatten. Sie hatten aufeinander, auf Jesu Lehre und auf die Schriften gehört. Sie hatten erkannt, dass Gott am Werk war, und sie wollten mit ihm Schritt halten. Sie waren bereit, große Änderungen einzuführen. (Jemand sagte einmal: Die erste Irrlehre war der Konservatismus!) Sie bahnten den Weg, damit mehr

Zum Weiterlesen:

- Siegfried Großmann, Der Geist ist Leben, Oncken, Wuppertal 1990
- Wolfgang Vorländer, Der Heilige Geist und die Kunst zu leben, Aussaat, Neukirchen-Vluyn 1991

Menschen zum Glauben und zur Gemeinschaft kommen konnten. Sie wurden sich einig.

Sie machten es richtig! Was könnte das anderes bedeuten, als dass der Heilige Geist auch bei der Entscheidungsfindung dabei war? Was könnte das anderes bedeuten, als dass Jesus sein Versprechen hielt, bei ihnen zu sein, wenn sie in seiner Macht und in seinem Auftrag handelten, bis zum Ende der Welt?

Gesprächs- und Denkanstöße:

1. Bei welchen Fragen müssen wir um ein klares Ja oder Nein ringen, damit die Einheit der Gemeinde bezüglich der grundlegenden Wahrheiten Gottes bestehen bleibt?

2. Bei welchen Fragen können wir diese Einheit gerade dadurch bewahren, dass wir *nicht* von allen verlangen, dass sie gleich glauben und handeln?

3. Welche der zum Schluss genannten acht Punkte können uns am meisten dabei helfen, gemeinsame Entscheidungen zu treffen?

Und dann?

Ich frage mich, ob Lukas eher humorvoll oder eher realistisch sein wollte, als er in seinem Bericht fortfährt. Denn was folgt in der Apostelgeschichte direkt nach dem Bericht über das gelungene Ringen um Gottes Wahrheit und die Einheit der Gemeinde? Wir lesen den Bericht über einen *misslungenen* Versuch von Paulus und Barnabas, wichtigen Wortführern in Jerusalem, ihre eigenen Meinungsverschiedenheiten zu überwinden (siehe 15,36–41). Diese beiden, die in Jerusalem Schulter an Schulter für die Wahrheit kämpften, waren später unfähig, ihren eigenen Streit zu schlichten. Es kam zu einer so heftigen Auseinandersetzung, dass sie sich voneinander trennten (Apostelgeschichte 15,39). Soweit wir wissen, arbeiteten sie später nie wieder zusammen.

Einheit gelingt nicht immer, denn wir bleiben Menschen. Aber erstaunlicherweise kann Gott sogar unser Scheitern benutzen. Paulus und Barnabas trennten sich, weil sie sich über die Zusammenstellung der Mitarbeiter für die nächste Missionstour nicht einigen konnten. So entstanden dann zwei Missionsteams und die Mission ging weiter.

Ja, die Gläubigen der Urgemeinde scheiterten; sie erlebten Fehltritte und Umwege. Aber auch dies gehört zur Nachfolge, zu unseren Erfahrungen als christliche Gemeinschaft, die versucht, mit Gottes Hilfe den richtigen Weg zu finden und verantwortlich zu handeln.

In den letzten beiden Kapiteln dieses Buches möchte ich zwei Bibelstellen beleuchten, die einen etwas anderen Schwerpunkt setzen. Das Finden richtiger ethischer Entscheidungen ist wichtig, denn wir wollen, dass unser Leben Gott gefällt. Wir wollen in verschiedenen Bereichen unseres Lebens Gottes Willen erkennen und Richtlinien formulieren, die uns helfen, das Erkannte auch in die Tat umzusetzen. Dabei dürfen wir aber zwei Dinge nie vergessen:

1. Für Gott sind heile Beziehungen weit wichtiger als ein „technisch richtiges Verhalten".

2. Gottes Gnade für diejenigen, die ethisch scheitern, ist unermesslich groß.

Das Gleichnis über einen Vater und dessen beiden Söhne sowie eine unvergessliche Begegnung zwischen Jesus, verurteilenden Pharisäern und einer Ehebrecherin wollen uns diese beiden Aspekte vor Augen führen. Verantwortlich handeln heißt auch, sich diese Prioritäten Jesu anzueignen.

11. ZWEI SÖHNE UND EIN RENNENDER VATER: LUKAS 15,11–32

In der Geschichte von den zwei Söhnen und dem entgegenrennenden Vater („Der Verlorene Sohn") zeigt Jesus uns, was bei Gott wirklich zählt: Beziehungen. Zugleich sehen wir, wie weit Gott ging, um die Beziehung zu uns wiederherzustellen. Dieses beeindruckende Gleichnis betrachten wir in diesem Kapitel.

Die Party und die Spielverderber

Es war wieder Party-Time! Wie so oft feierte Jesus wieder genau mit den Menschen, mit denen er gerne schöne Zeiten verbrachte – mit den Zöllnern und Sündern. Mit denen konnte man so richtig feiern! Anders als mit den Pharisäern. Die luden ihn zwar auch zu ihren Festessen ein, aber immer mit irgendwelchen Hintergedanken. Sie wollten zum Beispiel damit angeben, dass der berühmte Lehrer auch *sie* mit seiner Anwesenheit ehrte. Und sie wollten ihn ständig auf die Probe stellen und versuchen, ihn in Verruf zu bringen.

Diesmal waren beide Gruppen anwesend. Die Zöllner und Sünder genossen die Party und die beobachtenden Pharisäer meckerten: „Er gibt sich mit Sündern ab und isst sogar mit ihnen" (Lukas 15,1).

So war es oft. Jesus ließ sich nicht davon abhalten, seiner Mission nachzugehen. Er feierte weiter und lud gleichzeitig die Pharisäer ein, ihre Rolle als Spielverderber aufzugeben und ihre Einstellungen zu überdenken. Wie schön wäre es, wenn auch sie sich der Party anschließen würden!

Wie vermittelte Jesus diese Einladung? Er erzählte eine Reihe von Geschichten – Geschichten von einem Schaf, das verloren ging, von einer Münze, die verloren ging, und von einem Sohn, der verloren ging. In allen drei Situationen gab es am Ende eine Party. Klar, denn das Verlorengegangene war ja wieder gefunden worden! Nur bei der dritten, der längsten und bekanntesten Geschichte, da erzählte Jesus auch, was geschah, nachdem die Party begonnen hatte. Er erzählte von einem liebenden Vater, der mehr wollte, als nur mit seinem heimgekehrten Sohn zu feiern. Er wollte auch seinen daheimgebliebenen Sohn gewinnen. Denn indem dieser nichts anderes wollte, als wie verrückt zu arbeiten und dann den heimgekehrten Bruder abzulehnen, war die Party schon verdorben. Das konnte der Vater nicht einfach hinnehmen. Nein, die Beziehungen sollten *alle* in Ordnung gebracht werden. Ob die Pharisäer, die das Gleichnis hörten, die richtigen Gedankenverbindungen herstellten? Ob wir begreifen, wie das Gleichnis uns ansprechen will?

„Eigentlich betrifft uns das nicht so direkt“

Wo finden wir uns wieder?

Je schwerer es uns fällt, *uns* in dem Gleichnis „vom verlorenen Sohn“ wiederzufinden, desto größer ist die Gefahr, dass wir am Ende den älteren Bruder darstellen. Und desto geringer ist die Wahrscheinlichkeit, dass wir am Ende voller Freude mit dem Vater und seiner Familie feiern.

Die erste Frage ist: *Wollen* wir uns eigentlich in dieser Geschichte wiederfinden? Oder ist es nicht viel angenehmer, in diesem Gleichnis immer nur die anderen zu sehen? Denn wenn wir ehrlich sind, sagen wir nur allzu leicht: „So schlecht bin ich nicht.“

„So ausweglos wie die Situation des Sohnes bei den Schweinen war meine nie. Doch, natürlich gibt es Leute, deren Leben so am Boden zerstört ist, aber hier bei uns? Eigentlich betrifft uns das nicht so direkt.“

Wir sind auch nie so verschwenderisch mit dem Vermögen unseres Vaters umgegangen. Wir liefen nie von zu Hause weg. Wir unternahmen höchstens kurze Ausflüge, von denen niemand etwas wissen durfte, aber meistens waren wir doch ziemlich brav. Ab und zu missbrauchten wir vielleicht unsere Freiheit oder unser Vermögen, auch das, was eigentlich dem himmlischen Vater gehört – aber so richtig schlecht waren wir selbst dann nicht.

So verurteilend und ablehnend wie der älteste Sohn waren wir allerdings auch nie. Es stimmt zwar vielleicht, dass wir manchmal das Leben in Gottes Familie zu sehr mit dem Halten von Geboten gleichsetzen. Ab und zu beklagen wir uns vielleicht schon ein wenig, wenn unsere Arbeit nicht so viel Anerkennung bekommt wie die sensationellen Bekehrungen der anderen. Aber offiziell sind wir eigentlich nicht dagegen, wenn der Vater für sie ein kleines Fest organisiert. Wir würden wahrscheinlich sogar ein bisschen mitessen.

„Was ich habe ich denn schon groß falsch gemacht?“

Wir sind sogar fast so gut wie der Vater. Wir vergessen zwar nie, wie die Jüngeren Gottes Gnade missbraucht haben, denn zu viel Großzügigkeit oder Gnade führt nur dazu, dass bald jeder macht, was er will. Aber letztendlich, wenn jemand sich wirklich geändert hat, dann kann er schon wieder zurückkommen. Wir werden uns sogar darüber freuen und, wenn es nicht zu viel kostet, auch ein bisschen feiern.

Wir sind uns sicher, dass dieses Gleichnis sehr deutlich spricht:

- zu den Playboys;
- zu den am Boden Zerstörten;
- zu den verurteilenden Pharisäern.

Sie alle sind zur Änderung aufgerufen (aber doch nicht ich)!

Doch dieses Gleichnis will gerade *uns* ansprechen, uns, die wir meinen: „So schlecht bin ich auch wieder nicht!“ Was hat diese Geschichte einem ganz normalen Christen zu sagen, der vielleicht fragt: „Was habe *ich* denn schon groß falsch gemacht?“

Was habe ich schon falsch gemacht?

Wenn wir uns wirklich in dieser Geschichte wiederfinden wollen, dann sollten wir uns die folgende, vielleicht etwas überraschende Frage stellen: „Was war denn so falsch an dem, was der jüngere Sohn in der Geschichte tat?“

„Alles!“ meinen viellcicht einige vorschnell. Es lohnt sich, über diese Frage ernsthaft nachzudenken. Oder anders formuliert: Wie hätte der jüngere Sohn sich verteidigen können?

Wo steht geschrieben, dass man das Leben nicht genießen darf?

War es falsch, sein Erbteil zu verlangen? Wo steht geschrieben, dass ein Sohn zu Lebzeiten seines Vaters nicht um sein Erbteil bitten darf? Man darf doch wohl bitten, oder? Der Vater kann doch immer noch nein sagen. Im Übrigen hat er ja gesagt.

Er packte alles zusammen. Na und? Was ist denn daran so schlecht? Zugegeben, er hatte mehr als einen Koffer gepackt. Felder hätte er nicht in seinen Koffern mitnehmen können, darum musste er (wie die moderneren Übersetzungen schreiben) „seinen ganzen Anteil zu Geld machen“. Das kann man dann zumindest mitnehmen und verwenden. Was er mit seinem Vermögen tun wollte, da half Kohle eben mehr als viele Hektar. Ja, es stimmt, er verkaufte das Land. Aber ist das so schlimm? Wo steht geschrieben, dass man Land nicht verkaufen darf, dass man nicht woanders investieren darf, auch wenn die Zinsen in Freude und Freunden bezahlt werden? So hätte er sich verteidigen können.

Er zog weg in ein fremdes Land. Ist denn daran etwas auszusetzen? Wo steht geschrieben, dass man immer zuhause bleiben muss? Es ist doch gestattet, auszuwandern, oder? Besonders, wenn ein Abenteuer ruft!

„Er führte ein zügelloses Leben und verschleuderte sein Vermögen.“ So heißt es in der Geschichte. Natürlich kann man mit Recht meinen: „Es wäre besser gewesen, langfristig zu planen, vernünftiger zu investieren, zumindest eine gute Rentenversicherung abzuschließen.“ Zugegeben, ein vernünftigerer Mensch hätte

das getan. Aber wo steht geschrieben, dass man das Leben nicht genießen darf?

Ach ja, das mit den Prostituierten! Oder war das nur eine nicht fundierte Behauptung des verurteilenden, selbstgerechten und doch vielleicht neidischen älteren Bruders? Er hatte ja recht. Nicht alles, was der Jüngere tat, war ganz in Ordnung. Das musste er selbst auch zugeben. Aber wer ist schon perfekt? Was hätten wir von einem reichen und abenteuerhungrigen jungen Mann denn anderes erwartet? So hätte er sich verteidigen können.

Es geht um Beziehungen, nicht um das Ausführen von Befehlen oder das Beachten von Verboten

„Da kam Hungersnot in das Land." Pech! Ausgerechnet dann, als ihm gerade das Geld ausgegangen war – wirklich Pech! Natürlich hätte er besser planen können, aber wer hätte denn wissen können, dass es wirtschaftlich so schlecht gehen würde? Er ist schließlich nicht verantwortlich für eine Hungersnot im ganzen Land, oder?

Und dann das mit den Schweinen – natürlich war das eine Schande für einen Juden. Aber er hatte das Fleisch gar nicht gegessen. Von wegen! Sie hatten ihm nicht einmal die Futterschoten gegeben.

Wenn man eingehend nach Verfehlungen sucht, dann hätte dieser Mann mit uns die Frage stellen können: „Was habe ich denn eigentlich falsch gemacht?" Stattdessen tat dieser junge Mann etwas, was viele von uns nicht so leicht tun. Er bekannte aus tiefstem Herzen: „Vater, ich habe mich gegen den Himmel und gegen dich versündigt." Was bewegte diesen Mann, so klar zu beichten, wenn er ebenso hätte fragen können: „Was habe ich denn Schlimmes getan?" Er wusste, was der ältere Bruder nicht wusste, was nämlich Gottes höchste Priorität ist.

Um was geht es hier?

Es geht um Beziehungen, nicht um das Ausführen von Befehlen. Es geht um Familienbeziehungen, nicht um das Beachten von Verboten. Es geht nicht vor allem darum, wie viele Gesetze jemand technisch übertritt. Es geht um die Beziehungen in der Familie Gottes, mit dem gnädigen Vater und mit unseren Geschwistern.

Beide verhielten sich in fast allen Punkten daneben

„Ich habe dein Gebot noch nie übertreten", behauptete der ältere Bruder. Vielleicht hatte er sogar recht, aber leider zählt das nur wenig. Denn es geht um Beziehungen. Es geht um Annahme und Ablehnung. Es geht um Gnade und Großzügigkeit, und um unsere Antwort darauf.

Was, wenn wir nicht fragten: „Wo hat der jüngere Sohn gegen das Gesetz verstoßen?", sondern: „Wo haben diese zwei Söhne Beziehungen verletzt? Wo haben sie Großzügigkeit ausgenutzt oder missachtet? Wo haben sie Beziehungen als selbstverständlich genommen oder total verleugnet?" Beide verhielten sich in fast allen Punkten daneben.

Sein Erbe zu fordern war zwar kein Gesetzesverstoß, aber es galt damals doch als unmöglich. Das war so, als ob der junge Mann seinem Vater vorgeworfen hätte: „Du lebst zu lang. Ich will nicht mehr warten. Gib mir jetzt, was mir zusteht! Ich möchte etwas vom Leben haben und nicht warten, bis du endlich stirbst." Der ältere Bruder handelte kaum besser, als er klagte: „So viele Jahre schon diene ich dir! So lange habe ich darauf gewartet, Chef zu werden. Wie lange hast du eigentlich noch vor, zu leben?" Es geht nicht um das Halten von Gesetzen. Es geht um Beziehungen, und die Beziehung zum Vater wurde von beiden Söhnen missachtet.

Auch die Beziehung *zwischen* den Söhnen war nicht intakt. Der ältere Sohn schleuderte dem Vater die Worte ins Gesicht: „Kaum ist *dein* Sohn gekommen, da hast du für ihn das Mastkalb geschlachtet." Dein Sohn – als ob er sagen wollte: „Nicht mein

Bruder. Nicht mehr. Wenn *du* ihn schon nicht verleugnest, ich schon."

Der jüngere Bruder hatte diese Behandlung natürlich gewissermaßen verdient. Beide Söhne wussten genau, dass beim Aufteilen des Erbteiles nach dem Tod des Vaters der Älteste zwei Anteile des Erbes bekäme, der Jüngere aber nur einen. So war es gesetzlich geregelt. Die beiden wussten auch, dass damals eine Aufteilung zu Lebzeiten des Vaters bedeutete, dass 50/50 aufgeteilt wurde. Der jüngere Bruder hatte gewagt, dies zu verlangen. Er hatte wesentlich mehr bekommen, als sonst möglich gewesen wäre, und den älteren Bruder hatte das all diese Jahre gewurmt. Dem Jüngeren war der Spaß in einem fremden Land wichtiger gewesen als die üblichen Sitten und die Harmonie in der Familie. Er hatte vielleicht nicht ausdrücklich Gesetze übertreten. Aber er hatte rücksichtslos Beziehungen in Frage gestellt.

Das Erbteil dann auch noch zu verkaufen, wegzuziehen und alles zu verschwenden – kein Zuhörer konnte sich so etwas vorstellen, unmöglich! Wenn ein Vater wirklich schon zu Lebzeiten das Erbe übergab, dann wurde selbstverständlich erwartet, dass der Sohn mit dem Vermögen die Eltern bis ins Alter unterstützen würde. Das war so selbstverständlich, dass eine gesetzliche Regelung nicht einmal notwendig schien. Der junge Mann – eigentlich beide Söhne – hatten schändlich gehandelt. Und zumindest der jüngere Bruder erkannte und bekannte das auch.

Dieser Text des Neuen Testamentes, der bei Lesern und Hörern nur all zu schnell ein „längst bekannt" hervorruft, besitzt doch einen anderen Schwerpunkt, als viele meinen. Natürlich geht es in diesem Gleichnis um die Gnade des Vaters, der seinen gefallenen Sohn liebevoll wieder aufnimmt. Was jedoch das eigentliche Vergehen des Sohnes war, da müssen wir vielleicht umdenken. Gegen das Gesetz verstoßen hatte der Sohn jedenfalls nicht unbedingt. Er bekannte: „Gegen den Himmel und gegen dich, Vater, habe ich gesündigt."

Objektive Schuld konnte dem jüngeren Sohn vielleicht nicht nachgewiesen werden, aber in Beziehungen braucht man solche Beweise nicht. Für den jungen Mann hatte sich alles nur um sich selbst gedreht. Er hatte die Familic zerrissen.

Wenn unsere wichtigste Frage heißt: „Was habe ich denn eigentlich falsch gemacht? Welches Gebot habe ich übertreten?“, dann sind wir nicht in der Lage, die viel wichtigeren Fragen zu stellen: „Wie ist es zwischen mir und meinem Vater? Wie ist es zwischen mir und meinem Bruder? Habe ich vielleicht auch Beziehungen als selbstverständlich genommen? Habe ich Gnade ausgenutzt? Bin ich bereit, dem anderen zu dienen und nicht möglichst viel für mich zu suchen?“

Wenn wir uns mit der Frage: „Was habe ich denn falsch gemacht?“ identifizieren, dann identifizieren wir uns auch mit den Pharisäern. Beschäftigen wir uns mit der Frage: „Wie ist es zwischen mir und Gott – zwischen mir und meinem Bruder?“, dann sagen wir dadurch auch: „Gott sei mir Sünder gnädig!“ (vgl. Lukas 19,13).

Und der Vater?

Wie endet Jesu Gleichnis über diese beiden Söhne und ihren Vater? Es endet mit einem gnädigen Vater, der immer noch auf der Suche ist nach wiederhergestellten Beziehungen. Werfen wir einen Blick auf den Vater, diesen unglaublich liebevollen Vater, der so großzügig sein Vermögen und seine Gnade verteilte. Wie stellte Jesus in dieser Geschichte den Vater dar?

Vielleicht sind wir nicht sonderlich beeindruckt. Wir meinen: Natürlich konnte er großzügig, freigiebig, vergebend und gnädig sein; er hatte schließlich ein grenzenloses Vermögen. Was hat es ihn letztendlich gekostet? Überhaupt nichts! Wer so vermögend ist wie der Vater in dieser Geschichte und wie Gott im Himmel, der teilt auch leicht aus, oder?

Hier hilft uns der Ausleger Kenneth Bailey, der sowohl Professor als auch Missionar war. Als Professor an der Hebräischen

Universität in Jerusalem versuchte er, die Gleichnisse Jesu auszulegen und ihre herausfordernden Auswirkungen seinen Studenten und muslimischen Kollegen klar zu machen. Als Missionar unter Arabern in der Umgebung der Stadt versuchte er, den Muslimen in den kleinen arabischen Dörfern die gute Nachricht zu bringen.

Kenneth Bailey benutzte dieses Gleichnis vom verlorenen Sohn oft, um die Botschaft von Jesus weiterzugeben. Weil die Kultur dieser Muslime heute noch sehr der des Neuen Testaments ähnelt, bekam er durch seine Kontakte mit den Bauern wertvolle Hinweise zur Auslegung dieses Gleichnisses, die er in einer Universitätsbibliothek niemals hätte finden können.

„Wie konnte ein Sohn seiner Familie solche Dinge antun?"

Er erzählte das Gleichnis ganz langsam und beobachtete die Reaktionen seiner Zuhörer. Ihnen war klar, dass dieses Gleichnis viel mehr mit Beziehungen als mit der Einhaltung von Geboten zu tun hatte.

Die Frage, die in den Dörfern gestellt wurde, war nicht: „War es erlaubt, dass der jüngere Sohn sein Erbteil so früh verlangte?", sondern: „Wie konnte ein Sohn solche Schande auf sich selbst und auf seine Familie bringen? Wie konnte er die Beziehungen so verletzen?" Die Frage war nicht: „War es vor dem Gesetz erlaubt, dass er das Land verkaufte und mit dem Geld in ein anderes Land ging?", sondern: „Wie konnte ein Sohn seiner Familie solche Dinge antun?" und so weiter, die ganze Geschichte hindurch.

Am Interessantesten für Kenneth Bailey war dann aber ihre Reaktion, als er erzählte, wie der Vater seinem heimkommenden Sohn entgegenläuft. Sie fragten: „Der Vater auch? Bringt er sich auch in Schande?"

„Wieso?" fragte Bailey.

„Weil ein alter Mann nie laufen würde."

„Warum?" fragte Bailey.

„Weil er dazu sein Gewand hochheben müsste."

Plötzlich fand Kenneth Bailey eine Antwort auf eine Frage, die ihn lange Zeit bewegt hatte. Seine muslimischen Kollegen in Jerusalem hatten ihn oft herausgefordert: Während er darauf bestand, dass Gottes Vergebung Gott selbst immer etwas kostet, dass Gott sogar seinen eigenen Sohn dafür geben musste, hatten sie oft entgegnet: „Aber in dem Gleichnis vom verlorenen Sohn, da vergibt ihm der Vater einfach – kein Opfer, kein Verlust, ein bloßes Wort der Vergebung.“

Nun also verstand Kenneth Bailey: Hier kam ein Sohn in Schande nach Hause. Was konnte er erwarten? Das Dorf würde ihn verspotten und auslachen. Die Kinder würden Steine nach ihm werfen. Alle würden ihn bespucken oder ihm den Rücken zuwenden. Der junge Mann, der seine Familie abgelehnt und beschämt hatte, würde nun von seinem Dorf abgelehnt werden. Nie wieder würde er akzeptiert werden.

Hier sahen die Dorfbewohner nun aber etwas Unerwartetes: Der Vater, der von seinem Sohn so sehr verachtet worden war, tat selbst etwas, das *ihm* Schande brachte. Er hob sein Gewand hoch und rannte. Damit machte er sich lächerlich. Das war in jener Kultur eine Schande für einen Mann in seinem Alter! Die Kinder des Dorfes würden jetzt auch ihn verspotten. Vater und Sohn kamen zusammen nach Hause. Der Vater war bereit, seine eigene Ehre zu opfern, damit der Sohn nicht alleine in Schande nach Hause zurückkehren musste.

Damit verstand Kenneth Bailey die Kreuzigung Jesu und was es bedeutete, dass Jesus dort verspottet worden war. Er verstand erneut, was die Bibel-

Zum Weiterlesen:

- Kenneth Bailey, *The Cross and the Prodigal,* Concordia, St. Louis/USA 1973
- Henri J. M. Nouwen, Nimm sein Bild in dein Herz, Herder, Freiburg 2003
- Ulrich Parzany, So ist Versöhnung: Die Heimkehr des verlorenen Sohnes, Brendow, Moers 1999
- Helmut Thielicke, Das Bilderbuch Gottes. Reden über die Gleichnisse Jesu, Gütersloher Verlagshaus, Gütersloh 2002

stelle bedeutet: „Jesus ... hat angesichts der vor ihm liegenden Freude das Kreuz auf sich genommen, *ohne auf die Schande zu achten,* und sich zur Rechten von Gottes Thron gesetzt“ (Hebräer 12,2). Jesus nahm unsere Schande auf sich, damit unsere Schande gegen Gottes Ehre ausgetauscht werden kann. Es kostete Gott etwas – seinen Sohn, und seine Ehre. Je klarer wir sehen, wie sehr Gott uns liebt, wie weit er zu gehen bereit war, um uns Sünder willkommen zu heißen, desto schneller erreichen wir den Punkt, an dem auch wir sagen: „Gott sei mir Sünder gnädig!“ Und desto größer ist das Fest, wenn wir Gott sagen hören: „Mein Sohn! Meine Tochter!“ Sobald wir uns auf den Weg machen, läuft Gott uns aus Liebe entgegen, ob wir nun aus einem fernen Land zurückkehren oder von den Feldern.

Gesprächs- und Denkanstöße:

1. Mit welchem Charakter dieser Geschichte identifiziere ich mich am ehesten? Warum?

2. Sind auch für uns gesunde und versöhnte Beziehungen wichtiger als korrektes Handeln in Bezug auf das Gesetz?

3. Inwiefern fordert der Text uns auf, unser Gottesbild zu überprüfen und ggf. zu korrigieren?

Es war unserem liebenden Vater wichtiger, eine liebevolle Beziehung mit uns zu haben, als seine eigene Ehre zu verteidigen. Er wartet geduldig, bis auch *uns* eine liebevolle Beziehung mit ihm wichtiger ist als *unsere eigene* Ehre. Er wartet geduldig, bis wir aufhören zu fragen: „Was habe ich denn eigentlich falsch gemacht?“ oder zu behaupten: „So viele Jahre schon diene ich dir!“. Und dann sagt er voller Liebe: „Dir gehört alles, was ich habe.“

Diejenigen, die noch am Boden zerstört sind, diejenigen, die noch nicht wissen, wohin ihr zügelloses Leben führen könnte, diejenigen, die brav daheim geblieben sind und stolz behaupten: „Noch nie habe ich dein Gebot übertreten“, und ganz sicher alle Kinder Gottes, die sich irgendwo dazwischen sehen – sie alle möchte der liebende Vater in seiner grenzenlosen Gnade zu seinem Fest einladen.

Es geht um Beziehungen in der Familie Gottes, und deshalb geht es uns alle an. Denn wenn die wiederhergestellt sind, haben alle Grund zum Feiern.

12. „GEH UNTER DER GNADE“: JOHANNES 8,2–11

Zuguterletzt beschäftigen wir uns mit der Begegnung Jesu mit einer Ehebrecherin und ihren scheinheiligen Richtern. Als Gemeinden können wir von Jesus lernen, das Risiko der Gnade der Klarheit der Gesetzlichkeit vorzuziehen.

Gefährlich oder gut?

Johannes 8 erzählt eine spannende Geschichte. Eine Frau wird beim Ehebruch ertappt. Die religiösen Führer wollen wissen, ob Jesus damit einverstanden ist, dass sie gesteinigt wird. Seine Antwort macht diese religiösen Menschen sprachlos. Und sein Wort für die Frau ist ein Wort der Gnade.

Beim Lesen diese Geschichte stellen wir etwas Überraschendes fest: In fast allen Bibeln steht sie entweder in Klammern, oder aber sie ist mit einer Fußnote versehen. Dort steht dann, dass diese Geschichte in sehr vielen frühen Manuskripten fehlt.

Wie kann man das erklären? Warum findet man diese Geschichte in einigen alten Manuskripten und in anderen nicht? Es gibt zwei Möglichkeiten: Entweder wurde die Geschichte in einem Teil der Manuskripte hinzugefügt oder aber in einem anderen Teil weggelassen. Aber warum? Warum sollte man sie *herausnehmen oder hinzufügen?* Was bewegt jemanden, das eine oder das andere zu tun?

Warum sollte jemand diese Geschichte herausnehmen, wenn sie ursprünglich im Text enthalten war? War sie zu gefährlich? Was, wenn Christen sie so verstehen würden, als verharmlose oder billige Jesus Ehebruch? Oder umgekehrt: Warum sollte jemand diese Geschichte hinzufügen, wenn sie ursprünglich nicht im Text enthalten war? Hat vielleicht jemand festgestellt, dass diese erstaunliche, schöne Begebenheit in allen vier Evangelien fehlte, und dann beschlossen, sie zu bewahren, indem er sie einfach ins Johannesevangelium aufnahm? War die Geschichte zu gefährlich, um sie mit einzuschließen? Oder zu gut, um sie zu verlieren? Vielleicht hängt unsere Antwort davon ab, ob wir uns eher mit der Frau in dieser Geschichte oder mit den Schriftgelehrten identifizieren.

Ich halte die Geschichte für zu gut, um sie zu verlieren. Sie stellt Jesus dar als barmherzig, voller Gnade, voller Liebe, bereit, auf der Seite der Sünder zu stehen und ihnen einen Neuanfang zu ermöglichen.

Die Falle war clever geplant, aber nicht clever genug

Die Charaktere

Schauen wir uns zunächst die Charaktere dieser Geschichte an. Als erstes ist da *eine ganze Menge* von Leuten: das Volk – neugierige Menschen, die schon oft von diesem Jesus gehört hatten. Sie wollten ihn sehen und hören, und heute kam er in den Tempel. Das war eine Gelegenheit! Die Menge drängte sich um ihn. Und dann ereignet sich unsere Geschichte. Sie enthält kaum Gespräch. An jenem Tag hörten die Leute von Jesus keine lange Rede, nur einen einzigen Satz an die religiösen Führer, und dann einen kurzen Wortwechsel mit der Frau – mehr nicht. Aber vielleicht lernten sie an diesem Tag mehr über und von Jesus als in vielen Predigten.

Dann sind da die *Schriftgelehrten und Pharisäer:* stolz, zwanghaft selbstgerecht, unecht, Bewahrer der Heiligkeit – zumindest wollten sie diesen Eindruck erwecken. Jesus beschrieb solche Menschen nicht als heilig, sondern als *schein*heilig, heuchlerisch. Diesmal kamen sie *nicht,* um Gerechtigkeit und Heiligkeit aufrechtzuerhalten, sondern um Jesus eine Falle zu stellen. Sie war clever geplant, aber nicht clever genug. Jesus war an diesem Tag der Sieger.

Und dann ist da *diese Frau, eine Ehebrecherin.* Sie wird von den Frommen herbei gezogen. Arme Frau! Nicht, dass sie unschuldig gewesen wäre. Jesus selbst sagte am Ende: „Sündige von jetzt an nicht mehr!" Nein, sie war nicht schuldlos, aber immerhin war sie auch ein Opfer in einem heuchlerischen Komplott. Ob ihr überhaupt Gelegenheit gegeben worden war, sich wieder richtig anzuziehen, bevor sie herbei geschleppt wurde? Wenn sie nicht körperlich bloßgestellt wurde, dann zumindest seelisch. „Auf frischer Tat ertappt.“ Die ganze Menge hatte es gehört.

Schließlich lesen wir von *Jesus.* Würde er in die Falle tappen? Wie konnte er den Trick durchschauen? Was würde der immer ehrliche, immer liebevolle, immer Menschen annehmende Jesus mit dieser Frau tun, einer Sünderin, und doch einem hilflosen Opfer? Was würde Jesus, der Scheinheiligkeit schon von weitem erkannte, mit diesen religiösen Menschen tun?

Zum Ehebruch braucht es zwei. Wo war also der Mann?

Nun haben wir also alle Charaktere versammelt – *bis auf einen.* Einer fehlt, und zwar *der Mann.* Zum Ehebruch braucht es zwei. Wo war also der Mann? Warum war er nicht da?

Die Falle

„Meister,“ sagten die Pharisäer und Schriftgelehrten, obwohl sie ihn nicht wirklich als Meister betrachteten. „Meister, diese Frau wurde beim Ehebruch auf frischer Tat ertappt.“ Dann, als ob Jesus das nicht wüsste, erklärten sie, was Mose dazu sagte: „Solche Frauen sollen gesteinigt werden.“ Und schließlich die Frage, mit der sie ihn auf die Probe stellen wollten: „Nun, was sagst du?“

Es war eine perfekte Falle, weil Jesus nur verlieren konnte. Das dachten sie zumindest. Wenn er sagen würde: „Gut, steinigt sie!“, würde er seinen guten Ruf bei der Menge verlieren. Hatte er sich nicht immer mit Zöllnern und Sündern identifiziert, sogar mit ihnen gegessen? Hatte er nicht immer wieder Gottes Vergebung ausgesprochen? War er nicht der Barmherzige und Liebende? Er hatte den religiösen, strafbereiten, gesetzlichen Pharisäern doch immer widerstanden. Wie konnte er jetzt einfach sagen: „Gut, steinigt sie!“?

Aber was, wenn er sagen würde: „Nein, steinigt sie nicht!“? Dann könnte die Menge ihn so verstehen, als hielte er Ehebruch für nicht so schlimm. Dann könnte es so aussehen, als sei das jüdische Gesetz, die klaren Aussagen der Schrift, für ihn nicht maßgebend. Als ob er sagen würde: „Ich weiß, was Gottes Wort sagt. Aber vergesst es. Das ist zu streng. Heute sehen wir das anders.“ Aber sich so gegen das Gesetz zu stellen, das wäre genau wie Ehebruch ein Grund gewesen, *ihn* zu steinigen. Und vermutlich hätten sie lieber Jesus gesteinigt als diese Frau. Die Falle war also wirklich perfekt.

Vermutlich hätten sie lieber Jesus gesteinigt als diese Frau

Gleichzeitig gab es noch eine zweite, genauso perfekte Falle. Jesus musste nicht nur zwischen Barmherzigkeit und einer klaren Aussage aus Gottes Wort entscheiden; er musste sich auch zwischen Mose und Rom entscheiden.

Was Mose gesagt hat, war klar: Die Frau muss getötet werden. Hier gibt es keine Abweichung in den Manuskripten, keine alternativen Auslegungen. „Ein Mann, der mit der Frau seines Nächsten die Ehe bricht, wird mit dem Tod bestraft, der Ehebrecher samt der Ehebrecherin“ (3. Mose 20,10). Dem Alten Testament zufolge muss sie getötet werden, ebenso der Mann, mit dem sie Ehebruch begangen hat – der, der in dieser Geschichte abhanden gekommen ist.

Was Rom sagte, war aber genau so klar. Rom hatte den Juden die Todesstrafe genommen. Nur die Römer durften die Todesstrafe durchführen; und sie taten es nicht durch Steinigen und auch nicht aufgrund von Ehebruch.

Würde Jesus sagen: „Steinigt sie nicht!“, dann wäre er zwar Rom gegenüber gehorsam, aber würde das Gesetz Mose missachten. Das wäre *religiös* gefährlich. Würde er sagen: „Steinigt sie!“, dann wäre er dem Gesetz Mose treu, aber er würde gegen Rom handeln. Das wäre *politisch* gefährlich. Dann könnten die religiösen Führer Gründe finden, ihn zu verklagen – was sie ja auch wollten.

Was konnte Jesus überhaupt tun, um dieser doppelten Falle zu entkommen? Es war eine gefährliche Situation für ihn, denn er saß gewissermaßen zwischen allen Stühlen. Und es war eine ungewöhnliche und seltene Situation, weil es nur selten geschah, dass die notwendigen Bedingungen zur Vollstreckung einer Todesstrafe erfüllt waren.

„Steinigt sie!" oder „Steinigt sie nicht!"?

Dem Alten Testament zufolge musste es nämlich zwei Zeugen geben. Beide mussten die Tat *mit ihren eigenen Augen gesehen haben* – etwas zu vermuten, war nicht ausreichend. Ihre Berichte mussten bis ins Detail übereinstimmen. Wenn nicht, dann gerieten die Zeugen selbst in den Verdacht, nicht auf der Seite der Gerechtigkeit zu sein.

Es liegt in der Natur der Sache, dass diese Bedingungen bei einem Ehebruch nicht leicht zu erfüllen sind. Wo sollen zwei Zeugen herkommen, die alles gesehen haben? Und so vermuten manche Ausleger, dass die Situation vielleicht auch eine Falle *für die Frau* war. Die ganze Sache war arrangiert und heimlich beobachtet worden.

Das würde auch erklären, warum der Mann nicht da war. Vielleicht war er sogar anwesend. Hatten die Pharisäer einen skrupellosen Mann angeheuert oder hatte einer von ihnen freiwillig den Auftrag übernommen? Hatten nur zwei, oder hatte die ganze Gruppe heimlich zugeschaut?

Keine Ahnung. Wir wissen nur, dass sie anscheinend die benötigten Zeugen hatten, die das Ganze gesehen hatten und bereit waren, zu schwören, dass es *genau* so geschehen war. Warum der Mann nicht auch ertappt worden war, erklärt sich vielleicht, wenn man bedenkt, dass die ganze Sache ja eine geplante Falle für Jesus war. Die Pharisäer *wollten* Jesus fangen. Es war nicht so, dass sie auf dem Weg zur Steinigung zufällig auf Jesus trafen.

Also: „Steinigt sie!“ oder „Steinigt sie nicht!“? Ist Jesus der Barmherzige oder der Gesetzestreue? Gehorcht er Mose oder Rom? Wie kann er dieser Falle entkommen?

Was tat Jesus? Zunächst sagte er gar nichts, sondern er schrieb auf die Erde. Warum tat er das? Was schrieb er? Was hatte das mit der Situation zu tun?

- Wollte er vielleicht ein bisschen Zeit gewinnen, damit er von seinem Vater im Himmel hören konnte, was er tun sollte?
- Schrieb er vielleicht das Gesetz auf die Erde, um zu zeigen, dass er, genauso wie seine Feinde, das Gesetz kannte?
- Zählte er vielleicht die Sünden der religiösen Menschen auf? Stellte er sie so bloß?
- Schrieb er vielleicht den Namen des geheimen Ehebrechers auf? Oder die Namen der skrupellosen Zeugen?

Wir wissen es nicht. Doch als er sich erhob, wusste er, wie er aus der Falle kommen würde. Mehr noch, er wusste, wie die Falle an anderer Stelle zuschnappen und die Scheinheiligkeit der Pharisäer ans Licht bringen konnte. Endlich kam Jesu Antwort auf ihr hartnäckiges Bohren: „Wer unter euch ohne Sünde ist, der werfe den ersten Stein auf sie.“

Ich kann mir die anschließende Spannung gut vorstellen. Die Zuschauer hielten den Atem an und warteten gespannt. Die Frau wartete voller Angst. Die Pharisäer wurden immer nervöser. Was jetzt? Jesus wartete ruhig, aber ernst. Und allmählich wurde allen klar: Jesus war der Falle entkommen.

- Hatte Jesus verdammt oder erlaubt? Weder das eine noch das andere.
- Hatte Jesus sich Mose oder Rom widersetzt? Weder noch.
- Hatte er seinen Ruf als der Gerechte oder als der Barmherzige verloren? Weder noch.

Jesus war der Falle entkommen. Dafür saßen jetzt die Pharisäer drin. Jemand ohne Sünde in dieser Gruppe? Die Ältesten, die Weisesten, erkannten vielleicht am schnellsten, in welcher Gefahr sie auf einmal selbst standen – hier in der Menge, wo Jesus der

Held war, neben einem Mann, der Gedanken lesen konnte, der die geheime Schuld des Herzens bloßstellen konnte. Einer nach dem anderen verließ allmählich den Schauplatz. Wenn sie jetzt nicht schnell verschwinden würden, wenn sie jetzt auch noch behaupten würden, ohne Sünde zu sein, dann könnte Jesus sie noch mehr bloßstellen.

Keine Verurteilung?

So blieb nur noch die Frau übrig, dazu Jesus und die große Menge, die noch etwas lernen sollte. „Frau, wo sind sie geblieben?“, fragte Jesus. „Hat dich keiner verurteilt?“ „Keiner, Herr“, antwortete sie.

Jesus kam nicht, um Leben zu nehmen, sondern um sein Leben zu geben

Noch hatte sie keiner verurteilt. Würde Jesus sie jetzt verurteilen? Er war schließlich der einzige, der die Bedingung erfüllen konnte. Der, der ohne Sünde war, stand noch da. Er hätte einen Stein nehmen dürfen. Nach der Bedingung, die er gestellt hatte, hatte er das volle Recht, die Todesstrafe durchzuführen. Aber Jesus war nicht gekommen, um Sünder zu richten, sondern um Sünder zu retten. Er war gekommen, um Gottes Gnade und nicht Gottes Gericht zu vermitteln. Er war gekommen, um neues Leben zu schenken. So sagte Jesus: „Auch ich verurteile dich nicht. Geh und sündige von jetzt an nicht mehr.“

Aber was ist mit der Todesstrafe? Kann man die Konsequenzen der Sünde denn einfach vergessen? Keineswegs. Die Strafe würde noch bezahlt werden, nicht von den Sündern, sondern von dem Unschuldigen. Jesus kam nicht, um Leben zu nehmen, sondern, um sein Leben zu geben, damit schuldige Menschen, so wie diese Frau, dem Gericht Gottes entgehen können. „Denn Gott hat seinen Sohn nicht in die Welt gesandt, damit er die Welt richtet, sondern damit die Welt durch ihn gerettet wird“ (Johannes 3,17).

Sie war schuldig, so wie wir alle. „Sündige nicht mehr!“ sagte der Unschuldige zu ihr, und er sagt das Gleiche zu uns. „Ich verurteile dich nicht“, sagte Jesus zu ihr, und auch das sagt er zu uns. Jesus war bereit, die Verurteilung, die diese Frau verdiente, die Verurteilung, die alle Sünder verdienen, auf sich zu nehmen, damit sie und wir Gottes Gnade erfahren können. Das ist das Evangelium; das ist die frohe Botschaft. „Denn Gott hat die Welt so sehr geliebt, dass er seinen einzigen Sohn hingab, damit jeder, der an ihn glaubt, nicht zugrunde geht, sondern das ewige Leben hat“ (Johannes 3,16).

Die Geschichte diese Frau kann unsere Geschichte werden

Gott bietet allen Menschen dieses Leben an, den Menschen in der Menge damals, der Ehebrecherin, den Pharisäern und Schriftgelehrten, dem Ehebrecher und den Zeugen, allen Sündern – auch heute.

Wenn es Johannes war, der diese Geschichte aufschrieb, dann entspricht sie seinem Ziel, zu beschreiben, wie wir durch den Glauben das Leben haben in seinem Namen (vgl. Johannes 20,31). Wenn es *nicht* Johannes war, der diese Geschichte ursprünglich in sein Evangelium mit einschloss, dann können wir uns nur bei unbekannten Kopisten des 2. Jahrhunderts und der weisen Voraussicht Gottes bedanken, dass diese schöne Geschichte nicht verloren gegangen ist. Sie ist Evangelium.

Was sollen wir aus dieser Geschichte lernen? Auch wir sind manchmal scheinheilig und verurteilend. Wir sind Ehebrecher und Ehebrecherinnen, Lügner und Diebe. Wir sind habgierig und hinterlistig, neidisch und hochmütig. Wenn Jesus zu uns sagen würde: „Wer von euch ohne Sünde ist, werfe als erster einen Stein“, dann blieben auch bei uns alle Steine liegen.

Dann müssten auch wir immer wieder die große Entscheidung treffen. Was jetzt? Versuchen wir, der Falle zu entkommen wie die Pharisäer? Schleichen wir wie sie leise davon? Schauen wir wie die Menge neugierig zu? Oder stehen wir mit der Frau da, bloßgestellt und bereit, das Urteil von Jesus zu empfangen – und dann statt Gericht Gnade zu erfahren? Die Geschichte dieser Frau ist auch unsere Geschichte. Besser: Sie *kann* unsere Geschichte *werden* – diese wunderschöne Geschichte von dem barmherzigen

Jesus, der Gottes Gnade vermittelt.

Gefährliche Gnade

Eine Frage bleibt noch offen: Ist diese Geschichte nicht in der Tat gefährlich? Ist es nicht gefährlich, zu Ehebrechern, zu Scheinheiligen, zu Sündern irgendwelcher Art zu sagen: „Auch ich verurteile dich nicht"? Was, wenn die Gemeinde Jesu sagte: „Auch wir verurteilen euch nicht?" Wenn Sünde keine Konsequenzen mehr hat, warum sollten Menschen sie dann noch vermeiden?

Hier ein Gedanke. Wir wissen, dass kurz nach dieser Begegnung zwischen Jesus und der Ehebrecherin eine große Menge laut schrie: „Kreuzige ihn!" Viele, die ihn vorher gefeiert hatten, änderten ihre Meinung, als es darauf ankam.

Versuchen wir, uns vorzustellen, wer in dieser Jesus verurteilenden Menge war. Wer könnte alles geschrien haben: „Kreuzige ihn!"?

„Kreuzige ihn!" schrien aller Wahrscheinlichkeit nach viele, die seine Wunder gesehen hatten, denn die Wunder waren nicht im Geheimen geschehen. Als Wundertäter war er berühmt und als Wundertäter wurde er auch abgelehnt.

„Kreuzige ihn!" schrien wohl auch viele, die ihn hatten predigen hören. Die Predigten Jesu hatten viele gehört. Sie lehnten jedoch nicht nur den Wundertäter ab, sondern auch den Prediger.

„Kreuzige ihn!" schrien auch einige, die aufgerufen worden waren, seine Jünger zu sein. Wenn Judas, der bereits Jünger gewesen war, Jesus verraten konnte, dann taten es jetzt sicher auch viele, die ihn hatten sagen hören: „Folge mir nach!" Es waren wahrscheinlich auch einige da, die ihm eine Zeitlang nachgefolgt waren.

Zum Weiterlesen:
- Philip Yancey, Gnade ist nicht nur ein Wort. Wie Gottes Güte unser Leben auf den Kopf stellt, R. Brockhaus, Wuppertal 2002

Gesprächs- und Denkanstöße:

1. Was meinen wir: War diese Geschichte für die frühen Kopisten „zu gefährlich, um sie mit einzuschließen" oder „zu gut, um sie zu verlieren"? Und wie ist es bei uns?

2. Wie reagieren wir darauf, dass Jesus gerade dort Gnade betont und austeilt, wo Menschen eher verurteilen würden?

3. Wie und wo kann die Gemeinde nach dem Vorbild Jesu gnädig sein?

Und was ist mit dieser Ehebrecherin? Wie wahrscheinlich ist es, dass diese Frau dabei war, zu der Jesus gesagt hatte: „Auch ich verurteile dich nicht. Geh und sündige von jetzt an nicht mehr!"? Wie wahrscheinlich ist es, dass auch diese Frau einige Wochen oder Monate später mit der Menge schrie: „Kreuzige ihn! Kreuzige ihn!"? Mir scheint es eher unwahrscheinlich.

Wir wissen tief in unserem Herzen, dass Menschen eher durch das Erleben von Barmherzigkeit für Jesus gewonnen werden, als durch Wunder, Predigten, und bloße Aufrufe, Jesus nachzufolgen. Deswegen kam Jesus auch als der Barmherzige, als der Gnade Bringende, um Menschen zu gewinnen.

Es ist eine der Hauptaufgaben der Gemeinde, in Worten und Taten die Frohe Botschaft von der Gnade Gottes zu vermitteln. Jesus sagte: „Umsonst habt ihr empfangen, umsonst sollt ihr geben" (vgl. Matthäus 10,8). Steine oder Worte der Gnade – was haben wir der Welt anzubieten?

Ist die Geschichte von der Ehebrecherin eine gefährliche Geschichte? Nur wenn wir Gottes Gnade missverstehen oder missbrauchen wollen. Aber es ist eine lebensverändernde Geschichte, wenn wir bereit sind, Gottes Gnade in Anspruch zu nehmen und weiterzuschenken.

ZUM AUTOR

Dr. Timothy J. Geddert, geboren 1952 in Saskatchewan, Kanada, ist Professor für Neues Testament am *Mennonite Brethren Biblical Seminary* in Fresno, Kalifornien/USA und Gastdozent am Theologischen Seminar Bienenberg in Liestal/Schweiz.

Er studierte Philosophie (B. A.) in Saskatoon, Kanada, Theologie (M. Div.) in Fresno, Kalifornien/USA, und Neues Testament (Ph. D.) in Aberdeen, Schottland.

Tim Geddert ist verheiratet mit Gertrud und Vater von sechs Kindern im Alter von sieben bis 25 Jahren. Vor allem wegen der deutschen Herkunft seiner Frau leben Gedderts immer wieder auch in Deutschland, zuletzt von 2001 bis 2003. In dieser Zeit war er als Lehrer, Autor und Hausmann tätig. Er war selbst Gemeindegründer und Pastor und ist häufig als Referent zu Tagungen, Seminaren und in Gemeinden eingeladen – neben den USA und Deutschland auch in Frankreich und der Schweiz, in Rumänien, Paraguay und der Demokratischen Republik Kongo.

Er hat eine Reihe von Artikeln und Büchern veröffentlicht, darunter:

- Gott hat ein Zuhause, Agape, Weisenheim am Berg 1994
- *Watchwords: Mark 13 in Markan Eschatology,* Sheffield Academic Press, 1989
- *Mark (Believers Church Bible Commentary Series),* Herald Press, Scottdale/USA 2001

Ansonsten genießt Tim Geddert Reisen, Fahrrad fahren, fast jegliche Art von Spielen, Lesen und Familienleben.

Wer Kontakt mit dem Autor aufnehmen möchte, kann das über den Verlag oder die E-Mail-Adresse geddert@neufeld-verlag.de tun.